D1878386

यह हमारा समय

[निबन्ध]

यह हमारा समय

नंद चतुर्वेदी

राजकमल प्रकाशन
नयी दिल्ली पटना इलाहाबाद

ISBN : 978-81-267-2328-7

मूल्य : ₹ 300

© नंद चतुर्वेदी

पहला संस्करण : 2012

प्रकाशक : राजकमल प्रकाशन प्रा. लि.
1-बी, नेताजी सुभाष मार्ग
नई दिल्ली-110 002

शाखाएं : अशोक राजपथ, साइंस कॉलेज के सामने, पटना-800 006
पहली मंजिल, दरबारी बिल्डिंग, महात्मा गांधी मार्ग, इलाहाबाद-211 001

वेबसाइट : www.rajkamalprakashan.com
ई-मेल : info@rajkamalprakashan.com

आवरण : राजकमल स्टूडियो

मुद्रक : बी.के. ऑफसेट
नवीन शाहदरा, दिल्ली-110 032

YEH HAMARA SAMAY
by Nand Chaturvedi

इस पुस्तक के सर्वाधिकार सुरक्षित हैं। प्रकाशक की लिखित अनुमति के बिना इसके किसी भी अंश की, फोटोकॉपी एवं रिकॉर्डिंग सहित इलेक्ट्रॉनिक अथवा मशीनी, किसी भी माध्यम से अथवा ज्ञान के संग्रहण एवं पुनर्प्रयोग की प्रणाली द्वारा, किसी भी रूप में, पुनरुत्पादित अथवा संचारित-प्रसारित नहीं किया जा सकता।

समर्पण

मेरे भतीजे गोपाल (हर्ष चतुर्वेदी) के लिए
जिसे अभी जीवन चाहिए था
"शिशिर बीत गया है
वृक्षों पर नयी कोंपलें जब आएंगी
मैं अकेला ही उन्हें देखने के लिए रहूंगा
तुम्हारी प्रतीक्षा करता"

गद्य-लेखन का हौसला

अब जबकि मैंने काफ़ी गद्य-लेखन कर लिया है और करते रहने की आशा है तब मेरे मन में बार-बार इस तरह का सवाल उठता है कि गद्य-लेखन का हौसला या उमंग कहां से आती है? कविता के स्रोत खूब तलाशे गये हैं। उसका अध्यात्म भी तलाशा गया, लौकिक शास्त्र, मनोविज्ञान, अर्थ और समाज-शास्त्र भी। उसके रचना-कौशल, शैलियों, यहां तक कि उसके रचना-माध्यम कवियों के विचित्र व्यसनों, लिप्तताओं तक को खंगाला गया और उन्हें विश्लेषित कर किया गया है। उनकी उद्दंडताओं को 'निरंकुश' कहकर एक अलग से प्रशंसनीय स्वभाव की श्रेणी बनाई गई कहा गया 'निरंकुशः कवयः'।

लेकिन गद्य के लिए ऐसा कोई उत्साह नज़र नहीं आता जबकि हो सकता है कि कवियों की तुलना में गद्य-लेखकों की संख्या कहीं अधिक हो। यह भी ध्यान देने जैसी बात है कि गद्य के श्रेष्ठ लेखन को कवियों की कसौटी कहा गया है : गद्यम् कवीनां निकषं वदन्तिः वह कौन-सा गद्य था जिसे कवियों की कसौटी माना गया है? किस कवि की, किस कृति को? क्या वह संस्कृत के नाटकों का संवाद गद्य था या कथा-गद्य या कि अन्य किसी शैली का? क्या रोचकता उसका प्रमुख गुण था अथवा उपादेयता या कि कल्पनाशीलता? लम्बी गद्य लेखन की परंपरा के उपरान्त भी अभी तक यह कहना कठिन है कि किस कोटि के लेखन को 'सर्जनात्मक गद्य' कहा जाये और कविता आदि लेखन की जैसी कोटि में शामिल किया जाये?

कवियों ने प्रचुर मात्रा में गद्य-लेखन किया है। कहानी, उपन्यास, नाटक, रिपोर्ताज़, संस्मरण, यात्रा और पत्र लेखन तो है ही, इसके अतिरिक्त भी, साहित्यिक-समीक्षायें, निबंध (आलोचनात्मक, वैचारिक, सामाजिक) आदि लिखे हैं। अंग्रेजी में लिखे गद्य-रूपों में निबंध रूप को 'ऐसे' कहा जाता रहा और उसकी विशेषता में 'मस्तिष्क की उन्मुक्त उड़ान' (लूज सेले, ऑफ द माइंड) को प्रमुखता दी गई। निस्संदेह,

अंग्रेजी की इन रचनाओं में 'बुद्धि और विनोद' की अद्‌भुत रंग-छटाएं तो हैं ही लेकिन साथ ही सामाजिक जीवन-व्यवहार की वे कपट-कथायें भी हैं जो विशेष सांस्कृतिक-दंभ के कारण पर्दा-नशीं रह जाती हैं। मसलन एक वृत्तांत में चर्च में इतवार के दिन प्रार्थना करने वाले 'हेराफेरी' के माहिरों का विनोदपूर्ण वर्णन है।

वर्णन में कहा गया है कि रविवारीय प्रार्थनाओं में कैसे 'चतुर लोग' अपनी पुरानी फटी छतरियां ले जाते हैं जिन्हें वे गिरजाघर में जाते समय 'अमरेला स्टेन्ड', पर लटका जाते हैं और लौटते समय, जैसे जल्दी-जल्दी में, उसके एवज़ दूसरे की नयी छतरी उठा ले जाते हैं। अपने दुष्कर्म को कुछ इस तरह रंग देते हुए कि 'हेरा-फेरी' कोई चोरी नहीं है : 'Exchange is no robbery'। हिन्दी में ऐसी रचनाओं की एक पुस्तक मैंने प्रभाकर माचवे की पढ़ी थी : 'खरगोश के सींग'। जिस वृतान्त का मैंने ऊपर हवाला दिया है उसका शीर्षक 'अमरेला मोरल्स' था और वह अंग्रेज लेखक 'एलफा ऑफ द प्लाऊ' का था।

लेकिन 'मस्तिष्क की उन्मुक्त उड़ान' वाले अंग्रेजी ढब के 'ऐसेज़' ने हिन्दी के निबंधकारों को प्रभावित नहीं किया। शायद कोई भी शैली हो, कितनी भी मोहक, नयी और आकर्षक उसे सांस्कृतिक भूमि तलाश करनी पड़ती है और भारतीय चित्त के बारे में यह सुविदित है वह अपने लिए एक स्थिर, किसी हद तक निष्कर्षात्मक, लक्ष्य-बाधित लेखन का पक्षधर है। इसलिए उसने अपनी वैचारिक अभिव्यक्ति के लिए 'निबंध' विधा को अधिक उपयुक्त पाया।

यह लक्षित किया जाना चाहिए कि पिछली सदी भारतीय सामाजिक-राजनीतिक जीवन के तेज बदलावों और उथल-पुथल की रही है। हमारे जीवन की रंगतें, स्वभाव और सामाजिक-व्यवहार, शील और संस्कृति के स्थिर प्रतिमान बदल गये हैं। यह परिवर्तन स्वतंत्रता पाने के बाद इतनी तेजी से हुआ है कि उसने अनेक अवरुद्ध आन्दोलनों को, हमारी सामाजिक-सांस्कृतिक जीवन की वैचारिकी को ही बदल दिया। यह वैचारिकी हमारे जीवन-मूल्यों के अब तक स्थिर और स्थापित स्वभाव के नए विमर्श और सवालों को कुछ रूखे, कुछ उद्दंड और दुस्साहसिक तरीकों से खोलने के लिए सहमति देती। सामंती और अंग्रेज दासता की कायरता से दबी-कुचली व्यवस्था के लोग अपने समय के सवालों पर जिस तरह सोचने लगे उसने साहित्य की मर्यादित और स्त्रेण सौन्दर्य-शास्त्र की रूढ़-छवियों को खंडित कर दिया। इस

साहित्य के नये 'सौन्दर्य-शास्त्र' में अब तक हाशिये पर खड़ा विभाजित सामाजिक जीवन केंद्र में आ गया और यह प्रश्न कई तरह पूछा जाने लगा, 'पार्टनर तुम्हारी पोलिटिक्स क्या है?' (मुक्तिबोध)। यह सवाल यद्यपि, इधर कुछ कमज़ोर-सा, कुछ धीमी सी आवाज़ में पूछा जाने लगा है; लेकिन यह हमारे समय का सबसे सार्थक सवाल है। हमारी भविष्य की शताब्दियों को हाशिये पर खड़े इस प्रश्न का उत्तर देना ज़रूर होगा कि क्या गरिमाविहीन विभाजित ज़िन्दगी के लिए सम्भाव्य समताओं की खुशनुमा दूसरी दुनिया संभव है?

बहरहाल, मैंने कविता लिखने और नागरिक होने के क्रम में अपने समय और उसके विरोधाभासों को समझने-जानने की जितनी संभव थी, कोशिश की। इसमें कोई संदेह नहीं है कि समय की टकराहटों के बीच उसके बदलने और स्थिर रहते स्वभाव को समझना कठिन है फिर भी मनुष्यों की असंख्य बेचैनियों और कष्टों को ज़ाहिर करने के आन्दोलन हुए हैं और उन्होंने समय के अन्तर्विरोधों को स्पष्ट करने में मदद की है। ऐसी जन-क्रान्तियां भी हुई हैं जिन्होंने क्रूरतम तानाशाहों को रास्ता दिखा दिया है और राज्य-सत्ताओं को उलट दिया है। देखने को यह भी मिलता है कि राज्य-सत्ताओं को ही नहीं असमतावादी सामाजिक सत्ताओं को भी जन-आन्दोलनों ने छिन्न-भिन्न कर दिया है।

साहित्य और सर्जना की उत्कृष्ट कोटियां भी इसका प्रमाण है कि वे समय को व्याख्यायित करने का ही काम करती हैं कभी वे उसके अंतरंग को देखतीं, कभी अनुगमन करतीं तो कभी भविष्यवाणी का काम करती हैं। गद्य समय का विचार-पक्ष है, उसकी निर्णायक शक्ति पक्षधरता है। पद्य समय का भाव-पक्ष है; होने की संभावना का। पॉल वेलरी ने कविता और गद्य का अंतर करते हुए कविता को नृत्य की तरह देखा है और गद्य को निश्चित यात्रा की तरह; गद्य मंजिल तलाश करता है : कविता कहीं पहुंचाती नहीं है। न भी पहुंचती हो लेकिन जमे हुए को उखाड़ देती है, गति के वेगवान प्रतीकों की स्थापना करती है। ध्यान से देखने पर कवियों ने जो गद्य लिखने का काम किया है उसका लक्ष्य कविता को कुछ अधिक ठोस बनाने की कोशिश की और संकेत करता है। यह कविता का लक्ष्य-भेदी, विचार रूप है।

गद्य-लेखन के बारे में मैं यह कहना आवश्यक समझता हूं कि वह 'स्वतः स्फूर्त' सर्जना नहीं है; वह अपने बाहरी दवाबों की निष्पत्ति है और एक सुतार्किक निष्कर्ष तक पहुंचती यात्रा है। लेकिन यह कहना

उचित नहीं है कि गद्यालेखन 'दोयम दर्जे' की साधना है। अब कविता-भाषा का गद्य-रूप लेना भाषा की शक्ति का विस्तार और काव्य-भाषा के वर्चस्व की प्रचलित रूढ़ियों को अस्वीकार करना ही कहा जायेगा।

इधर हिन्दी का गद्यलेखन समृद्ध और सामाजिक जड़ता तथा रूढ़ियों पर अधिक उग्रता से प्रहार करने के लिए प्रतिबद्ध हुआ नज़र आता है। आज़ादी के लिए संघर्ष करते राष्ट्र-नायकों ने 'समता और स्वतंत्रता' के जिन दो महान् लक्ष्यों को पाने का संकल्प किया उन्हें धूमिल न होने का उत्साह हिन्दी तथा अन्य भारतीय भाषाओं के साहित्य का केंद्र है। मैंने अपनी कविता और इस पुस्तक में संकलित आलेखों में 'समता और स्वतंत्रता' के लिए अपनी प्रतिबद्धता को 'पुनरावृत्ति' की सीमा तक अभिव्यक्त किया है। मेरी दृष्टि में यह शताब्दि कई तरह की गैर-बराबरियों और अन्यायों के बीच विभाजित और उनके विरुद्ध छिड़े संघर्षों की है। निराशाओं के गहरे अंधेरों के बीच संघर्षरत लोगों का विश्वास है कि दूसरी दुनिया यानी बराबरी की, शोषण विहीन, न्यायप्रिय दुनिया संभव है। ऐसी दुनिया बनाने के लिए संघर्षों और विचारों की सुदीर्घ परंपरा दुनिया के सभी देशों और भारत में भी अनवरत विकसित हुई है। इस संकलन में उन्हीं सब संदर्भों और परंपराओं को खंगाला गया है जो समता के विचारों और पक्षों को मज़बूत करती है। 'धर्म' के उसी पक्ष को बार-बार रेखांकित किया है जो धर्म के स्थूल, बाहरी कर्मकांड को महत्त्वहीन मानता है लेकिन जो संवेदना के उन सब चमकदार पक्षों को शक्ति देता है जो सार्वजनिक जीवन को गरिमामय बनाते हैं।

इसमें संदेह नहीं है कि संस्थागत धर्म-सम्प्रदायों ने नशे का काम किया है और अहंकार तथा श्रेष्ठत्व की ऊंची-ऊंची दीवारें बनाई हैं लेकिन हमारी ज़िन्दगी बुरी तरह आकस्मिकताओं और अनिर्दिष्ट भविष्य के बीच ऐसे फंसी है कि विश्वास के लिए सर्वशक्तिमान ईश्वर की प्रार्थना और उसके आयोजक आधुनिक 'सीईओ' या कह लीजिए धर्म-गुरु ही नज़र आते हैं। वे तत्काल मानसिक सुरक्षा देते प्रतीत होते हैं।

इसी प्रसंग में वृद्ध पूंजीवाद और धर्म-संघों के उत्साहप्रद 'मेमोरेंडम ऑफ अंडरस्टेंडिंग' हस्ताक्षरित होते हैं। अपने अस्तित्व की सारी नीत्शेवादी निरीश्वरवादी उद्घोषणायें खारिज करता हुआ 'ईश्वर'

मज़बूत हुआ है। भारत जैसे गरीब देश में स्वास्थ्य-सेवाओं के अभाव में 'सुन्दर कांड' और 'हनुमान चालीसा' 'सुरक्षा कवच' प्रदान करते हैं। समझने की बात यह है कि हमारा समय 'धर्म' या 'मज़हब' की तत्त्व-दृष्टियों का पक्षधर नहीं अपनी 'मार्केटिंग' को उतावला नज़र आता है। इससे धर्म-संस्कृति और धर्म-सभ्यता के बीच की तकरार पढ़ी जा सकती है।

पुस्तक में अर्थ और बाज़ार केन्द्रित व्यवस्था के कारण हुई बरबादियों का बार-बार जिक्र हुआ है। दुनिया की सारी विविधतायें और आनंद, प्रयोजन और कर्तव्य अर्थ के एक जाल में बिंध गये हैं। विकसित देशों ने अपने अर्थ-तंत्र और टेकनॉलोजी का विस्तार एशिया और विकासशील देशों के बाज़ारों में निर्बाध रूप से फैला दिया है। उनके सांस्कृतिक प्रतिमानों को दुनिया भर की संस्कृतियों ने श्रेष्ठता का दावेदार बना दिया है।

पुस्तक में कई विषयों पर लिखे आलेख हैं जिनमें समय के दबावों, उनको समता और स्वतंत्रता के वृहत्तर उद्देश्यों में बदलने वाले आन्दोलनों की चर्चा है। 'समता' ही केंद्रीय चिन्ता है जिसे अवरुद्ध करने के लिए विश्व की नयी पूंजीवादी शक्तियां अपने सांस्कृतिक एजेन्डा के साथ जुड़ी हुई है। दुनिया के लोग अघाये और क्षुधितों के बीच बांट दिये गये हैं। लालची मध्यवर्ग अपनी समृद्धि के सपने देखता पूंजीपतियों की मायावी दुनिया का सहचर हो गया है।

यह कहना आवश्यक है कि ये आलेख किसी 'तत्त्ववाद' की भूमिका नहीं है। ये उन चिन्ताओं की अभिव्यक्ति और साधारणीकरण है जो भारत के जन-जीवन से जुड़ी और भविष्य के विकास की संभावनायें हैं। भारत की समृद्धि 'समता और स्वतंत्रता' की परंपराओं से जुड़ी हैं; यह बताना इस पुस्तक का प्रयोजन है।

संकलन का आलेख 'निराशा का कर्त्तव्य' डॉ. राममनोहर लोहिया का है। मैंने उसका प्रस्तुतिकरण किया है। डॉ. लोहिया दुनिया और भारत की सामाजिक-राजनीतिक व्यवस्था में व्याप्त 'गैर-बराबरियों' के विश्लेषक और उनके विरुद्ध संघर्ष करने वाले जन-योद्धा हैं। वे भारतीय आज़ादी के शिल्पकारों में उल्लेखनीय हैं।

इस संकलन के आलेख समय-समय पर हिन्दी की कई पत्र-पत्रिकाओं में छपे हैं। मैं इन पत्र-पत्रिकाओं तथा मित्र संपादकों का आभारी हूं जिन्होंने मुझे प्रकाशित करने का अनुग्रह किया : ये हैं

जनसत्ता (सं. ओम थानवी), अनौपचारिक (रमेश थानवी), अक्सर, समय माजरा (डॉ. हेतु भारद्वाज), नवनीत (डॉ. विश्वनाथ सचदेव), मीमांसा (राजाराम भादू), समता संदेश (हिम्मत सेठ), साक्षात्कार (आग्नेय), राजस्थान पत्रिका, (गुलाब कोठारी), प्रभात खबर (हरिवंश), सामान्य जन (डॉ. ओमप्रकाश मिश्र, हरीश अड्यालकर), लोकमत समाचार (प्रकाश चान्द्रायन)। राजकमल प्रकाशन के भाई अशोक महेश्वरी को धन्यवाद देना महज़ औपचारिकता नहीं है; यह मेरा कर्तव्य है। वे मेरे शुभाकांक्षी और साहित्यानुरागी हैं।

प्रिय अरुण, मन्नू, अनुराग, सुयश, मंजु आदर्श को शुभाषीशों के साथ यह पुस्तक देता हूं जो अत्यन्त उत्साह के साथ बल्कि अधीरता से मेरी प्रकाशित होने वाली हर पुस्तक की प्रतीक्षा करते हैं।

नंद चतुर्वेदी

30, अहिंसापुरी, उदयपुर
0294-2450332

अनुक्रम

वर्ण और स्त्री

हमारे समय की सबसे उग्र और हिंसक बहस 'संस्कृति' को लेकर है। यह डर फैला हुआ है कि दुनिया की महान् संस्कृतियां खतरे में हैं। इसके चलते प्रायः यह नारा गूंजता लगता है कि 'हिन्दुत्व खतरे में है' या कि 'इस्लाम खतरे में है।' ईसाइयत विनाश के कगार पर बैठी है, यह नारा भी इन्हीं में से एक है। बड़े-छोटे धर्म-संगठनों के आचार्यकुल और प्रचारक 'विनाश के खतरे' से सावधान हुए अपने अनुयायियों को अधिकाधिक संगठित होने का आग्रह कर रहे हैं। एक तरह से सभी 'धर्म' महाविनाश के खतरों के भयावह सपने देख रहे हैं। कुछ इतिहासकारों का कहना है कि हमारा समय 'सभ्यताओं की टकराहट' का है। क्या यह कहना उचित होगा कि बाजार की प्रतिस्पर्धा संस्कृति-सभ्यता के इलाकों में दाखिल हो गयी है और वे सभी अपनी-अपनी 'श्रेष्ठतायें' बेचने की चिन्ता में लगी हैं?

'संस्कृतियों' के क्षेत्र में इस अकुलाहट का कारण क्या है? वे सहसा ही 'आत्म-रक्षा की मुद्रा में क्यों आ गयी हैं? उनके लक्षण और सरोकार क्यों बदल रहे हैं? इस सबका एक सरल-सा उत्तर तो यह है कि पुरानी संस्कृतियां नये बदलावों का बोझ उठाने में असमर्थ हो गयी हैं और जिन समाजों की उन्होंने रचना की थी उनके दिन समाप्त हो गये हैं। वे 'अनुत्पादकों की श्रेणी' में आ गयी हैं। कुछ वर्षों पहले अमरिकन स्तंभकार एलविन टॉफलर ने 'फ्यूचर शॉक' (भविष्य के झटके) शीर्षक पुस्तक लिखकर पुराने अभिजन समाजों में घबराहट पैदा कर दी थी और वे दहशत में आ गये थे। उन्हें लगने लगा कि उनके विश्वासों की दुनिया हिल रही है। यह झटके तीसरी दुनिया के पुराने देशों में अधिक तीव्रता से अनुभव किये गये जहां के समाजों की मनोरचना मिथक, परंपरा, धर्म, इतिहास और प्राकृतिक आकस्मिकताओं के अप्रत्याशित रूपों के आधार पर हुई थी। ध्यान से देखने पर यह जानकारी मिलती है कि पुराने समाजों की मनोरचना का आधार 'धर्म' है। 'धर्म' के व्यापक अर्थों में संस्कृति, सभ्यता, इतिहास, परंपरायें सब समाहित कर ली गयी हैं। आज भी अनेक विद्वानों का मत है कि 'विश्व-प्रपंच' को समग्रता की दृष्टि से धर्म की स्थिति में ही देखना चाहिए क्योंकि संस्कृति, सभ्यता, इतिहास, परंपरा, प्रकृति, पर्यावरण, समाज, जीवन-मृत्यु धर्म के ही विविध प्रसंग हैं।

'धर्म-संस्कृति' का विश्व के दूसरे देशों के निर्माण में इतना प्रभाव रहा या नहीं रहा हो भारतीय मनोरचना पर उसका सकारात्मक प्रभाव गहरा और स्पष्ट है। तब यह प्रश्न उठता है कि उन्हीं महान् धर्म-सिद्धांतों के अनुसार भारतीय समाज-व्यवस्था की रचना क्यों नहीं कर सके? उदाहरण के लिए यदि हम उन आधारों की तलाश करें जिन पर हमने जीवन-रचना का निश्चय किया था तो हमें यह जानकर प्रसन्नता होगी कि उनमें सबसे पहला स्थान 'समता' का था। वह हमारी धर्म-संस्कृति का केंद्र था, हमारी कविताओं में हम उसी समतावादी देश का सपना बुनते रहे—समानि हृदयानि वहः। हमारे सबके हृदय समान हों। कैसे अशान्त समय में शंकराचार्य ने अद्वैत के सिद्धांत का प्रतिपादन किया जो समता का महान् सिद्धांत था। कोई दूसरा नहीं है, कोई भिन्न नहीं है, 'मैं ही ब्रह्म हूं' ऐसा कहकर शंकर ने समता के दर्शन को, भारतीय धर्म-संस्कृति का केंद्र बना दिया था।

समता-दर्शन की बेल को हमने कभी मुरझाने नहीं दिया। भगवान महावीर, बुद्ध और भक्तों-संतों ने पूरी ऊर्जा, पूरी आत्मीयता से 'समता' के महान् सिद्धांत का समर्थन किया। बीसवीं सदी तक भी समता-दर्शन की चमक स्थिर रखने का उत्साह बना रहा, गांधी, मार्क्स के अनुयायी उसकी पक्षधरता करते रहे। लोहिया तो आज भी 'समता की लड़ाई' को सबसे बड़ा मुद्दा मानते हैं। 'सप्त क्रान्ति' शीर्षक दस्तावेज के प्रारंभ में ही वे लिखते हैं "बीसवीं सदी के दो युग हैं। एक तरफ निर्दयता में यह सदी बहुत बढ़ी हुई है तो दूसरी ओर न्याय की इच्छा में भी।" किन्तु ध्यान देने की बात यह है कि सदेच्छा के इस महान् 'युटोपिया' को हासिल करने के लिए हमारी समाज-व्यवस्था इतनी कमजोर, इतनी अपंग, लगभग इच्छा शक्ति विहीन और अपर्याप्त क्यों है? हमारे आदर्श और यथार्थ के बीच का फासला इतना चौड़ा और दुर्लध्य रहा है कि धर्म और संस्कृति के सारे मानवीय वक्तव्य मिथ्या और छलावा लगते हैं। भारतीय समाज के मन की उदारता, सहिष्णुता और शील उसके लौकिक जीवन और सामाजिक व्यवस्था की बनावट से हमेशा टकराते रहते हैं। भारतीय समाज का यह आंतरिक कलह, आदर्श और यथार्थ का अंतर्विरोध इतना तीव्र, असंतुलित और दुराग्रही हो गया है कि धर्म-संस्कृति के उदार-संदर्भ केवल उत्सवधर्मी मंगलाचरण ही रह गये हैं।

भारतीय जीवन का समाज-शास्त्र वर्णवादी व्यवस्था से प्रारंभ होता है। हमारा सामाजिक जीवन चार वर्णों में विभक्त है—ब्राह्मण, क्षत्रिय, वैश्य और शूद्र। इन वर्णों की संरचना कब और कैसे हुई इसका कोई प्रामाणिक और विश्वसनीय ब्यौरा नहीं मिलता और न ब्राह्मण-शूद्र से क्यों श्रेष्ठ है इसका ही कोई कारण ढूंढने पर मिलता है। इसकी व्याख्या तर्कातीत है, जिसे अलौकिक कहकर स्वीकार कर लिया गया है। सार रूप से यही कहा मिलता है कि ब्राह्मण भगवान के मुख से पैदा हुए, क्षत्रिय

बाहुओं से, वैश्य उदर से और शूद्र चरणों से। कौन किस वर्ण में या योनि में जन्म लेगा, यह भगवान के हाथ है। भगवान की इच्छा ही अटल है। वर्ण-व्यवस्था के इस सिद्धांत ने छोटे-बड़े, अमीर-गरीब के बीच के अन्तर को, एक तरह से गैर-बराबरी को किसी अदृश्य अलौकिक शक्ति के हाथों सौंप दिया है।

यह लोक-विश्वास हो गया है कि जैसे पांचों अंगुलियां बराबर नहीं हो सकती वैसे ही सब मनुष्य सब तरह से बराबर नहीं हो सकते। छोटा-बड़ा, अमीर-गरीब, काला-गोरा, ब्राह्मण-शूद्र होना भाग्य की बात है।

वर्ण-व्यवस्था की सबसे दुर्भाग्यपूर्ण परिणति यह हुई कि उसने काम-काज और व्यावसायिक सक्रियता के इलाके तय कर दिये। जन्म से पहले ही यह तय हो गया है कि जन्म के बाद किसे किस इलाके में जाना है। यह इलाका बुद्धि और योग्यता के प्रतिमानों पर नहीं, जन्म के आधार पर मिला है। ब्राह्मण को अध्ययन-अध्यापन, शिक्षा का, क्षत्रिय को रक्षा का, वैश्य को वाणिज्य का और शूद्र को सेवा का इलाका दिया गया है। सेवा के अनेक लाभ समझाये-बताये गये हैं। यह कहा गया है कि सेवा करने के दुर्लभ अवसर सबको नहीं मिलते। इस तरह ब्राह्मण, क्षत्रिय, वैश्य के मन में अटल श्रेष्ठत्व के और शूद्र के मन में अटल हीनता के भाव भर दिये गये हैं। उच्च वर्ण के प्रभुजन इस श्रेष्ठता-बोध के कारण शूद्रों पर असंख्य अत्याचार करते नहीं सहमते और शूद्र अपने हीनता बोध के कारण कोई आक्रोश नहीं जताते। दरअसल इस सामाजिक व्यवस्था के कारण अन्याय करने वाला और सहने वाला एक प्रकार की मनोवैज्ञानिक विस्मृति के दौर से गुजरता है। वर्ण-व्यवस्था का इससे अधिक घृणित बंटवारा क्या होगा कि जिसके चलते शूद्रों का एक समुदाय कुलीनों, नागरिकों का परवाना, मल-मूत्र सैकड़ों वर्षों से कर्त्तव्य-पालना की तरह उठा रहा है और जूठी-पत्तलों का बचा-खुचा अन्न खा रहा है। सामाजिक-अपमान के इस परिदृश्य में बहुजन समाज के लोक-प्रिय नेता डॉ.अम्बेडकर ने कहा था कि 'वे हिन्दू-धर्म में जनमें तो हैं पर मरेंगे नहीं।'

स्त्री

वर्णवादी व्यवस्था ने स्त्री के लिए विनम्रता से विचार नहीं किया और न उन्हें वाछित स्वातंत्र्य की भूमि दी है। उन्हें संशय की दृष्टि से देखा गया है और उनकी आदतों की, बिना प्रमाण, हंसी उड़ाई गई है, जिससे वे आत्म-विश्वास विहीन हो जायें। उदाहरण के लिए उन्हें कामुक, वाचाल और आभूषण-प्रेमी बताया गया है। कुछ समय पहले उनकी वाचालता पर मैंने एक चुटकला पढ़ा था जिसमें वे किसी एक स्थान पर इकट्ठी हुई थीं और आश्चर्य कि वे सब चुप थीं। जबकि सच यह हो कि शायद मरते

दम न वे बोली हों या न हंसी हों। उनकी काम चेष्टाओं के बारे में यह कुख्यात है कि वे ऋषियों की तपस्या भंग करने के लिए भेजी गयीं। एकाध ऋषि को उन्होंने सम्मोहित भी कर लिया था। मेनका नाम की अप्सरा की अपकीर्ति सर्वविदित है।

स्मृतियों का स्त्रियों के बारे में अनुदारतावादी रूख छिपा नहीं है। स्मृतिकार मनु को उद्धृत करते हुए यह श्लोक पढ़ा जाता है कि वे (स्त्रियां) किशोरी होने तक पिता के संरक्षण में रहें, फिर पति और विधवा होने पर पुत्र के, जो भी हो लेकिन वे स्वतंत्र न रहें (स्त्री स्वातंत्र्य न मर्हती)। वे कवि जो समता-विरोधी समाज-रचना के असंदिग्ध विरोधी रहे वे भी माया का रूपक बांध कर स्त्री को 'ठगनि' कहकर अवमूल्यित करते रहे; माया महाठगनि हम जानी...इत्यादि। तुलसी नारियों के पक्ष के कवि नहीं है। रीतिकालीन कवि उन्हें सामंतों के मनोरंजन का 'मसाला' मानते हैं। पद्माकर के 'शिशिर' वर्णन में यह पंक्तियां द्रष्टव्य हैं—

शिशिर के पाला को न व्यापत कसाला तिन्हें
जिनके अधीन ऐते उदित मसाला हों।
तान तुकशाला हों विनोद के रसाला हों,
सुबाला हों दुशाला हों, विशाला चित्रशाला हों॥

बुद्ध अपने प्रिय शिष्य आनंद से लम्बे विवाद-विमर्श के बाद स्त्रियों को धर्म संघ का सदस्य बनाते हैं। लोक-दृष्टि में स्त्री का स्थान गरिमामय मित्र का नहीं है। उसे बलपूर्वक दबाये रखने की नसीहत दी जाती है। कहा जाता है कि ज़मीन और ज़ोरू जोरावरों (पुरुषार्थियों) की है, जोर (पुरुषार्थ) घटते ही वह दूसरों की हो जाती है (ज़मीन, जोरू जोर की, जोर घंटे की ओर की)। संस्कृत की एक लोकप्रिय कहावत में स्त्री के चरित्र और पुरुष के भाग्य के बारे में यह कहा है कि स्त्रियों के चरित्र और पुरुषों के भाग्य को देवता तक नहीं जानते हैं पुरुष तो क्या जानेंगे? पुरुषों के वर्चस्वादी समाज में स्त्री तक को अपना अपमान और गरिमा रहित जीवन व्यतीत करना सहज लगता है।

दक्षिणी पंथी राजनीतिक पार्टियां स्त्री को आज़ादी का वास्तविक अर्थ समझाने में बाधक होती हैं और परिवारवाद के वे सब सपने दिखाती है जिससे वे आज्ञाकारी, भजनानंदी गृहणियां बनी रहें। उनके चारों ओर धार्मिक अनुष्ठानों, उत्सवों, ज्योतिषवाद का मोहक परिदृश्य रचा रहता है जो उन्हें अंध-विश्वासों और मूर्खताओं की धुंध से बाहर नहीं निकलने देता।

यौन-शुचिता, अखंड पवित्रता, आर्थिक स्वतंत्रता के सवाल एक-दूसरे के साथ ऐसे उलझा दिये गये हैं कि स्त्री को अपने व्यक्तित्व रहित हो जाने की बात याद ही नहीं रहती। जब कभी 'नारीवादी विमर्श' में वे दुहराई जाती हैं तब दक्षिण पंथियों द्वारा अतीत के वे सब सुभाषित उल्लेखनीय चतुराई के साथ कहे जाते हैं जिनमें 'जहां

नारी पूजा होती है वहां देवता निवास करते हैं' प्रमुख होती है। पति-परायणा ऋषि-पत्नियों का विशेषतया गार्गी, मैत्रेयी के विदुषत्व का बखान होता है। सती हो जाने वाली स्त्रियों के अनुपम बलिदान की ओजस्विनी कवितायें पढ़ी जाती हैं और फिल्में 'करवा-चौथ' के उपवास और पति के गहिमा-मंडन का सिलसिला शुरू रखती है। करुणा का कीर्तन और 'नव-रात्रों' के व्रत उपवास करने वाला समाज यह जल्दी ही भूल जाता है कि कन्याओं की भ्रूण-हत्या कर दी जाती है, उनके जन्मोत्सव पर न कहीं थाली बजती है न कहीं बंदूक चलती है, परिवार में निःशब्द सन्नाटा पसर जाता है। किशोरी होते-होते वह अपने भाइयों की सुख-सुविधाओं के सामने गरीब होती जाती है। अंत तक वह अपनी उदास, थकी ज़िन्दगी का हिसाब-किसाब मिलाती रही है। पुरुष समाज ऐसी चुपचाप मर जाने वाली स्त्रियों के त्याग-तपस्या के गीत गाकर उन्हें गरिमा-रहित ज़िन्दगी जीने का उत्साह देता है।

आज भी हमारा जीवन 'समता और स्वाधीनता' के बुनियादी सवालों को टालता हुआ, महज उन अन्तर्विरोधों का आख्यान बना है, जो हमें बदलने और वास्तविक ज़िन्दगी जीने की उमंग नहीं देता है।

स्त्री की आज़ादी का सवाल

स्त्री के लिए आज़ादी की बात करना सबसे आसान और सबसे मुश्किल है। आसान तब, जबकि वह किताबी सवाल हो और कठिन तब, जबकि वह घरेलू, घर का, घर में लगातार नज़र आने वाला सवाल हो। किताब की स्त्री, गोष्ठी की स्त्री या कि आधुनिक विचारों में तैरती स्त्री की आज़ादी के सवाल एक तरह से टकराहट के अथवा कि भिड़ने के सवाल नहीं, वे निराकार और अमूर्त सवाल हैं। इन सवालों पर व्यवहार का कोई दबाव नहीं है। एक बेरहम और घर में निहायत नाकामयाब पिता या पति स्त्री को आज़ादी देने के पक्ष में बोलने वाला सबसे तेज-तर्रार वक्ता होता है और विचारों में एकदम आधुनिक और आकर्षित करने वाला। किताब में स्त्री-आज़ादी का वर्णन उन संभावनाओं का होता है, जिनकी चर्चा में 'रोमेंटेसिज्म और रसिकता' घुली-मिली होती है और यह बड़प्पन कि हम नये जमाने को रोशनी दे रहे हैं। वास्तविकता तो यह है कि स्त्री की आज़ादी का सवाल किताबी नहीं है, वह दरअसल मनोवैज्ञानिक और व्यवहार के बदलाव का एक पेचीदा सवाल है।

वैसे भी आज़ादी नज़र आने वाला व्यवहार है, सिर्फ विचार या इरादा नहीं है। सारे विश्व-समाजों की शोकांतिका यही है कि उन्होंने अपने-अपने समाजों के और खास तौर पर मनुष्य-व्यवहार पर असर डालने वाले सवालों को खूबसूरत इरादे की पेटियों में बंद कर दिया है, जिन्हें वे समय-समय पर निकाल लेते हैं और झाड़-फूंककर वापस उन्हीं पेटियों में बंद कर देते हैं। स्त्री-आज़ादी का सवाल उन्हीं सवालों में से एक है, जिसे प्रायः बहस में रखा जाता है और उलट-पुलट कर देखा जाता है। उसे उस रहस्य-पेटी में बंद करने से पहले दिलासे के तौर पर वह सुभाषित दुहराया जाता है, जहां कहा गया है कि 'नारी की जहां-जहां पूजा होती है, वहां देवता निवास करते हैं।' यह सुभाषित एक भव्य आरती की शब्दावली की तरह है, जो स्त्री को मंदिर की सीढ़ियां चढ़ाता है, लेकिन यह हमारी दुनिया में, जो एक विशाल बाज़ार में तब्दील हो गयी है, एक विज्ञापन की तरह भी है—वह स्त्री को लगातार अवास्तविक बनाता है; ऐसी खूबसूरती देता है जो या तो आक्रमणकारी भाव पैदा करती है या ठंडापन, जो स्त्री की वास्तविकता को नष्ट करता है, पूजा की सारी चीजें धीरे-धीरे परंपरा में बदल जाती हैं और वह स्त्री के 'पूजा-भाव' का हुआ है। वह पूजा-भाव हमारी सभ्यता

के सबसे बड़े पाखंड में बदल गया है। स्त्री की रोजमर्रा की जिंदगी इस 'पूजा-भाव' की अभिव्यक्ति है। स्त्री का पिटना, उसके साथ बलात्कार, उसे जला दिया जाना, उसका अनादर, सामाजिक गैर बराबरी, उसके लिए यातना के असंख्य प्रसंग और प्रयत्न और अंत में उसे नीचे दिखाने का विजयोल्लास एक तरह से सभ्य समाजों का आत्म-पतन है, जिसका कलंक न तो प्राचीन काल की स्त्रियों के उदाहरण से और न दुर्गा शप्तसती के पाठ से धुलता है। इसमें कोई संदेह नहीं है कि दुनिया में बहादुर, विदुषी, प्रतिभा-संपन्न, चतुर राजनीतिज्ञ और प्रधानमंत्रियों, सांसदों, रचनाकारों और वैज्ञानिकों में स्त्रियों की उल्लेखनीय संख्या है, तब भी असंख्य स्त्रियों की जिंदगी भयंकर दुःस्वप्न है, बड़ी और महत्त्वपूर्ण स्त्रियों की जिंदगी ऊपर-ऊपर से चाहे जितनी मज़बूत और निर्द्वन्द्व लगती रहती हो, लेकिन सामाजिक दृष्टि से कमज़ोर होने की लाचारी उनके चारों तरफ फैली होती है।

लेकिन असंख्य स्त्रियां तो महज 'स्त्रियां' ही हैं, सामाजिक दृष्टि से अपाहिज; बचपन में पिता, युवा होने पर पति और बुढ़ापे में पुत्र के आरक्षण में इच्छा रहित पराधीन जीवन जीती हुई, जिनके लिए यह कहा गया है' स्त्री को आज़ादी या स्वतंत्रता अदेय है। स्त्री दरअसल पुरुष की इच्छाओं का उपनिवेश है। इस तरह पूरा समाज 'स्त्री और पुरुष भाव' में विभाजित है, विभाजन की यह दरार सब तरफ, 'मन, वाणी और कर्म' में नजर आती है। काम के बंटवारे में, आचरण में, व्यवहार और अवसरों के बंटवारे में चेतना और नैतिक-दायित्वों के बंटवारे तक में इस बंटवारे ने स्त्री को इच्छाशक्ति और शक्ति-हीन अबला में बदल दिया है। अब इसका नतीजा सामने आ गया है। नतीजा यह है कि स्त्री को...ताकतवर बनाने की बात से या अधिकार संपन्न करने के विकल्पों से उसके जीवन में कोई हलचल नजर नहीं आती। यदि नज़र आती है तो वह अमीर तबके की स्त्रियों में है, गरीब स्त्री सैकड़ों सीढ़ियां नीचे बैठी है; कुजात, जयारमपेशा, अरब अमीरता के किसी धन्ना सेठ के लिए खरीदी जाती, निर्वस्त्र बाजार में घुमाये जाने के लिए, घर में एक पदार्थ की तरह, कई-कई मीटर गहरे कुओं से पानी खींचती, गांव के तलाब में भैंसों के साथ स्नान करती, यक्ष्मा रोग से बीमार, हर साल बच्चे पैदा करती, वे ही नहीं दूसरी हजारों तरह की तकलीफें स्त्री के साथ लगी हैं।

ध्यान से देखें तो स्त्री खौफ है; जन्म से लगाकर मृत्यु तक। सबसे ज्यादा तकलीफ की बात तो यह है कि वह धीरे-धीरे इस यातना के क्रम में 'अजनबी' होती गयी है—स्वयं से अजनबी, अपनी शक्ति और ताकत से एकदम अपरिचित, एक कहानी में स्त्री बार-बार अपना नाम भूल जाती है। उसका पति जब याद दिलाता है, तब भी वह चकित और डरी हुई अपना नाम याद करने की कोशिश करती है। वास्तविकता यह है कि सामाजिक खौफ से गुज़रते हुए स्त्री खुद से डरी, खुद में

विभाजित, शक्तिहीन हो जाती है। बाहर जो हादसा नजर नहीं आता, वह अंदर मन में, अदृश्य टूट के रूप में घटित होता नजर आता है। कितने भी मजबूत मिथक और कितनी भी खूबसूरत भाषा उस उदासी और निष्क्रियता को तोड़ नहीं पाती, जो इस पराधीनता और गैर बराबरी के रिश्ते से पैदा होती है, प्रायः पढ़े-लिखे लोग शहर की स्त्रियों के बारे में जानते हैं। गांव की स्त्रियों के अथाह दुःख के बारे में बहुत कम। घर-गृहस्थी के अंदर गांव की बुनियादी सुविधाओं की बात डॉ. राममनोहर लोहिया ने शुरू की थी, जब इंदिरा गांधी प्रधानमंत्री थीं और स्त्री होने के नाते तमाम स्त्रियों के मत हासिल करने की दावेदार बन रही थीं। उन्होंने कई आम सभाओं में स्त्री प्रधानमंत्री को याद दिलाया था कि वे अब तक एक सुविधाजनक सस्ती झाड़ू भारत की स्त्रियां को नहीं दे सकी हैं जिससे वे कमर की हजारों बीमारियों से बच जायें, उन्होंने लिखा—''स्त्रियों की समस्या कितनी मुश्किल है, यह कई जगह देखा जा सकता है। उसकी रसोई में बुरी तरह धुंआ देने वाले चूल्हे की गुलामी बहुत बुरी है। उसे खाना बनाने का निश्चित समय मिलना चाहिए और ऐसी चिमनी, जिसमें होकर धुंआ निकल जाये...''

'आज हिंदुस्तान में मर्द-औरत दोनों को ही खाना नहीं मिल रहा है। अच्छे खाने के अर्थ में 10 में से नौ भूखे रह जाते हैं, बिल्कुल भूखे रह जाते हैं, पेट नहीं भरता, लेकिन मर्द के मुकाबले में औरतों का पेट ज्यादा खाली रहता है। उसका कारण है कि हिंदुस्तान की औरतें मर्द के बाद खाती हैं। पहले खिलाती हैं, बढ़ी उम्र के मर्दों को, बच्चों को, कहीं घर में मेहमान आ जायें, तो उनको खिलाओ और फिर उसके बाद ज्यादातर घरों में खाने के लिए पूरी तरह से बचता ही नहीं है, कई जगह तो औरत पानी पीकर, पेट बांध कर सो जाती है (नारी; चौथे दर्जे की नागरिक)। डॉ. लोहिया सामाजिक बदलाव के लिए 'सप्त क्रांति' का जो कार्यक्रम देते हैं उसमें 'वर्णों और स्त्रियों के कटघरे' की बात लगातार उठाते हैं—कभी-कभी भावुकता के साथ, लेकिन ज्यादातर सिद्धांत की दृष्टि से एक जगह लिखा है 'मुझे यकीन है कि वर्णों और स्त्रियों के कटघरे आत्मा के इस पतन के लिए बुनियादी तौर पर जिम्मेदार हैं, इन कटघरों में इतनी ताकत है कि ये जोखिम उठाने और खुशी हासिल करने की सारी ताकत को खतम कर दें।'

लोहिया बहुत सावधानी से और साहस के साथ 'यौन शुचिता' की बात करते हैं, जो पुरुष वर्चस्व और पवित्रता की जटिल मनोग्रंथि है और उत्पादन के अर्थशास्त्र से जुड़ी है। नीचे पायदानों पर बैठी स्त्रियां भूख, यौन-शोषण, उत्पादन के अर्थशास्त्र की सबसे अधिक मार खायी हुई होती हैं, इसलिए उनकी जिंदगी को रंग-रौनक देने के सारे सवालों के पहले उन्हें जिन्दा रखने के मुद्दे ही अहम हैं, वास्तविकता तो यही है कि स्त्री-आज़ादी और शक्तिकरण के सारे सवाल स्त्री की जिंदगी बचाने की तरफ

मोड़ दिये जाने चाहिए। बराबरी की सबसे विकट लड़ाई स्त्री के जीवन रक्षा की है।

भारतीय समाज का बंटवारा स्त्री-पुरुषों के बीच में ही नहीं है, बल्कि अनेक जगह अनेक स्तरों में बंटी हुई स्त्रियों के बीच भी है। इतना ही नहीं, पुरुष अवधारणाओं से बने समाज में बहुत-सी स्त्रियां भी पुरुष व्यवहार उनकी बेरहमी की समर्थक हो गयी हैं और समाज के सुविचारित निर्माण को महत्त्व नहीं देतीं। पुराने समाजों में अनेक परंपराओं का मिलना और उनके आदर्शों की झिलमिलाहट स्त्री-पुरुषों के रिश्तों को लगातार पेचीदा बनाती हैं और किसी भी प्रकार के बदलाव को अविश्वसनीयता देती है। देखने की बात यह है कि इन सब परंपराओं के बीच पुरुष वर्चस्व और आर्थिक नियोजन में पुरुषों को अवसर मिलने का अंतहीन सिलसिला चलता है। यह तथ्य प्रायः भुला दिया जाता है कि गैरबराबरी को कायम रखने में अवसरों का न मिलना ही सबसे प्रमुख कारण होता है, भारतीय समाज व्यवस्था में स्त्रियों के लिए अधिक अवसर प्राप्त करने की गुंजाइश नहीं है और उन्हें अपनी प्रतिभा विकसित करने की जरा ही भी जगह नहीं दी गयी है। संयुक्त परिवारों का गठन कुछ इस प्रकार हुआ है कि स्त्री के लिए रोशनी के सारे दरवाजे और खिड़कियां बंद है। बड़ी उमर तक और कभी-कभी पूरी उमर तक सभ्य और शहरी परिवारों तक में वे बेजुबान, दुर्घटनाओं को देखने वाली ही बनी है। संयुक्त परिवारों में बेशुमार गैरबराबरी और दूसरी प्रकार की मनोवैज्ञानिक यातनाओं का चालाकी भरा खेल चलता रहता है,जिसमें विधवाएं बुढ़ाती स्त्रियां, अपने हकों से बेदखल की गयी पति की कई रिश्तेदार शामिल रहती है। किस्म-किस्म के पारिवारिक झगड़ों, और षड्यंत्रों के बीच महत्त्वपूर्ण निर्णय होते रहते हैं, जिसके परिणाम स्त्रियों को ही भोगने होते हैं। आर्थिक निर्णयों में सलाह-सूचना, जमीन, घर का लेन-देन, पारिवारिक बंटवारे का संकट तथा दूसरी कई तरह की आमदनी-खर्च की खबरें बहू-बेटियों से लगाकर बड़ी-बूढ़ियों तक के लिए अनावश्यक होती हैं। दरअसल आर्थिक प्रसंग स्त्रियों के लिए झंझट भरे मान लिये गये हैं और अपने न्यायोचित हकों के लिए किसी स्त्री का कोर्ट-कचहरी में नजर आना, मुकदमा लड़ना लज्जाजनक समझा जाता है। मर्द ऐसी स्त्रियों पर 'आचरण' संबंधी कई आरोप लगाते हैं। ज्यादातर स्त्रियां इस अपमान और जलालत से बचती हैं और मृत्यु तक अपनी भोली-भाली जिंदगी अपमान, लाचारी, भूखमरी, रोग के पायदानों पर बैठी-बैठी बिता देती हैं।

तब भी समता और स्वाधीनता की अदृश्य जैविक इच्छा मर्दों और औरतों के मन में कोई न कोई शक्ल लेती रहती है, वह जिन्दगी और इतिहास में देखने-पढ़ने को मिलती है। इस रोशनी में ही हमें अपनी न पायी हुई मंजिलें नजर आने लगती हैं और उन तक पहुंचने के रास्ते और उपाय ढूंढने का उत्साह हासिल होता है। अपनी नाकामयाबियों और परंपराओं की हम निर्मम आलोचना करते हैं और एक नयी

इच्छाशक्ति के बल पर मानवीय रिश्तों को मजबूत और स्थायी बनाते हैं। इस तरह हमारे संविधान में मर्द और औरत के रिश्तों के बीच गैरबराबरी मिटाने की शुरुआत होती है। दबी-कुचली स्त्री सहसा एक छलांग लगाकर पुरुष के बराबर आ जाती है। उसका 'वोट' पुरुष के बराबर हैसियत और शक्ति पा लेता है और यह देखने को मिलने लगता है कि पुरुष अपनी राजनीतिक प्रतिष्ठा बचाने के लिए स्त्री के सामने हाथ जोड़कर खड़ा है; उन्हें इज्जत के साथ संबोधित कर रहा है; उन्हें शक्तिशाली बनाने के विचार, विश्वास दे रहा है उनकी विफलताएं, यातनाएं, उन पर होने वाले अत्याचार देश की संसद, विधानसभाओं के सामने हैं। एक अपरिचित यथार्थ अनेक विशेषणों के नीचे दबा पाखंड, सदियों का अविश्वास और संशय, स्त्री को निरंतर पीछे धकेलने का पाप, पुरुष होने का अमर्यादित घमंड, सब पर बात और बहस होने लगती है। यह बात दूसरी है और जांच-पड़ताल करने जैसी है कि 'मत' की बराबरी भी, यानी एक प्रबल राजनीति का शस्त्र तक स्त्री के प्रति अन्याय, उत्पीड़न और गैर बराबरी की परंपरा को ध्वस्त करने में कामयाब क्यों नहीं होता? स्त्री की रचनात्मक शक्तियों पर कोई विश्वास नहीं करता। यहां तक कि मध्यकाल की तेजस्वी संत परंपरा भी, जो अंधविश्वासों और सामाजिक विषमताओं की चारों तरफ से धुनाई करती है, स्त्री को कोई उदारता और सम्मान का स्थान नहीं देती। स्त्री के लिए ऐसे सामाजिक पूर्वाग्रहों के बीच भारतीय संविधान में राजनीतिक हैसियत मिलना एक बड़ी उथल-पुथल और लोकशक्ति के नये ऊर्जा-क्षेत्रों की तलाश ही कही जायेगी।

किन्तु राजनीतिक बराबरी के प्रयास सामाजिक बराबरी के लिए किये जाने वाले प्रयासों का एक हिस्सा ही है जिसके अच्छे परिणाम निकलते हैं, लेकिन इतने धीरे-धीरे कि कुछ बदलता नज़र नहीं आता और प्रतिरोधी शक्तियां अपने पूरे कौशल से बदलाव विरोधी स्वरों को संगठित करती रहती हैं। स्त्रियां हों, दलित हों, अल्पसंख्यक हों या कोई भी उत्पीड़ित पक्ष हो, उनके लिए वर्चस्वशाली अभिजनों के मन बेरहम और तर्क विरोधी होते हैं। वास्तव में वे दबे-कुचले, वंचितों और शोषितों जनों से कई तरह के लाभ उठाते हैं; स्त्री के साथ सभी प्रकार के पुरुषों की आदिम कामेच्छाओं का भावमय संबंध हैं; ईर्ष्या और आधिपत्य का। यह दोनों तरफ है, यानी स्त्री भी पुरुष के प्रति ईर्ष्या रखती है और उसे अपने कब्जे में रखना चाहती है। इन दोनों के बीच अंतर यह है कि स्त्री असुरक्षा के भयंकर दबाव में पुरुष को अपने अधीन रखती है और पुरुष उद्दण्डता के साथ, पुरुष में एक शक्ति कामना की तरह रहती है, जैसे कोई तेज बहने वाली नदी हो, पुरुष स्त्री पर, ऐसे ही कब्जा करता है, जैसे जमीन पर और उसी तरह प्रतिद्वंद्वी के प्राण भी ले लेता है।

यह जांच करने की बात है कि स्त्री-पुरुष का मुख्य झगड़ा क्या है? पुरुष की पूरी इच्छा स्त्री को 'शक्ति' न बनने देने की है। 'शक्ति' का दूसरा प्रतिद्वंद्वी केंद्र कोई

न हो, यही केंद्रीय मुद्दा है। अकेली स्त्री विदुषी हो याकि वीरांगना, वैज्ञानिक या कुछ भी, यह आपत्तिजनक नहीं है; इसका यश भी है; पुराने गिने-चुने नाम सब देशों के पास हैं, रानियों और साम्राज्ञियां हैं, लेकिन वे शक्ति केंद्र नहीं हैं। संपूर्ण व्यवस्था में उनकी आवाज़, उनके हक-हवा-रोशनी की तरह, अपने आप जाने-पहचाने नहीं हैं; पुरुष के हकों की तरह अप्रतिहत और निर्बाध। स्त्री कहीं निर्णायक नहीं है; घर में भी नहीं। अपने शरीर श्रम, शक्ति, गंध-स्पर्श, स्वाद, मैत्री, आसक्ति, प्रजनन, किसी के लिए नहीं, इस यातना को अभिव्यक्त करते तुलसीदासजी ने लिखा :

कत विधि सृजी नारि जग माहीं।
पराधीन सपनेहु सुख नाहीं॥

लेकिन बीसवीं सदी स्त्री-शक्तिकरण के पक्ष की रही है, पश्चिमी दुनिया से लगाकर हमारे देश तक में स्त्रियों को लेकर फैलायी गयी लोकप्रिय कटुताओं और व्यंग्योक्तियों को अविश्वसनीयता हासिल हुई है और बहुत सी धुंध छटी है और दुराग्रह कम हुए हैं। शोषण की बहुत-सी अवधारणाओं का मिज़ाज समझ में आने लगा है और अनेक अनुसंधानों ने स्त्रियों के शरीर और मन से जुड़ी भ्रान्तियों को निर्मूल कर दिया है। अनेक क्षेत्रों की प्रतिस्पर्द्धी परीक्षाओं में स्त्रियों ने पुरुषों की अपेक्षा अच्छे परिणाम दिये हैं। गृहस्थी और नौकरी के मोरचों पर भी वे हिम्मत और आत्म-विश्वास का परिचय देती हैं। अब किसी भी साहसिक काम में स्त्री को केवल पूर्वग्रह के आधार पर ही क्षमता या शक्ति-रहित नहीं कहा जा सकता है।

वह प्रश्न तब भी मौजूद है कि स्त्री ने यह आत्म-विश्वास किस तरह हासिल किया है? एक प्रतिकूल व्यवस्था और अनेक विपरीत परिस्थितियों के बावजूद अपनी जगह बनाने का उसे यह साहस कहां से मिला है? इसका उत्तर ज्यादा पेचीदा नहीं है। मध्यम वर्ग की स्त्री ने शिक्षा से शक्ति हासिल की है। शिक्षा ने स्त्री और पुरुष में अदम्य आत्म-विश्वास की उमंग पैदा की है। शिक्षा पराधीनता के दायरों से बाहर आने की आक्रामक शक्ति देती है, जो बाद में सामाजिक रचना के प्रवाहों को मोड़ देती है। धीरे-धीरे व्यवस्था के अंदर की दुस्साहसिकता टूटने लगती है। मध्यम वर्ग की स्त्रियों में मिलने वाली बहुत-सी सुविधाओं में शिक्षित होने की सुविधा भी थी और उसमें कुछ पुरुषों की उदार दृष्टि का सहयोग था। शिक्षित होने के अवसर ही मध्यमवर्ग की स्त्रियों को लगातार गैर-बराबरी का विरोध करने की इच्छा शक्ति जगाता रहा है और आज जिस 'स्त्री-शक्ति' की बात हो रही है, उसकी प्रेरक मशाल मध्यम वर्ग की शिक्षित स्त्रियों ने ही जला रखी है। आगे आने वाली सदी 'स्त्री दासता' की नहीं होगी। नयी प्रौद्योगिकी, देश-देशांतरों के बीच होने वाली यात्राएं, उत्पीड़न के विरोध में चलते आंदोलन और स्त्री-शिक्षा के फैलते आयाम और अवसर मर्द-औरत के बीच के फासले घटा देंगे।

यह तथ्य ध्यान देने जैसा है कि मध्यम वर्ग की स्त्रियां ही स्त्री-सशक्तिकरण के आंदोलन को तेज करेंगी, क्योंकि वे शिक्षित हैं और राजनीतिक आंदोलनों में शरीक हैं, उनके पास कानूनी-ज्ञान, सूचनाएं और दमन के खिलाफ अखबारी मुहिम चलाने की समझ है। उनमें से बहुत-सी स्त्रियों की राजनीतिक-सामाजिक हैसियत पुरुषों के बीच भी महत्त्व रखती है और सबसे महत्त्वपूर्ण तो यह बात है कि उनके पास कुछ समय और साधन हैं, जो संघर्ष की निरंतरता के लिए जरूरी है।

विचारणीय यह है कि बाज़ारवाद के बीचों-बीच फंसी मध्यमवर्ग की स्त्रियां स्त्री को शक्ति देने वाले आंदोलन के बुनियादी मुद्दों को कितना बचा पाती हैं और सबसे नीचे पायदान पर बैठी औरत को स्त्री समुदाय और पूरे समाज के बीच कितना आत्मविश्वास, कितनी इच्छा-शक्ति, अपने व्यक्तित्व के विकास के लिए किस प्रकार के अवसर, आर्थिक बराबरी के लिए किस तरह की रणनीति और नैतिक दायित्व की चमक का कितना एहसास कराती हैं। देखें तो मध्यम वर्ग की स्त्रियों के दुःख और चिंताएं उन सब स्त्रियों से बहुत अलग हैं, जो उनके घर में और समाज में 'बाइयों' के नाम से जानी जाती हैं और जिनके कमाई पर उसके मर्द का पूरा अख्तियार है। स्त्री-स्वाधीनता का और सशक्तिकरण का संघर्ष बंटा हुआ नहीं है, न मर्द—औरत के बीच न औरत-औरत के बीच, गोकि निहित स्वार्थ वालों की कोशिश रहेगी कि वह बंटा रहे और कुछ स्त्रियां और पुरुष शक्ति के शिखर पर बैठे रहें।

आज के मध्यमवर्गीय परिवारों के संबंध में चिंता करना निर्मूल और अकारण नहीं है। उनका मन और आचरण गहरे दबावों के बीच से गुजर रहा है। पिछले सालों के दुनिया को बदलने के विचार और निष्ठाएं बदल गयी हैं और बराबरी के लिए संघर्ष करने की इच्छा कमजोर हो गयी हैं। सिद्धांतों को अपने हित में परिभाषित करना और समृद्धि के नये-नये सपने देखना मध्यम वर्ग के व्यवहार का अविच्छिन्न हिस्सा हो गया है, इसलिए उनकी विश्व-दृष्टि भी सीमित हो गयी है। मध्यम वर्गीय परिवार की स्त्रियां सजग किंतु आत्मकेन्द्रित हो गयी हैं और इस भगदड़ में वे सब विचार और लक्ष्य विलुप्त हो गये हैं, जो शक्ति के संबंध में लगातार केंद्र में रहने चाहिए। वास्तव में सवाल तो यह है कि स्त्री को शक्तिशाली बनाने के लिए किस तरह के समाज की आवश्यकता है। जब तक समाज-रचना के सवाल, दृष्टियां और चिंताएं खंडित और विभाजित हैं, हमारे उत्तर और रचना के विकल्प अनेक दिशाओं में भागते हुए घोड़ों की तरह होंगे। इसलिए हमारी यात्राएं असुरक्षित रहेंगी।

आज यह हुआ है कि 'शक्ति' का अभिप्राय 'पैसे' में सिमट गया है और इसलिए मध्यम वर्गीय परिवार की स्त्रियां बुनीयादी रूप से ऐसे समाज को शक्तिशाली मानती हैं, जहां धन के बरसते रहने की संभावनाएं खुली हों। लेकिन एक शक्तिशाली समाज की ऐसी अवधारणा अनेक विसंगतियों का कारण बन गयी है और धीरे-धीरे हम एक

आपराधिक समाज बनाते जा रहे हैं। सबसे बड़ा नुकसान तो यह हुआ है कि प्रतिष्ठा और सम्मान के संबंध में हमारा नज़रिया बदल गया है। स्त्रियों के मन में भी मध्यवर्गीय लालच ने अनेक छोटी-मोटी पगडंडियां बना ली हैं। वे सवाल, जो जिंदगी की गुणवत्ता के संबंध में थे, पीछे धकेल दिये गये हैं। स्त्रियों की नयी रचनात्मक ऊर्जा 'विज्ञापन' के काम में आ गयी है और यही 'सशक्त' होने का मतलब हो गया है। इसमें कोई संदेह नहीं है कि आर्थिक गैर-बराबरी से दुनिया भर के अपराध होते हैं लेकिन मध्यम वर्ग का संघर्ष केवल इसलिए उनके पक्ष में नहीं हो सकता कि इस तरह स्त्री के सशक्त होने की शुरुआत हो गयी है। मध्यम वर्ग की स्त्री जब तक पूरे समाज के लिए आर्थिक बराबरी के नये प्रतिमानों का संघर्ष नहीं करतीं तब तक शक्ति का छोटा-सा द्वीप, जिसकी आबादी बहुत कम होगी, बना रहेगा। यह कहने की आवश्यकता नहीं है मध्यम वर्ग सैद्धान्तिक निष्ठाओं का सबसे चतुर विक्रेता है, जिसका विशद वर्णन पवन कुमार वर्मा की पुस्तक 'दि ग्रेट इण्डियन मिडिल क्लास' में पढ़ने को मिलता है।

पुरुष की बराबरी का सिद्धांत स्त्री को शक्तिशाली बनाने का आदर्श सिद्धांत नहीं है। वह चुनौती तो है और बहस के लिए उत्तेजना भी पैदा करता है, लेकिन वह दर्पपूर्ण और नृशंसता के भरोसे चलने वाला है। स्त्री यदि पुरुष की अनुकृति ही होती है, तो अच्छी और मनोरम; तनाव-रहित और शांत दुनिया का सपना बिखर जायेगा। पुरुषों की दुनिया और उसका बनाया हुआ 'शक्ति का मॉडल' विफल हो गया है। उनकी बनायी हुई दुनिया परमाणु-शस्त्रों और दारुण गरीबी के बीच बंट गयी है और अगर स्त्री भी इसी पुरुष-दुनिया के आदर्श को बनाती हुई सशक्त होती है, तब 'स्त्री सशक्तिकरण' अर्थहीन होगा।

यह जरूरी है कि शक्तिशाली होती हुई स्त्री शक्ति की पुनर्व्याख्या करे और दुनिया के पूंजीवादी मॉडल की जगह रचना की नयी-नयी संभावना और तीसरी दुनिया की तमाम उत्पीड़ित स्त्रियों के आत्म-सम्मान, गरिमा और उपादेयता के गहरे अभिप्रायों की तलाश का काम जारी रखे।

ग़ैर-बराबरी की पाठशाला

इस प्रश्न के कई उत्तर हो सकते हैं कि गैर-बराबरी का पाठ कहां से शुरू होता है क्योंकि कोई ऐसा स्कूल नज़र नहीं आता, पोथी या टीचर जो गैर-बराबरी या असमानता की बाकायदा और लगातार शिक्षा देता हो। लेकिन तब भी घर से लगाकर दुनिया भर में तरह-तरह की विषमताओं और गैर-बराबरी का उन्माद फैला है। गैर-बराबरी के खिलाफ अत्यंत उग्र और बड़े-हिंसक और शांत, अहिंसक, विवेकपूर्ण और वैचारिक आंदोलन हुए हैं और आज भी उथल-पुथल तथा अराजकता के संकेत देते जनांदोलन का सिलसिला खत्म नहीं हुआ है तब भी गैर-बराबरी की दीवारें गिरी नहीं हैं और न सुरंग के उस पार कोई प्रसन्न करने वाला उजाला नज़र आता है।

विषमता, असमानता या गैर-बराबरी के विरुद्ध संघर्ष करते हुए भी यह जानकारी करना गैर-वाज़िब नहीं है कि ये अदृश्य पाठशालाएं कौन-सी हैं जहां गैर-बराबरी के पाठ इस तरह पढ़ाए जाते हैं कि वे हमारे सिद्धांत और व्यवहार के हिस्से बन जाएं, इतने स्वाभाविक कि जिन पर बातचीत करना ही गैर-जरूरी तथा अपराध जैसे लगने लगें। लेकिन दुर्भाग्य से इन्हीं पाठशालाओं में गैर-बराबरी के सिद्धांत-पाठ इतनी कुशलता और कट्टरता से पढ़ाए जाते हैं कि वे हमारी आस्थाओं के बुनियादी आधार तथा अहंकारवादी मनोविज्ञान के अटूट हिस्से हो सकते हैं। यह कहना मुश्किल है कि आयु के किस पड़ाव पर गैर-बराबरी की स्थितियों का तीव्र दंश अनुभव होने लगता है। लेकिन सामान्यतया तो समझ की इस आयु के आने के पहले ही गैर-बराबरी की सामाजिक-व्यवस्था और संस्थाएं हमें रक्षात्मक कवच पहना देती हैं जिससे वह सुन्न पैदा हो जाए कि शोषण करने वाला और सहने वाला कोई प्रतिक्रिया करने से विमुख हो जाएं और दोनों को ही लगने लगे कि कुछ भी असामान्य, अन्यायपूर्ण और अमानवीय नहीं हुआ है। दोनों पक्षों की संवेदनाएं भोंथरी हो जाने से उन्हें सबकुछ ठीक-ठाक, विधिवत्, समाज-सम्मत लगता चलता है। व्यवस्था की यह संवेदनाहीन स्वीकृति बाद में परंपरा हो जाती है जिस पर न विचार संभव होता है, न संवाद। दरअसल 'परंपरा' प्रभु-वर्ग के भाषा वंश का सबसे चालाक और अनेकार्थी शब्द है जो कई मुद्राएं अपनाकर स्थापित स्वार्थों का समर्थन करता है। अंत में गैर-बराबरी की अवधारणा परंपरा का ऐसा सर्व स्वीकृत हिस्सा हो जाती

है जिसे भूलकर हम एक भाग्यवादी असहाय-सी ज़िन्दगी ही जीते रहते हैं।

गैर-बराबरी के अनेक रूप देखकर क्या यह मान लिया जाना चाहिए कि वह मनुष्य प्रकृति का अनिवार्य हिस्सा है—आहार, निद्रा, भय, मैथुन की तरह, एक प्रवृत्ति, 'इन्स्टिंक्ट' और उसके खिलाफ़ सारा संघर्ष केवल एक कुतूहल, एक आनंददायी मनोकामना है? सामान्यतया तो सृष्टि की या प्रकृति के रचाव की अनेक बहुलताएं और भौगोलिक विषमताएं हमें असहज नहीं बनातीं और यहीं से मानवीय-सृष्टि की गैर-बराबरी या असमानताओं को समझने का, सहन करने का अभ्यास हम शुरू कर देते हैं। वैसे ध्यान से देखें तो गैर-बराबरी की कुरूपताएं और विकृतियों को प्रकृति की विकृतियों की तरह देखने का सिद्धांत हमें काफी तसल्ली देता है और ईश्वरीय इच्छा का शांत और गंभीर तर्क सारी मानवीय बेचैनियां दूर कर देता है। ऐसी ही कुछ मनोदशा में हमने गैर-बराबरी के अमानवीय सिद्धांत के प्रति पूरी असहमति दिखाते हुए भी चालाकी के साथ मोक्ष और 'कर्म-फल' का सिद्धांत भी बना लिया है। यह पुनर्जन्म का कारण-रूप सिद्धांत भी है। पूर्व-जन्म के अच्छे-बुरे कर्मों का फल भोगने के लिए ही बार-बार जन्म होता है। यह जन्म किस जाति में होगा, किस कुल में, किन परिस्थितियों में यह सब पूर्वनिर्धारित और कर्मफल का भोग है। इस मान्यता के अनुसार इस जन्म का सुख-दुःख, जात-कुजात, रंग-रूप, गरीबी-अमीरी, शिक्षा-कुशिक्षा सब पूर्व-जन्मों का हिसाब-किताब चुकता करने के लिए है।

व्यवस्था की सारी धूर्तताओं को संरक्षण देता हुआ यह सिद्धांत ईश्वरीय इच्छा से रची हुई इस ऊबड़-खाबड़ और विषमताओं के बीच बनी हमारी बेरहम दुनिया को सामान्य सा बना देता है। तब हम उन सब मर्माहत करने वाली विद्रूपताओं को बदलने की कोशिश तक को भी छोड़ देते हैं। हमारी जानी-पहचानी सुख-दुःख की दुनिया 'राम की रचना' में बदल जाती है। तब गैर-बराबरी की दुनिया भी राम की रची हुई, तर्क और न्याय संगत लगने लगती है। सामान्य-आदमी के विश्वासों में यह बंटी, विभाजित, 'फ्रेक्चर्ड' दुनिया विश्वसनीय हो जाती है। मेरी मां ने सारी दलीलों को सुनकर पूरे आत्म-विश्वास से भरकर हाथ (पंजा) दिखाते पूछा था, ''सब अंगुलियां बराबर हैं क्या?'' मेरे उत्तर देने के पहले हमारी अधेड़ बाई बोली, ''नहीं, माताजी, जैसे हाथ की पांचों अंगुलियां छोटी-बड़ी हैं ऐसे ही दुनिया छोटे-बड़े, गरीब-अमीर, काले-गोरे, जात-बिरादरी, मरद-लुगाई, लल्ला-लल्ली में बंटी है। सबका अपना-अपना नसीब है। अपने-अपने करमन को फल है।'' यह एक सर्वमान्य विश्वास है; व्यवस्थावादियों के सारे तर्कों को चकनाचूर करता हुआ। शिक्षक और संत कवि तुलसीदास इस पर मुहर लगाते हैं,'' होइहिं जाहि राम रचि राखा, को करि तरक बढ़ावहिं साखा।'' उनके अनुसार सबकुछ पहले से बना है इसमें कोई भी तर्क-वितर्क करके क्या घटा-बढ़ा लेगा? एक पूरी असंत आपाधापी की विभाजित दुनिया के लिए

कवि तुलसीदास का मत है कि वह राम की रची है कोई तीसमार खां क्या कर लेगा?

हम देखते हैं कि कर्म-फल का सिद्धांत लोक-विश्वास का अचल हिस्सा है, यद्यपि कोई नहीं जानता कि इस विशाल जनसंख्या के कर्मों का ब्यौरा कैसे तैयार होता है और पुनर्जन्म का निपटारा कब होता है? इतनी आकस्मिताओं की धुंध में लिपटकर भी विभाजित-दुनिया के लिए कर्म-फल-भोग एक अखंड सनातन-सा विश्वास बना रहता है। ज्ञान कोई मदद नहीं करता। ज्ञान के हाथ में सृष्टि-रचना नहीं है। ज्ञानी से पूछा जाता है कि सृष्टि किसने बनाई है तब कोई असंदिग्ध उत्तर नहीं मिलता और यहीं से एक अदृश्य रचनाकार आविर्भूत होता है। यही मनुष्य-सृष्टि बनाता है। यह सृष्टि दुविधा या सुविधाग्रस्त, भेदों में बंटी या भेदातीत वह राम की या ईश्वर की रचना है। ज्ञानी को ललकारते हुए कबीर ने कहा, ''जो कर्म की गति थी वह तो नहीं टली न! वशिष्ठ जी महाराज! आप तो बड़े पंडित ज्ञानी थे, नक्षत्रों का योगायोग देखकर शुभ मुहूर्त्त में आपने राम-जानकी का विवाह कराया था पर क्या हुआ? सीता का हरण हुआ, दशरथ की मृत्यु, वन में विपत्तियां ही विपत्तियां! क्या हुआ महाराज? कर्म की गति नहीं ही टली।'' अनेक प्रकार की और तर्क-संगत आकस्मिकताओं से भरी समाज-रचना पर कबीर हतप्रभ, नाराज़ और उदास होकर कहते हैं—

करमन की गति न्यारी, मोरे रामा!
वैस्या ओढ़ै साल, दुसाला, पंडित भये भिखारी मोरे रामा।
बड़े-बड़े पंख दिये बगुला के, कोयल, करदीनी कारी, मोरे रामा।

बहरहाल, इस तरह 'कर्म-फल' भोगने का विश्वास हमारी सामाजिक-आस्था का व्यापक और अनिवार्य हिस्सा हो जाता है। देखने की बात है कि कर्म-फल के सिद्धांत का कोई समुचित ज्ञान-शास्त्र नहीं है और न कर्मों की कोई निर्णायक तालिका है, तब भी शिक्षित-अशिक्षित के मन में कर्म-फल भोगने को लेकर कोई गहरी उदासी या जिज्ञासा नहीं है। हिंदू-मन में यह सिद्धांत ईश्वरीय न्याय का प्रतीक है। कभी-न-कभी, किसी-न-किसी जन्म में तो शुभ-अशुभ का पुरस्कार या दंड मिलेगा। लोक-विश्वास है कि ईश्वर के यहां देर है पर अंधेर नहीं है।

यह तथ्य रेखांकित किया जाना चाहिए कि कर्मफल के सिद्धांत की स्वीकृति के साथ हमें ऊंची-नीची-जात और अमीरी-गरीबी के बीच का भयावह अंतर काले-गोरे का रंग-भेद, स्त्री-पुरुष और लड़के-लड़की के प्रति व्यवहार की दुमुंही कपट नीतियां सात्विक और निरामिष लगने लगती हैं और दुनियाभर की गैर-बराबरियां और अन्याय भाग्य का खेल और न्याय-संगत हो जाते हैं। सारे कष्ट, दुख-दुविधा, भूख, रोग, शोक, शरीर-मन-आत्मा के संताप, प्रकृति की विनाशलीलाएं, सामाजिक अवहेलनाएं, अनादर, व्यवस्था की विसंगतियां, शोषण, पराधीनता सब अपने ही अशुभ कर्मों का स्वाभाविक और औचित्य-पूर्ण दंड-विधान हो जाता है। हम ही सोचने लगते हैं शुभ

कर्म करने वालों को सुख-समृद्धि और खूबसूरत दुनिया कभी-न-कभी तो मिलनी चाहिए। ऊंची जात, कुल, पद, प्रतिष्ठा और असंख्य अनायास मिलने वाली अनुकूलताएं उनके शुभ कर्मों का उपार्जित प्रतिफल हो जाती हैं।

दुनिया भर के लोग 'कर्म-फल' के इस सिद्धांत को धर्म की अदृश्य पाठशालाओं में पढ़ते हैं और गैर-बराबरी को अघोषित स्वीकृति देते हैं। हमें नज़र आती हों, नहीं भी आती हैं लेकिन हमारी असली लड़ाई उन धार्मिक संस्थानों की अदृश्य पाठशालाओं से ही है जहां सहस्रों अखाड़े, मठ, मस्जिद, चर्च, धर्म-पीठें बराबरी के विरुद्ध 'धर्म का मार्केटिंग' कर रही हैं और हिंसा, हत्या के फतवे बांट रही हैं।

हम भी सारी प्रगतिशीलता के साथ एक अदृश्य धार्मिक स्कूल, बराबरी के विरुद्ध प्रार्थना की कोई किताब साथ रखते हैं जिसका नाम 'बाजारवाद' है और जो हमें अपनी प्राइवेट दुनिया को मोहक बनाना सिखाती है।

दलित का हिसाब-किताब

कुछ वर्ष पहले मैंने नामदेव छीपा के पद पढ़े थे, उनमें से एक पद में गायी व्यथा मुझे आज भी विचलित करती है, उन्होंने उस पद में लिखा है—"हे पांडुरंग! मुझे अपना भक्त बनाना था तो छीपा क्यों बनाया और छीपा बनाना था तो भक्त क्यों बनाया?" एक दूसरे भक्त ने अपने जाति-संदर्भ का हवाला देते हुए अपने आराध्य से पूछा कि, "पहले तो मैं नहाता नहीं था, अब तो रोज़ नहाता हूं, यही नहीं, तेरे सम्प्रदाय की छाप और तिलक लगाकर (अपने पैसे से) तेरा भक्त कहलाने लगा हूं। मैं धन्ना भगत जाति का मीणा हूं, पूछता हूं, 'तारेगा कि नहीं?' " दोनों भक्तों को अपनी निम्न जाति का बोध है। अपनी भक्ति का गुमान और अपनी जाति के कारण सवर्णों के तिरस्कार की दहकती हुई अनुभूति भी।

भारतीय सामाजिक चेतना का यह अत्यंत तनाव भरा अंतर्विरोध और द्वन्द्व है कि उसकी ज्ञान-मीमांसा में समता की उदात्त सैद्धान्तिकी की प्रतिस्थापना हुई है। जिसका सबसे अच्छा उदाहरण शंकर का अद्वैत दर्शन है, जहां पूरी दुनिया, ब्रह्माण्ड, चराचर में ब्रह्म का वास है। 'तो में, मो में, खड्ग, खम्भ में, सब जग रहा समाई'। लेकिन व्यवहार और व्यवस्था में यह उदात्त समता-भाव अनेकों तरह से बंट गया है और हज़ारों कवियों, भक्तों, दार्शनिकों के भावनात्मक तथा तर्कसंगत विरोधों के चलते सामाजिक व्यवहार और व्यवस्था की वे फांकें यथावत् और दुर्लध्य बनी हुई हैं, भारतीय समाज की इस निर्मम और गैर-बराबरी की व्यवस्था का विरोध बार-बार और अनेक स्तरों पर, यहां तक कि कई धर्मों तक ने किया है। लेकिन यह अजीब दुर्भाग्य है कि वे सब प्रयत्न व्यर्थ हुए। यही नहीं, बल्कि वे धर्म जो वर्ण और जाति व्यवस्था का जबरदस्त विरोध कर रहे थे, कई फांकों में बंट गये। बौद्ध-धर्म महायान और हीनयान तथा जैन धर्म हिंदू धर्म की तरह कई छोटे-छोटे समूहों और पंथों में बंटकर अपने-अपने मार्गों का श्रेष्ठत्व साबित करता जीवित है। अपरिग्रह का उद्घोष करने वाला धर्म आज दुनिया के सबसे धनाढ्य धर्मावलम्बियों में शामिल है। तब भी हिंदू धर्म की वर्णवादी व्यवस्था का विरोध करने वाले संतों, भक्तों, धर्मानुयायियों का यह उपकार तो हमें मानना चाहिए कि वे हिंदू धर्म की जाति और अतर्कसम्मत परंपराओं के तीव्र आलोचकों के रूप में बार-बार सामने आते रहे और समतावादी

संस्कृति के प्रेरक और पक्षधर रहे।

यह समझना मुश्किल है कि इस शांत, सहिष्णु, उदार दर्शन और संस्कृति के इलाके में वर्णवादी, जातिवादी व्यवस्था का कब्जा क्यों और कैसे हुआ, लेकिन उस व्यवस्था में सबसे नीचे पायदान पर खड़े शूद्र ब्राह्मणों, क्षत्रियों और वैश्यों के सेवक थे। उनका जन्म ही इन तीनों सवर्णों की सेवा के निमित्त हुआ था। ऐसा दर्शाया गया है कि जैसे सवर्णों की सेवा ही उनके जन्म का प्रयोजन और सार्थकता है। इस निर्ममता को एक मानव शरीर का रूपक देकर प्रस्तुत किया जाता रहा। ब्राह्मण इसका मुख है, क्षत्रिय भुजाएं, वैश्य उदर तथा शूद्र पैर। फिर पैरों का महत्त्व बताया जाता हैं। वह जैसे शूद्रों के गुणगान का हिस्सा होता है। पैरों की मज़बूती ही इस व्यवस्था की मज़बूती बतायी जाती है। निहितार्थ यह कि शूद्र जहां हैं मज़बूती से खड़ें रहें, क्योंकि वे हिंदू व्यवस्था के आधार स्तम्भ है।

इस क्रम में सेवा को मानव-धर्म की महान विभूति दर्शाया जाता है। हनुमान सेवा के अनुपम आज्ञाकारी प्रतीक हैं। सब जगह हाथ जोड़े सेवक के रूप से खड़े हैं। इस तरह शूद्र सेवा के लिए तत्पर रहें। सेवा एक अमूल्य भाव है, इसलिए वर्णवादी व्यवस्थापक उसे निःशुल्क प्राप्त करते रहते हैं। यह तीनों कोटि के सवर्णों का जन्मसिद्ध अधिकार है। इस व्यवस्था में जब कोई असंतुलन आता है, उसे 'धर्म की हानि' माना जाता है। तब ईश्वर अवतार लेते हैं और सामाजिक संतुलन स्थापित करते हैं। इस बीच एक अबूझ प्रक्रिया के अंतर्गत जातियां बनती जाती हैं और जातियों के अंतर्गत जातियां बनती जाती हैं और जातियों के अंतर्गत छोटी-बड़ी जातियां वृक्ष में शाखाओं की तरह विकसित होती रहती हैं। विभाजन की इस प्रक्रिया में अछूतों की जातियां निकल आती हैं। शूद्र इन जातियों को अपने से भी हीन मानने लगता है। उनको जो काम करने के लिए दिया गया वह सवर्णों की सेवा करते हुए उनका 'पाखाना' उठाना था, जिसके एवज में वे घर-घर से रोटियां मांग कर लाते और खाते थे। ग्रहण का अवसर उनके लिए वरदान का होता था, उस दिन कुलीन सवर्ण उन्हें फटे-पुराने चिथड़े देते थे और दानशीलता की चमक लिये जीते थे। वे अस्पृश्य थे जिसकी जानकारी उन्हें 'हटो-हटो' कहकर देनी होती थी। उनके शरीर अपवित्र थे जिनसे विषाक्त कीटाणुओं की नदी बहती हो । हिंदू धर्म ने अछूतों के लिए एक अनुल्लंघनीय न्याय-व्यवस्था (ईश्वरीय व्यवस्था) का आधार लिया था, जिसके अनुसार अछूत होकर जन्म लेना पूर्व के कुकर्मों का न्यायसंगत परिणाम था। इस अंधी, किंतु तथाकथित न्यायसंगत व्यवस्था से सवर्ण और शूद्र जातियों को सनातन सेवक, बेहतर शब्द 'चाकर', मिल गये थे। इन सेवकों ने यह व्यवस्था अपने भाग्य के रूप में स्वीकार कर ली थी। व्यवस्था का अंग होने के कारण वह अपरिवर्तनीय और स्थिर थी। स्वामित्व और सेवकत्व विभाजन को स्वीकारते हुए

हिंदू-समाज शांति और सुख से रह रहा था। तमाम विरोध के स्वर प्रार्थना के स्वर ही थे। अछूतों ने अपनी इस सामाजिक धार्मिक स्थिति को पूर्व जन्मों के कुकर्मों का फल मान लिया था। उनकी प्रतिरोध शक्ति निश्शेष हो गयी थी।

फिलहाल इस सवाल को छोड़ देते हैं कि आज़ादी की लड़ाई का एक लक्ष्य अपमानित और अछूत जातियों की मुक्ति-कामना का था या नहीं? यह सवाल बार-बार उठता रहा है और अनेक बुद्धिजीवियों और विचारकों ने यह माना है कि आज़ादी की लड़ाई का मुख्य प्रयोजन राजनीतिक था। सामाजिक परिवर्तन के लिए यह अनुमान लगाया गया था कि वह राजनीतिक परिस्थितियों में बदलाव के साथ स्वतः हल हो जाएगा, जो कि पूरी तरह हुआ नहीं। श्री के.एन. पन्नीकर ने 23 फरवरी, 2010 के 'दि हिन्दू' में इस पर फिर से बहस छेड़तें हुए डॉ.बी.आर. आम्बेड़कर को उद्धृत किया है। लिखा है, "हमें अपने राजनीतिक लोकतंत्र को सामाजिक लोकतंत्र में बदलना चाहिए। राजनैतिक लोकतंत्र का आधार जब तक सामाजिक लोकतंत्र नहीं होता, वह अल्पायु होता है। सामाजिक लोकतंत्र का क्या अर्थ है? वह एक ऐसी जीवन-व्यवस्था है जो स्वाधीनता, समता और भाईचारे को जीवन का सिद्धांत मानती है। हम 26 जनवरी, 1950 को विरोध की जिन्दगी स्वीकार करने जा रहे हैं। राजनीति में हमें बराबरी का अधिकार मिल रहा है लेकिन हमारी सामाजिक और आर्थिक ज़िन्दगी का आधार गैर-बराबरी ही रहेगा।" श्री पन्नीकर इस निष्कर्ष पर पहुंचते हैं कि आज़ादी के लिए लड़ते हुए हमने सामाजिक रूप से दीन-हीन वंचितों और अपनों को अपनी चिंता का केंद्र नहीं बनाया। उन्हें जहां का तहां खड़ा रखा।

हो सकता है कि आज़ादी की लड़ाई में राजनीतिक दृष्टि और सामाजिक प्रयत्नों में दलितों को उनके अपमान और दुखों से मुक्त कराने के त्वरित और प्रभावशाली उपाय न किये गये हों, लेकिन उनके साथ किये जा रहे अमानवीय व्यवहार का अपराध-बोध हमेशा हमारे कंधों पर लदा रहा। गांधी जी इस लड़ाई को अंत तक लड़ते रहे।

गांधी जी ने तब तक आज़ादी को अर्थहीन माना जब तक अस्पृश्यता खत्म नहीं होती। उन्होंने लिखा—"भारत में जब तक अछूत रहेंगे तब तक स्वराज्य नहीं मिलेगा। भारत ने यह जो अपराध किया है उससे हीन इंग्लैण्ड ने भी काम नहीं किया।"

1916 में हुए सर्वजातीय सम्मेलन में गांधी जी ने छुआछूत निवारण के लिए मुक्कमल जंग की घोषणा करते हुए अपने सिर की तरफ इशारा किया और कहा —"यह सिर अस्पृश्यता निवारण के लिए समर्पित है।" गांधी दलित के घर न जन्में हों, लेकिन उनके काम को गरिमा, सामाजिक वैधता दिलाने वाली हर संभव कोशिश में शामिल ही नहीं हुए, उसका अभिन्न हिस्सा भी हो गये। इस तत्परता ने हिंदू-मन

में दलितों के प्रति उदात्त सहिष्णु भाव की जगह बनायी जिसे अभी भी फैलाव देने की बहुत ज़रूरत है।

गांधी जी के ये सारे बयान, ये सारे काम धर्म और सुधार खाते में डाले गये। ऐसे उदार प्रयोग, ऐसी प्रार्थना करती कविताएं, करुणा से ओतप्रोत कामनाओं को हिंदू-वर्णवादी व्यवस्था ने खारिज कर दिया था जिनकी यादें पुरानी नहीं पड़ी थीं, गांधी वर्णवादी हिन्दू व्यवस्था के समर्थक थे, इसलिए भी उनकी इस मानवीय उदारता को शंका की दृष्टि से देखा जाता रहा। वहां संत दृष्टि तो बनी रही, किंतु क्रांति का, बदलाव का, समतावादी दृष्टि का अभाव नज़र आता रहा। दलितों की दृष्टि में गांधी उनके कुल के सहगोत्री या कि जन्मना शूद्र नहीं थे। उन्हें अधिक से अधिक इस बात के लिए सराहा गया कि उन्होंने 'सवर्णों के मन-मस्तिष्क से अस्पृश्यता हटाने का प्रयत्न किया' (चन्द्रशेखर धर्माधिकारी)। दरअसल जो काम गांधी कर रहे थे और जो आज भी अधूरा है, वही सामाजिक अभिशाप बना हुआ है और दलितों की अवमानना, तिरस्कार और सनातन घृणा का, तनाव का कारण है। दलित समाजशास्त्री और बुद्धिजीवियों के विश्लेषण भी सवर्णों के उस जातिगत मनोगत अहंकार को नहीं तोड़ पाते जो शोषणवादी व्यवस्था ने बनाये हैं।

1930 में डॉ. बी.आर. आम्बेडकर दलित चेतना के महानायक के रूप में उभरते हैं। वे भारत की आज़ादी के परिप्रेक्ष्य में यह सवाल उठाते हैं कि आज़ादी के बाद दलितों की क्या स्थिति होगी? क्या वे अस्पृश्य ही बने रहेंगे अथवा सामान्य नागरिकों के भी अधिकार प्राप्त कर सकेंगे?' (कंवल भारती) डॉ. आम्बेडकर का महत्त्व हमारे लिए यही है कि वे हिंदू-व्यवस्था के सबसे गंभीर, सबसे अमानवीय पक्ष के विरोध का मुद्दा उठाते हैं। दरअसल वे इसके हकदार भी हैं। दलितों के जीवन की गरिमा का आकाश उन्होंने सिकुड़ते-सिमटते, टुकड़े-टुकड़े होते देखा है। वे स्वतंत्र-भारत में एक अखंड-अविभाजित भारतीय समाज की रचना का सपना देखते हैं और एक समतावादी समाज की पक्षधरता करते हैं। वे जातियों में खंडित, आर्थिक, राजनीतिक, सांस्कृतिक हीनता के कई पायदानों पर खड़े समाज की अखंडता और गरिमा का मुद्दा उठाकर स्वतंत्रता का वास्तविक अर्थ खोलते हैं।

इसी प्रयत्न के दौरान वे लक्षित करते हैं कि ब्राह्मणवाद और पूंजीवाद ही भारतीय समाज के शत्रु हैं और जातियों में बांटने के ज़िम्मेदार हैं। आम्बेडकर जी ने जातियों में विभाजित सवर्ण और दलितों के समाज की राक्षसी दुर्दशा को केवल 'कागज देखी' ही नहीं,'आंखन देखी' को भी अनुभव किया है। जन्म से मिलने वाली इस जाति-व्यवस्था के विरोध में उन्होंने यह संतापग्रस्थ कथन किया था कि हिंदू धर्म में जन्म लेना तो उनके हाथ में नहीं था लेकिन वे मरेंगे इस धर्म में नहीं। उन्होंने लाखों अनुयायियों के साथ समतावादी बौद्ध धर्म स्वीकार किया।

अनेक बाधाओं और जटिलताओं के बावजूद डॉ. आम्बेडकर के नेतृत्व में एक ऊर्जावान दलित चेतना की पदचाप सुनाई देने लगी। भारत की स्वतंत्रता के साथ देश में लोकतंत्र की जिन मान्य परंपराओं की स्थापना हुई, उनसे मताधिकार जाति-सम्प्रदाय के भेद से रहित न्यायिक प्रशासनिक व्यवस्था तथा सरकारी सेवा क्षेत्रों और संसद तथा विधानसभाओं में आरक्षण के स्वातंत्र्योत्तर दलित संघर्ष को मजबूती प्रदान की (विभांशु दिव्याल)। इसमें कोई संदेह नहीं कि आम्बेडकर जी की क्रांतिकारी पहल ने सवर्णों के उस दुराभिमान को तोड़ दिया कि वे ही सरस्वती के लाड़ले हैं या कि बौद्धिक शिखर सवर्णों की ही विरासत है। सबसे महत्त्वपूर्ण काम यह हुआ, जिसका विभांशु दिव्याल ने उल्लेख किया है, कि दलित मध्य वर्ग में से दलित बुद्धिजीवियों का एक ऐसा तेज-तर्रार वर्ग उभर आया है जो जाति और शोषण की पक्षधर किसी भी राजनीतिक-धार्मिक विचारधारा के कपड़े उतारकर तार्किक ढंग से नंगा कर सकता है। इस आशावादी संकेत और आरक्षण की सुविधाओं के बावजूद भी दलित-चेतना समतावादी समाज रचना का काम करने में नाकामयाब रही। वह स्वयं विरोधाभासों में उलझ गयी। दलित चेतना का सबसे कमजोर पक्ष उसका जातीय चेतना का रूप ले लेना है। यह दुखदायी प्रसंग ही है कि जिस दलित चेतना को जातीय आधार विखंडित करने और श्रमिकों की एकता कायम करने का बड़ा क्रांतिकारी काम करना था, वह स्वयं छोटी-बड़ी जातियों में बंटकर निंदित ब्राह्मणवादी व्यवस्था की ही पुनरावृत्ति करने लगी। यह भी हुआ है कि शिक्षा की जिस सुविधा ने तेज-तर्रार मध्यवर्ग की रचना की वह बड़ी नौकरियां पाकर एक अलग चमकदार समूह बन गया और उस कुलीन वर्ग की देखादेखी करने लगा जिसका वह विरोधी और आलोचक था।

दलित शक्ति अभी भी एकीकृत नहीं है। दलित-ईसाई, दलित-मुस्लिम, दलित-सिख, दलित-हिंदू तो हैं ही, राजनैतिक पार्टियों ने भी अपने-अपने दलित बांट लिये हैं। "यह तथ्य रेखांकित करने जैसा है कि दलित जातियों की आपसी प्रतिस्पर्धा ने जाति से जुड़ी तमाम सामाजिक-सांस्कृतिक-धार्मिक रूढ़ियों और स्थापनाओं को ज़िंदा रखा है जो हिंदू वर्ण-व्यवस्था के प्राण-तत्त्व रहे हैं।" (विभांशु दिव्याल) दलितों के बीच अपरिचय की स्थिति भी चिंताजनक है, एक क्षेत्र, प्रांत, जनपद के दलित दूसरे क्षेत्र, प्रांत, जनपद के दलितों को नहीं जानते। दलित-चेतना के उभार में एक बाधा यह भी नज़र आती है कि दलितों की अनेक संस्थाएं और संगठन आम्बेडकर जी के सिद्धांतों के हवाले देते अपना श्रेष्ठत्व बताते हैं और दूसरी संस्थाओं की निंदा करते हैं। श्रेष्ठत्व की यह प्रतिस्पर्धा नेतृत्व को कमज़ोर करती है और दिशाहीन व्यक्तिवाद की ओर ले जाती है।

यह कहने की आवश्यकता नहीं है कि गांधी जी ने जिस धार्मिक-सांस्कृतिक मोर्चे

पर दलित-शक्ति को मज़बूत करने और उच्चतर मनोवैज्ञानिक आधार-भूमि बनाने का काम शुरू किया था, वह फिर से, और उस नैतिक बल से, आगे नहीं बढ़ा। गांधी जी का रचनात्मक काम ढीला पड़ गया, जिसका एक मुख्य हिस्सा छुआछूत-निवारण से जुड़ा था। दलित नेतृत्व ने सबको संदेह की दृष्टि से देखना शुरू किया और विश्वास की नयी भूमि नहीं बनायी। आम्बेडकर जी की बौद्धिक तेजस्विता का प्रकाश दूसरों के आंगन तक नहीं जाने दिया। ''सवर्णों के मन नहीं पिघलेंगे'' इस अविश्वास के कारण दलित चेतना के सहयोगियों को भी संशय की दृष्टि से देखा—समझा जाने लगा।

गौरतलब है कि दलितों के प्रति होते अमानुषिक अन्याय और घृणित व्यवहार को रोकने की दिशा में कठोर कानून बनाये गये और त्वरित प्रशासनिक कार्रवाई के आदेश जारी हुए, किंतु जातीय-व्यवस्था से बने सवर्णों के मन अधिक सतर्कता और छद्‌म के करुणा तथा सद्‌भाव की भाषा बोलने लगे लेकिन अपने व्यवहार में पहले से अधिक क्रूर अराजक और निर्द्वन्द्व हो गये। राजनीतिक स्वार्थ और वोट बैंक बढ़ाने के लालच से जो सवर्ण वर्ग आरक्षण के मुद्‌दे पर शांत हुआ नज़र आ रहा था, वह सामाजिक मोर्चे पर अधिक प्रतिशोधात्मक कार्यवाही करने लगा।

लगता है डॉ. आम्बेडकर के प्रगतिशील समतावादी इरादे धुंधला गये हैं। जातियां मज़बूत हो गयी हैं जिससे नये जातिवादी क्षेत्रों का अभ्युदय हो रहा है। इधर मीडिया से मिली सूचना के अनुसार बाबा रामदेव कोई राजनीतिक पार्टी बनाने की शुभेच्छा जाहिर कर रहे हैं। हो सकता है कुछ समय बाद सर्वश्री आशाराम बापू, श्री श्री रविशंकर जी, कथावाचक मुरारी बापू राजनीतिक पार्टियां बनाने का एलान करें और दक्षिणगंथी राजनीतिक पार्टियों का धर्म संसद बनाने का नेक इरादा पूरा हो जाए। तब दलितों को कुचलती धर्म और पूंजी के गठबंधन से बनी पुरानी ब्राह्मणवादी-पूंजीवादी व्यवस्था के अच्छे दिन लौट आएं।

बहरहाल, दुर्भाग्य के वे दिन कभी न लौटें यह कामना करते हुए ज़रा जल्दी से और संक्षेप में दलितों की काशीराम-मायावती के समय के राजनीतिक परिदृश्य की बात करें।

कांशीराम-मायावती की राजनीति 90 के दशक से शुरू होती है। कांशीराम दलितों को यह अहसास कराने में कामयाब होते हैं कि दलित जब तक अपने वोट को बेचते रहेंगे, वे बहुजन होकर भी सत्ता के निचले पायदान पर बैठे रहेंगे। इस मंत्र से कांशीराम दलित वोटों का ध्रुवीकरण करते हैं और दलित सत्ता का एजेंटा पूरा करने लगते हैं। लेकिन जाति-विहीन, समतावादी प्रगतिशील समाज बनाने का बाबा सहगल का सपना धुंधला जाता है। सत्ता पाने की अनिवार्यता को लेकर कांशीराम उन्हीं शक्तियों के साथ गठबंधन करते हैं जो वर्णवादी-व्यवस्था और पूंजीवादी व्यवस्था के शुभचिंतक और प्रबल पक्षधर हैं।

लेकिन क्या गठबंधन की सिद्धांतहीन राजनीति का यह सफ़र वही है जिसे पूरा करके डॉ. आम्बेडकर ने एक समतावादी समाज बनाने का सपना देखा था और जिसमें समता, स्वाधीनता और बंधुत्व की मनोरम इच्छाएं सजी थीं? दलितों का असली दुख सत्ता से वंचित रहना नहीं, सामाजिक अपमान को झेलना और इज़्ज़त से रोटी न पाना है।

निराशा के कर्त्तव्य

'निराशा के कर्त्तव्य' डॉ. राममनोहर लोहिया की एक छोटी तीस पृष्ठों की पुस्तक है। यह किसी 'पुस्तक योजना' के अन्तर्गत लिखी जाने वाली पुस्तक नहीं है। यह समाजवादी युवजन सभा के सदस्यों से हुआ संवाद, भाषण है, जो 23 जून, 1962 को नैनीताल में हुआ या दिया गया था। लगभग पचास वर्ष हुए।

मैं सोचता हूं अन्यायों और ग़ैर-बराबरी की दुनिया को न्यायप्रिय, समतावादी बनाने वालों के मन प्रायः निराशा-आशा के झूलों में झूलते रहते होंगे। निराशा इस दुनिया, इस व्यवस्था और वर्तमान से जो मिली है और आशा उस भविष्य से जिसकी रचना इस कुरूप वर्तमान को बदल कर संभव है। गहरे अंधेरे और निराशा के बीच की स्थितियों को देखना, उस संताप से गुज़रना लेकिन आहत न होना, न हारना ही 'निराशा के कर्त्तव्य' हैं। लोहिया जी इस भाषण में उस निराशा के विश्वव्यापी परिदृश्य को देखते हैं जहां शोषित और शोषक देश हैं और जिन्हें समतावादी व्यवस्था बनाने का काम मिलकर करना है।

लोहिया जी के इस भाषण के बाद वाले पचास वर्ष दुनिया के देशों और हमारे देश की प्राथमिकताओं को उलट-पुलट कर देने वाले हैं। समता, शान्ति और सहिष्णुता की मनोकामना करने वाले, उसके लिए आन्दोलित होने वाले लोगों, संस्थाओं और देशों की संख्या कम हो गयी है। उनकी वाणी और कर्म की तेजस्विता, शक्ति और गति मंदी पड़ गयी है। दुनिया एक ध्रुवीय हो गयी है और समतावादियों के लिए निराशा के धुंधलके गहरा गये हैं लेकिन क्या दुनिया और देश को इस दुःखद स्थिति से संघर्ष करने के उत्साहप्रद कर्त्तव्यों के भी अंतिम दिन आ गये हैं? लोहिया जी के इस संवाद-भाषण की प्रासंगिकता इस प्रश्न के साथ और अधिक ज़रूरी हो गयी है।

लोहिया जी निराशा (ओं) से उबरने के कर्तव्यों की बात करने के पहले निराशाओं की तफ़सील से बात करते हैं। वे कहते हैं "मुझको काफ़ी समय से तीन तरह की निराशा है : एक राष्ट्रीय निराशा, दूसरी अन्तरराष्ट्रीय निराशा और तीसरी मानवीय निराशा।"

पहली राष्ट्रीय निराशा के लिए वे इतिहास ढूंढ़ते हैं; पन्द्रह सौ बरस पहले तक

के इतिहास में उन्हें किसी अन्दरूनी जालिम के खिलाफ़ जनता के विद्रोह का कोई उदाहरण नहीं मिलता। ''एक जो राजा अन्दरूनी बन चुका है, देश का बन चुका है, लेकिन ज़ालिम है उसके खिलाफ़ जनता का विद्रोह नहीं हुआ यानी ऐसा विद्रोह जिसमें हजारों लाखों हिस्सा लेते हैं, बगावत करते हैं, कानून तोड़ते हैं, ज़ालिम को गिरफ्तार करते हैं, फांसी पर लटका देते हैं?'' इसी का परिणाम वह झुकना होता है जो न अन्याय के खिलाफ़ आवाज़ उठाने देता है और न सिर। लोहिया कहते हैं ''इस झुकने को हमारे देश ने बड़ा सुंदर नाम दिया है कि हमारा देश तो बड़ा समन्वयी है।''

ऐसे समन्वय प्रायः समर्पण ही होते हैं। समर्पित ज़िन्दगियां हर 'जोखम' से डरती हैं और परिवर्तन की हल्की आहट से असुरक्षित और व्याकुल नज़र आती हैं। ''लोग आधे मुर्दा हैं, भूखे और रोगी हैं लेकिन संतुष्ट हैं। संसार के और देशों में गरीबी के साथ-साथ असंतोष और जलन है। यहां थोड़ी बहुत जलन इधर-उधर हो तो हो लेकिन खास मात्रा में जलन या असंतोष नहीं हैं।''

इसका—इस झुकने, टूटने या संतोष का कारण लोहिया जी ढूंढ़ते हैं और वे 'जाति प्रथा' को सबसे बड़ा कारण चिन्हित करते हैं। यह कहने की जरूरत नहीं है कि जाति-प्रथा वर्चस्व और दासता की कैसी-कैसी मनोग्रंथियां बनाती हैं और किस चतुराई से गैर-बराबरी को 'ईश्वरीय-न्याय' का रूप दे देती है। डॉक्टर साहब कहते हैं कि ''हिन्दुस्तान में एक तरफ आर्थिक गैर-बराबरी और दूसरी तरफ समाज की या मंत्र की गैर-बराबरी ने मिलकर यह अवस्था पैदा कर दी है कि साधारण जनता, बहुसंख्यक जनता के दिमाग में वह उखड़ापन नहीं रह गया है। उसमें संतोष आ गया है और क्रान्ति की संभावना बहुत कम दिखाई पड़ती है।...यह है पिछले पन्द्रह सौ बरस की बात। यह कूड़ा बहुत दिनों का जमा हुआ है या दिमाग पर एक विशेष प्रकार का जंग चढ़ा है और वह भी बड़ा पुराना है, कोई 1500 बरस का। यह कोई मामूली निराशा की चीज़ नहीं हुई।''

लोहिया जी उस सामयिक निराशा की भी चर्चा करते हैं जो आज़ादी के बाद शुरू होती है। वह 'जोखम', क्रांतिकारी कर्म और तरह-तरह की गैर-बराबरी के विरुद्ध खड़े होने का युग बीत गया है। अब वह युग आ गया है कि जो कुछ मिल गया है उसे बैठकर भोगो। सब मिलाकर ऐसा लगता है कि यह भोग का युग चल रहा है।

राष्ट्रीय निराशा के प्रसंग में वे राज चलाने वाले, शासक-वर्ग की भी बात करते हैं जिन्हें वे 'दो नम्बर का राजा' कहते हैं। इनकी चतुराई का उल्लेख करते हुए वे कहते हैं, ''ये सब चीज़ों से मिलाप कर लेते हैं और हिन्दुस्तान हर किसी तूफ़ान के सामने झुक जाता है। यही शासक वर्ग पुश्तैनी गुलाम हैं।'' अपनी राष्ट्रीय निराशा का समाहार करते हुए लोहिया जी लिखते हैं, ''अजीब हालत है कि जिसको क्रान्ति

चाहिए उसके अन्दर शक्ति है ही नहीं और वह शायद सचेत होकर उसकी चाह रखता ही नहीं और जिसमें क्रान्ति कर लेने की शक्ति है उसे क्रान्ति चाहिए नहीं या तबियत नहीं है। मोटे तौर पर यह राष्ट्रीय निराशा की बात है। साथ में छोटी-छोटी और बातें भी हैं हिन्दुस्तानी झूठा होता है। समय का खयाल नहीं रखता। बकवासी हो गया है। मेहनत करना नहीं जानता, आलसी हो गया है। इसमें कोई संदेह नहीं है कि इस वक्त हिन्दुस्तान, हम लोग, दुनिया में सबसे झूठे सबसे आलसी और सबसे निकम्मे हो गये हैं।''

अन्तर्राष्ट्रीय निराशा की बात करते हुए वे मशीन और युद्ध के हथियारों से पैदा होने वाली निराशा की बात करते हैं। मशीन की वे उस तरह तो भर्त्सना नहीं करते जैसे गांधी करते हैं; लेकिन जैसे हर्बर्ट मारक्यूज़ करते हैं—एक आयामी (यूनीडायमेन्शल व्लर्ड) बनाने के प्रसंग में। जब वे मशीन की निराशा की बात करते हैं तो फ्रान्स के विश्वविद्यालय के प्रोफेसर का नाम तो नहीं लेते, हवाला देते हैं, वह मारक्यूज़ के प्रतिपादित सिद्धांत की तरफ ही जाता है। लोहिया के अनुसार गोरी दुनिया मशीनों के जरिए चीज़ों का उत्पादन बढ़ाए जा रही है जिसका परिणाम सब चीजें एक जैसी हो रही हैं। संगीत एक जैसा, नाचना वगैरह एक जैसा, कपड़े-लत्ते एक जैसे, चेहरे भी करीब-करीब एक जैसे। इस गोरी दुनिया में इतनी सादृश्यता आ रही है, बिलकुल एक जैसा पन आ रहा है कि लोगों का मन ऊबने लगा है और वे सोचते हैं कि इन्सान खुद एक मशीन बन जायेगा, उसमें अनोखापन नहीं रहेगा।... गोरी दुनिया में आज श्रृंगार की चीज़ें हर एक के लिए संभव हो गयी हैं। नतीज़ा यह है कि हर औरत का चेहरा खूबसूरत बन रहा है, बहुत एकसापन आ रहा है? ऐसा लगता है कि दो-चार, दस बरस तक उन चेहरों को देखते रहो तो अज़ीब सा बेमतलबपन मालूम पड़ेगा। चेहरों की चीनी तो बढ़ती जा रही है लेकिन नमक घटता जा रहा है।

अन्तर्राष्ट्रीय निराशा का दूसरा कारण हथियारों की प्रतिस्पर्धा है। एक शान्तिकामी समाजवादी की तरह वे चिन्ता करते हैं रूस और अमेरिका के बीच चलने वाली आयुधों की विनाशकारी प्रतिस्पर्धा के परिणाम भयावह हो सकते हैं। आज स्थिति पैदा हो गई है कि अब चाहे कोई नये हथियार बनें या न बने, रूस और अमेरिका दोनों एक दूसरे और संसार का नाश कर सकते हैं।...इसलिए हथियार न सिर्फ नैतिक दृष्टि से बुरे हैं भौतिक दृष्टि से भी निकम्मे हो गये हैं, उसमें हार-जीत कहां रह गई है? लेकिन दुनिया के लोग निरन्तर भय और असुरक्षा की मनोग्रंथियों के बीच जी रहे हैं और युद्ध न भी हो युद्ध की संभावनाओं ने हथियारों के व्यापार का एक बड़ा बज़ार खोल दिया है। हथियारों के बारे में सोचते हुए लोहिया केवल आधुनिक आयुधों के बारे में ही नहीं सोचते उन पारंपरिक हथियार बन्दूक और लाठी

के खातमे के बारे में सोचते हैं। "इतनी अच्छी दुनिया कब बन पायेगी कि बन्दूक और लाठी की भी जरूरत न रहे।...संसार में क्या कभी ऐसा ज़माना आयेगा जब चोरी, धोखाधड़ी और तात्कालिक गुस्सा खत्म हो जायेंगे।"

लोहिया यह तलाश करते हैं कि हथियार किस कारण निकले या हथियारों ने किस कर्म को पैदा किया। इसके उत्तर में उन्होंने लिखा, "असल में हथियार माने अन्याय। हथियार या तो अन्याय मिटाने का जरिया है या उसे कम करने का जरिया है। हथियार की ज़रूरत अन्याय के साथ चिपकी हुई है।"

"गैर-बराबरी अन्याय का बहुत बड़ा हिस्सा है। कम-से-कम सम्पूर्ण बराबरी नहीं तो सापेक्ष बराबरी कायम करने पर समाज में तुष्टि आयेगी, न्याय की भावना आयेगी और फिर हथियारों को खतम करने वाली हालत पैदा हो जायेगी।...बीसवीं सदी बड़ी बेरहम सदी है, बड़ी खराब सदी है लेकिन उसके साथ-साथ इसमें एक गुण है जो कभी किसी सदी में नहीं रहा और वह यह कि बीसवीं सदी का इन्सान अलग-अलग देशों में अलग-अलग अन्यायों के खिलाफ एक साथ लड़ रहा है।" लेकिन इस तरह अन्यायों का खत्म होना और हथियारों का अनावश्यक हो जाना लोहिया की 'खाली दिमाग के सोचने की गुंजाइश' है।

लोहिया जी के पास अन्तर्राष्ट्रीय अन्यायों, गैर-बराबरी के संदर्भों और निराशाओं की लम्बी फहरिस्त है। उनमें सबसे बड़ा अन्याय रूस और अमेरिका के पास 'सारे संसार के हथियारों की मिलकियत है।' उनकी दृष्टि में दूसरा अन्याय 'अन्तर्राष्ट्रीय जमींदारी' है। तफ़सील से बताते हुए वे कहते हैं कि जैसे भूमि की राष्ट्रीय गैर-बराबरी दूर करना अनिवार्यता है तो वह अन्तर्राष्ट्रीय अनिवार्यता क्यों नहीं है? 'आखिर इसकी जड़ कहां है? कोई पट्टा कहीं से थोड़े ही लिखाया गया है? यह भी तो आकस्मिक घटना ही है।...अमरीका में गोरों ने लाल हिन्दुस्तानियों को खतम किया तो उन्होंने उनकी जमीनें हड़प लीं। रूस में जो कोई भी शुरू में आए, उन लोगों ने जमीनें अपने कब्जे में कर ली। यह एक तरह की अन्तर्राष्ट्रीय ज़मीदारी चली।'

इसी तरह पैदावार की अन्तर्राष्ट्रीय गैरबराबरी है जिसके चलते 'अमेरिका व रूस जैसे देश तो 8 हज़ार से 14 हज़ार रुपया हर साल आदमी के हिसाब से पैदावर कर रहे हैं और हमारे जैसा देश 400 रुपए पर पड़ा हुआ है। एक और अन्याय दिमागी साम्राज्यशाही है।' जैसे हमारे यहां शूद्र पर द्विज की साम्राज्यशाही है। गोरा आज दुनिया के सामान को जिस खूबी और अकल के साथ इस्तेमाल कर सकता है, समझता है और हेर-फेर कर सकता है उसको रंगीन नहीं जानता। यह भी बिल्कुल साफ़ बात है। गोरा इस दिमागी साम्राज्यशाही के रहस्य को रंगीन को देता भी नहीं है।'

अन्यायों की इस शृंखला में हथियारों की और दामों की साम्राज्यशाही शामिल है। दामों की जबरदस्त साम्राज्यशाही और परिणाम स्वरूप लूट का आंकड़ा बताते हुए लोहिया ने लिखा "शायद 20, 25 या 30 अरब रुपये की लूट होती है। आजकल रूस या अमेरिका या सम्पन्न देश दान या कर्जे के रूप में गरीब देशों को देते हैं उससे कहीं ज़्यादा रुपया इस समय ये सम्पन्न देश गैर-सम्पन्न देशों से दामों की लूट से ले लिया करते हैं।" सम्पन्न देशों की यह ठगी गैर-सम्पन्न देशों से कच्चा माल लेकर 'उन्हें पक्का माल और पक्के में पक्का मशीनें देकर सुरक्षित रखी जाती है।

'निराशा के कर्तव्यों' में तीसरे प्रकार की निराशा 'मानवीय निराशा' के रूप में उल्लिखित हैं। इस प्रसंग की निराशा को वे 'सत्ता और आदर्शवाद' (पैगम्बरी) के बीच निरन्तर चलने वाली तकरार की तरह चिन्हित करते हैं। इसे स्पष्ट' करते हुए वे कहते हैं, 'समाजवादी दल की राजनीति में एक तरफ तो है सत्ता प्राप्ति और दूसरी तरफ है पैगम्बरी।...अगर मकसद खाली राजनीति होता, सत्ता प्राप्ति होता, नेतागिरी होता, तो शायद गद्दी के मामले में सफलता थोड़ी बहुत ज्यादा मिलती लेकिन मुश्किल यह है कि उसके साथ पैगम्बरी भी जुड़ी हुई है, समाज परिवर्तन भी जुड़ा है।...ज़्यादातर दुनिया को मोड़ देने वाले वही व्यक्ति हुए हैं जिनमें राजनीति के मुकाबले में पैगम्बरी वाला हिस्सा कुछ ज़्यादा रहा। ईसा-मसीह राजनीति के हिसाब से तो बड़े असफल रहे। 300 बरस तक असफल रहे। उनमें राजनीति वाला हिस्सा बहुत ही कमज़ोर था और पैगम्बरी वाला हिस्सा बड़ा मजबूत था। शायद मोहम्मद एक ऐसे नेता हुए कि जिनमें नेतागिरी और पैगम्बरी के हिस्से ठीक-ठाक मिले हुए थे कि एक तो उनकी पैगम्बरी कामयाब हो गयी और दूसरी तरफ उनकी नेतागिरी भी उतनी ही कामयाब हो गई। अपने जीवन काल में ही दोनों सफलताएं उनको मिल गयी। महात्मा गांधी के लिए यह कहना बड़ा मुश्किल है कि उनमें पैगम्बरी का हिस्सा भी उतना ही था जितना राजनीति का, नेतागिरी का। मुझे लगता है उनमें शायद राजनीति का हिस्सा कुछ थोड़ा सा ज़्यादा था।'

देखने की बात है कि सत्ता की राजनीति और आदर्शवाद (पैगम्बरी) लोहिया-सैद्धांतकी के दिलचस्प और महत्त्वपूर्ण केंद्र हैं। यहां भी वह है। वे इस निष्कर्ष पर पहुंचते हैं, "इन सब बातों को समझ कर, इस राजनीति को पकड़ कर, पैगम्बरी और राजनीति भी, सत्ता प्राप्ति और समाज परिवर्त्तन भी, नया भविष्य और उसके साथ-साथ आज की दुनिया में गद्दी पर बैठने की अभिलाषा या न्याय के लिए मांग-इन सिद्धांतों को लेकर कोई दल चलेगा तो सम्भवतः एक बात होकर रहेगी और अगर वह दल ज्यादा सच्चा है तो उसमें पैगम्बरी का हिस्सा ज्यादा रहेगा ही।"

सत्ताभिलाषा और पैगम्बरी के बीच चलती वैचारिक जद्दोजहद को लोहिया बीसवीं सदी की चरित्र-व्याख्या के काम में लाते हैं। उनका यह विश्लेषण बीसवीं सदी

को समझने की कोशिश करते अनेक विद्वानों ने उद्धृत किया है। उन्होंने लिखा है, "मैं फिर से याद दिला दूं, बीसवीं सदी बेरहम है लेकिन उसके साथ-साथ उसमें एक बीज है, एक संभावना है कि मनुष्य इसी सदी के खत्म होने तक गैर-बराबरी और नाइंसाफी से मुक्त हो जाये इस लोकप्रिय उद्धरण के साथ संवाद का एक चरण समाप्त होता है--निराशा के कारणों का।"

दूसरे चरण में 'कत्तव्यों' की थोड़ी जानी-पहचानी-सी फहरिस्त है। यह दरअसल उन समाजवादी युवाओं के लिए हैं जो सामाजिक-बदलाव के लिए प्रतिबद्ध हैं। लोहिया की दृष्टि केवल बदलाव के कर्मकांड पर नहीं है जिनका चरित्र कागज़ी और राजनीतिक मुनाफों पर केन्द्रित होता है और जिनका परिणाम सत्ता हासिल करने में मदद करता है। वे दरअसल कुछ दूर तक जाना चाहते हैं। यह यात्रा उस निराशा के गहन कारणों की जांच करने के लिए उकसाती है जिसके अभाव में युवकों का कोई सार्थक और क्रान्तिकारी विचार और कर्म की प्रेरणा नहीं मिलती। इसी प्रसंग में वे वह सवाल करते हैं कि क्या बात है कि 10, 12, 15 बरस में कोई चीज़ कर ही नहीं पाये? अब हम सवाल करें कि 40, 50 या 60 सालों में कुछ कर ही नहीं पाये?

लोहिया ने उस समय जो कारण तलाश किया वह यह है, "कांग्रेसी सरकार इस बात में सफल हो गई कि उसने इस भोग युग में लड़कों का ध्यान 'सांस्कृतिक कार्यक्रमों की तरफ इस खूबी से बढ़ा दिया कि बुद्धिवाले या दिमागी कार्यक्रम, विचार और सिद्धांतों के कार्यक्रम पिछड़ या ओझल हो गए। नाच, गाना, संगीत वगैरह बड़ी अच्छी चीज़ें हैं बशर्ते कि वह नम्बर दो पर हों। पहले नम्बर पर दिमागी बहस, सिद्धांत, विचारों की उथल-पुथल, उधेड़बुन यह सब होना चाहिए। लेकिन विद्यार्थियों का दिमाग इस चीज़ से हटाया गया है।" क्रांति का सबसे बड़ा शस्त्र बुद्धि की तीव्रता और बदलाव की बेचैन आकांक्षा है। बुद्धि की इस तीक्ष्ण धार को कुंठित न होने देना निराशा के कर्त्तव्यों में पहले नम्बर पर है।

निराशा के कर्त्तव्यों की गणना करते हुए लोहिया निरन्तर अंग्रेजी हटाने की बात करते हैं। 'हिन्द-स्वराज्य' पढ़ते हुए मैंने 'स्वभाषाओं और हिन्दी' के लिए ऐसी ही ज़रूरत के साथ आग्रह करते गांधी जी को पढ़ा। गांधी और लोहिया अंग्रेजी को ज्ञान की भाषा मानते हैं लेकिन उसके वर्चस्व का निषेध करते हैं। शिक्षा के एक बुनियादी और महत्त्वपूर्ण सिद्धांत का उल्लेख करते हुए उन्होंने लिखा है, "हमारी पढ़ाई केवल उस माध्यम से हो जिसमें कि हम सचमुच पढ़ाई सीख सकते हैं क्योंकि अंग्रेजी के शब्द जाल में फंसे-फंसे हमारे दिमाग का भुर्ता बन गया। गोरे लोगों की दिमागी साम्राज्यशाही जो चल गयी है उसका बड़ा कारण यह है कि वे विद्या अपनी भाषा के ज़रिए सीखते हैं। हमारे लिए उनकी विद्या पहले ही नकल है और दूसरे हम उसे

उनकी भाषा में सीखते हैं इसलिए वह कोई काम की नहीं रह जाती।''

हम यह विश्वास के साथ कह सकते हैं कि डॉ. राममनोहर लोहिया 'अंग्रेजी हटाओ' आन्दोलन के भावुक प्रवक्ता नहीं हैं। वे उसके गंभीर, निपुण और क्रान्तिकारी व्याख्याकार हैं। अंग्रेजी के दुष्प्रभावों का उन्होंने गहन...अध्ययन किया है। उन्होंने बताया है कि अंग्रेजी पढ़े-लिखों के मुनाफे का अर्थ-शास्त्र भारतीय भाषाओं के योग्य छात्रों के हितों को किस तरह रौंधता है। उनकी दृष्टि में युद्ध की हार-जीत का गणित भी भाषा से जुड़ा है। 'अंग्रेजी हटाओ आन्दोलन' के सिलसिले में एक जगह उन्होंने लिखा है, ''हम से कई लोग कहा करते हैं कि विद्यार्थी के मन में जब तक कोई बड़ी-चौड़ी चीज़ नहीं होती तब तक उछला नहीं करता है तो सीमा की सुरक्षा पर ही उछलो।'' सीमा की सुरक्षा कोई हंसी-मज़ाक की बात नहीं है। अंग्रेजी हटाने वाली बात भी इतनी ही मुख्य है और सीमा की सुरक्षा के साथ जुड़ी हुई है। चीनी अपनी भाषा में सब सीख रहा है इसलिए ज़्यादा ताकतवर बनता चला जा रहा है और हम हिन्दुस्तानी अपनी भाषा में चीजें नहीं सीख रहे हैं इसलिए उसके मुकाबले में कमज़ोर बनते चले जा रहे हैं।

लोहिया भारत में वर्ग-निर्मिति में सम्पत्ति के साथ-साथ भाषा और जाति को भी शामिल करते हैं। हमारे देश का अभिजन सम्पदा के कारण ही वर्चस्ववादी वर्ग में सम्मिलित नहीं होता, अंग्रेजी और उच्च जाति के कारण भी होता है। वर्ग-विहीन समाज-रचना के लिए लोहिया इसलिए अंग्रेजी के प्रभुत्व के विरुद्ध उग्र आन्दोलनवादी रवैया अपनाते हैं। यहां तक कि 'गुरिल्ला युद्ध' की रणनीति भी वाज़िब मानते हैं। 'निराशा के कर्त्तव्य' में युवजन सभा के सदस्यों को वे कहते हैं ''यह फैसला कर लो कि विद्यार्थियों की टोलियां रहेंगी जो अपने शहर में एक भी अंग्रेजी नामपट नहीं रहने देंगी। यह लड़ाई लगातार चलती रहेगी क्योंकि सरकार की तरफ से जिद्द हो सकती है कि अंग्रेजी में वह फिर से लिखें। आप मिटायेंगे तो दोनों तरफ से जिद्द होगी, एक झूला सा चलता रहे। उनकी तरफ से अंग्रेजी की लिखावट, आपकी तरफ से अंग्रेजी की मिटावट।''

भारतेन्दु ने कभी भाषा के गुणानुवाद में यह दोहा लिखा था :

''निज भाषा उन्नति अहै, सब उन्नति को मूल,
बिन निज भाषा ज्ञान के, मिटै न हिय को शूल।''

इस दोहे में प्रायः यह ही देखा गया कि वह उग्र राष्ट्र-प्रेम और भावुकता का प्रतीक हैं। लेकिन लोहिया इसे सब प्रकार की उन्नतियों का मूल मानते हैं। आर्थिक, भौतिक, मानसिक, सांस्कृतिक दासता और हीनता की सारी स्थितियों से मुक्ति पाने का। उन्होंने नाराज़ होकर भारतीय भाषाओं की उपेक्षा सहते देश को 'कटी जुबान का देश' कहा है।

उल्लेखनीय यह भी है कि अंग्रेजी भाषा अभिजात्यवादियों का घमंड तोड़ने के लिए वे बाकायदा आन्दोलन, सत्याग्रह, जेलें भरने का आग्रह करते हैं। यह भारतीय भाषाओं और हिन्दी के लिए प्रतिवर्ष 14 सितम्बर के 'हिन्दी दिवस' पर लिखे जाने वाले लेखकों के उस वाक्-छल को प्रकट करता है जो स्व-भाषा के लिए एक दिन तड़प कर वर्ष के शेष दिनों अंग्रेजी का झंडा उठाये फिरते हैं।

उपनिवेशों के शासन में मालिकों की भाषा ने शोषण और वर्चस्व के लिए जो आधार तैयार किये वे शस्त्रों से भी ज़्यादा घातक थे। उन्होंने शासित देशों के लोगों में जो हीनता की भावनायें पैदा कीं उनमें से एक यह थी और है कि अंग्रेजी विश्व-भाषा है और उसे जानने वाला विश्व को जानता है। लोहिया के लिए अंग्रेजी का यह मोहक प्रपंच निराशा और गैर-बराबरी का मुख्य कारण था। यह विडम्बना ही है कि लोहिया के बाद भारतीय भाषाओं की गरिमापूर्ण वापसी के लिए कोई प्रचंड आन्दोलन नहीं हुआ और यह भी कि उनकी मृत्यु के बाद समाजवादी पार्टी ही टूट गयी और लोहिया के कई सपने आधे-अधूरे ही रह गये। अब सेम पित्रोदा की अध्यक्षता में बनी समिति कक्षा एक से अंग्रेजी पढ़ाने का दबाव बनाये हुए हैं। अंग्रेजी के अच्छे दिन आ गये हैं।

निराशा के कर्त्तव्यों में 'जात-पांत' को तोड़ना एक अनिवार्य आवश्यकता और कर्त्तव्य है। लेकिन कैसे तोड़ें? इस पर लोहिया जी ने विस्तार से बात की है। उनकी दृष्टि से 'जात' तोड़ने के लिए चार प्रकार के हमले किये जाने चाहिए। उनमें पहला हमला धार्मिक है। धर्म-सूत्रों में जाति कायम रखने और उखाड़ने की लम्बी बहस है। लेकिन लोहिया कहते हैं कि 'बहस चलती रहेगी। मुझे एक खतरे से आगाह कर देना है कि आमतौर से जाति तोड़क जितने लोग हैं वे अपनी बहस को धार्मिक और पौराणिक ही रख दिया करते हैं जब कि इस बहस में 100 मिनट में से मुश्किल से 10 मिनट ही लगना चाहिए।''

'जात तोड़ो' सिलसिले का दूसरा हमला आर्थिक है। लोहिया मानते हैं कि आर्थिक-गरीबी और छोटी जातियों का अज़ीब-मैत्री-संयोग है। इसे तोड़ने के लिए लोहिया प्रस्तावित करते हैं, ''साढ़े छह बीघे की खेती से अलाभकर जोत से लगान खत्म करना, ज्यादातर छोटी जाति के हैं, जो सचमुच बहुत ही छोटी जाति वाले हैं, वे इसमें आते हैं। उनको आर्थिक मामलों में कुछ ऊंचा उठाओ और उनकी अपनी आंखों में खुद की इज्जत बढ़े, आत्म सम्मान जगे। साढ़े छह एकड़ वाली बात या खेतीहर मज़दूर की मज़दूरी बढ़ाने वाली बात या ऊंची से ऊंची आमदनी या नीचे से नीची आमदनी के बीच एक मर्यादा बांधने वाली बात।''

जाति-तोड़ो कार्यक्रम का तीसरा हमला सामाजिक है जो सहभोज से प्रारंभ होता है। यह जितना सरल सा कार्यक्रम लगता है उतना और वैसा होता नहीं है। प्रायः

लोग, पचीस या तीस इकट्ठे होकर खा लिया करते हैं लेकिन जब यह काम सारे समाज के लिये होता है तब लोहिया कहते हैं, "इसका जबरदस्त असर पड़ता है।" एक बार हैदराबाद में हम लोगों ने यह काम किया। वही 30-35 आदमी जो हमेशा इकट्ठे साथ खायें तो कोई असर पड़ेगा नहीं लेकिन 4 हजार, 10 हजार, 15 हजार आदमी विभिन्न जातियों के इकट्ठा होते हैं और अपने-अपने घर से चावल-दाल ले जाते हैं, एक हंडिया में वह पका दिया जाता है वही सब लोग बैठ कर खाते हैं तो तहलका मच जायेगा।

सामाजिक हमले के सिलसिले में ही वे अन्तर्जातीय विवाह के बारे में भी सोचते हैं। वे कल्पना करते हैं कि कुछ ऐसा हो सकता है कि गद्दी मिल जाने पर एक ऐसा कानून बना सकते हों कि जितने भी सरकारी नौकर होंगे उनकी नियुक्ति में इस बात का ध्यान रखा जायेगा कि पहले नौकरी उसी को देनी है जिसने अन्तर्जातीय विवाह किया है। अन्तर्जातीय मतलब द्विज में, आपस में नहीं बल्कि द्विज अद्विज।

जात-पांत तोड़ने की दिशा में चौथा हमला है राजकीय। लोहिया मानते हैं कि जैसे-जैसे यह बालिग मताधिकार चलता रहेगा, चुनाव चलते रहेंगे वैसे-वैसे जाति का ढीलापन बढ़ता रहेगा। यहीं वे इस बात पर जोर देते हैं कि "हमें जो चीज़ पकड़ कर रखनी है, वह है विशेष अवसर बनाम समान अवसर। इस विषय का खुलासा करते हुए वे कहते हैं कि समान अवसर का मतलब हमारे लिए क्रांतिकारी नहीं होता जैसा कि रूस या अमरिका में होता है क्योंकि वहां जात-पांत नहीं है। हमारे लिए क्रान्तिकारी विचार है। विशेष अवसर। लोहिया मानते हैं कि "जो राजनीतिक दल विशेष अवसर के सिद्धांत को लेकर आगे बढ़ेगा वह जोखम उठाने को तैयार रहेगा। वह साफ़ कहेगा योग्य अथवा अयोग्य की बहस में हमको नहीं पड़ना है, हमें तो इन दबे हुए लोगों के दबे हुए संस्कार को सुधारने के लिए ऊंची जगह बैठाना है। हो सकता है 100 को बैठायेंगे तो उसमें से 60-70 निकम्मे निकलेंगे लेकिन जो 30 अच्छे निकलेंगे वे सारे समाज में एक इतनी जबरदस्त हलचल पैदा करेंगे जैसे आटे में खमीर मिलाते हैं वैसे सारे समाज को पुनर्जीवित कर देंगे।"

युवकों के साथ लोहिया की बातचीत यहीं खत्म होती है जिसके बाद प्रश्नोत्तर हैं: जिनका आकलन मैं विस्तार भय से नहीं कर रहा हूं लेकिन जिन्हें मूल्यवान जानकारियों के लिए पढ़ा जाना चाहिए। संवाद में कुछ भटकाव और अन्तर्राष्ट्रीय हकीकतें हैं जो महत्त्वपूर्ण हैं लेकिन मुझ से छूट गई हैं। लोहिया ने अपनी ये निराशायें और कर्त्तव्यों की बात बार-बार कही है। इन को मिलाकर एक और दस्तावेज 'सप्तक्रांति' शीर्षक से प्रकाशित हुआ है। दरअसल 'निराशा के कर्त्तव्य' और 'सप्तक्रान्ति' दोनों को एकसाथ पढ़कर ही राष्ट्र और विश्वव्यापी गैर-बराबरी का मिज़ाज़ और चरित्र को समझा जा सकता है।

किस तरह की वैचारकी?

____________ लोहिया के इस युव-जन संवाद को आधी सदी, पचास साल, हो गये हैं और वे युव-जन भी बूढ़े हो चले होंगे जो तब बीस साल या एक-दो साल आगे-पीछे के रहे होंगे। लेकिन राष्ट्रीय और अन्तर्राष्ट्रीय बदलाव की गति इतनी तेज़ और विस्मयकारी है कि हम न केवल पिछला बाज़ार ही भूल गये हैं बल्कि वे वस्तुएं भी भूल गये हैं जो खरीद कर लाते थे या 'लून तेल लकड़ी' जितने में लाते थे और वे आकांक्षायें जिनसे हमने भविष्य बनाया था। अब केवल याद करने की कठिनाई के साथ बचे हैं। पुराने किस्से या उसूल या कि जीवन का संगीत । इस समय बीते समय की तुलना करना जटिल, भयावह और अविश्वसनीय जैसा हो गया है।

यह ध्यान से देखने जैसी बात है कि लोहिया की निराशा और फिर उसे तोड़ने के कर्त्तव्य गैर-बराबरी शोषण, पूंजीवादी-व्यवस्था, धर्म और संकीर्णता की तमाम अवधारणाओं से जूझने के सिलसिले से ही है। वे वायवी, अमूर्त्त, कल्पना से रचे आध्यात्म या ऊल-जुलूल व्यक्ति हित की कामना के लिए नहीं है। ऐसे ही अन्तरराष्ट्रीय सम्बन्धों को नये रूपाकार देने की बात है। गैर-बराबरी के आधार पर टुकड़ों-टुकड़ों में बंटी दुनिया में प्रगति और शान्ति सहिष्णुता और सुख की बात्त सोचना एक भोला-सा सपना ही है।

आज का सवाल क्या वही है? दुनिया, समाज, समय-व्यवस्था आदि के बदलाव का, रोटी और सम्मानपूर्ण ज़िन्दगी की बहाली का? समाजवादी व्यवस्था पर बहस करने का, उसकी विफलताओं के कारण ढूंढने का, मानवीय निराशाओं को नये आशावाद से चमकाने का और विश्व-शान्ति के लिए गोरे-देशों के वर्चस्ववादी इरादों के बरक्स रंगीन देशों की सामूहिक-मेधा और ज्ञान को प्रज्चलित करने का?

अब शायद सवाल इस तरह का नहीं है। पचास साल पहले लोहिया समाजवाद को अनुत्पादक सामंती, पूंजीवादी व्यवस्था और संस्कृति के खिलाफ आक्रामक विचार मानते थे। वे ही नहीं देश के संविधान में भी समाजवाद के सिद्धांत को आदरास्पद स्थान हासिल है।

लेकिन विचार-जगत् में समाजवाद एक 'कमज़ोर शब्द' पड़ गया है और उसकी जगह वैश्वीकरण नव-उदारवाद और निजीकरण जैसे चालाक शब्दों ने ले ली है। समाज, समय, मनुष्य और प्रगति इन्हीं शब्दों के प्रसंग से व्याख्यायित होती है। ये शब्द और विचार गोरों की कार्यशाला में ढलते हैं और रंगीन देशों के विचारकों, विज्ञान एजेन्सियों, स्कूलों, युनिवर्सिटियों, बाजार-प्रबंधकों, गोरे देशों से दान बटोरने वाली स्वेच्छिक संस्थाओं को भेज दिये जाते हैं।

गोरे लोगों के बारे में लोहिया जी ने कहा ''एक बात शायद मैंने नहीं कहीं उसे

जोड़ लेना कि जो गोरे लोग हैं असल में वे ही आज की दुनिया में फैसला करते हैं। हम जो कुछ सोचते हैं उसका तो असर बहुत कम पड़ता है और अगर पड़ता है तो बहुत मामूली और बहुत देर बाद। गोरे के काम का असर बहुत जल्दी और जबरदस्त पड़ता है। यहां तक कि रंगीन दुनिया के दिमाग को भी गोरे ही बना रहे हैं। जब गोरे चिल्लाना शुरू करते हैं कि अणुबम को खत्म करो, एक तरफा निशस्त्रीकरण करो तो रंगीन दुनिया भी चिल्लाने लगती है।''

समाजवाद का यही दुखान्त है। गोरी दुनिया ने अपने हित में उसे अवमूल्यित कर दिया है। उन्हीं लोगों ने 'बाज़ार' को प्रतिष्ठित किया है और रंगीन दुनिया के मन और मौलिकता पर अधिकार कर लिया है।

लेकिन यह वास्तविक ज़िन्दगी का भ्रमात्मक और अनुल्लेखनीय, निराशाजनक हिस्सा है। विश्व-आबादी के एक बड़े हिस्से में अन्याय, असहिष्णुता, गैर-बराबरी की लम्बी छायायें पसरी हैं और यही अवास्तविक और वास्तविक दुनिया की बीच निरन्तर चलने वाली क्रूरतम तकरार है।

बहरहाल भारतीय समाजवाद या समाजवादी पार्टी का अच्छा-बुरा अन्त हुआ हो, न हुआ हो लेकिन निराशा का कुआं कुछ अधिक गहरा हुआ है। लोहिया वाले दिनों में अघाये हुए समाज और लोगों की सफलताओं के दागदार और अनैतिक होने का अपयश चहुंओर फैल जाने का डर था। सरकार अपने लालची कुकृत्यों के खुलासों से कांप जाती थी। संसद में जब लोहिया ने आमदनी के बीच अन्तर का आंकड़ा बताया था तब नेहरू सरकार विचलित हुई थी। अब कोई जानता तक नहीं है कि देश के प्रधानमंत्री और सामान्यजन के बीच गैर-बराबरी का आंकड़ा क्या है। थोड़े दिन पहले प्रभाष जोशी के किसी आलेख में गरीब और अमीर के बीच आमदनी का अन्तर 34 गुना पढ़ा था।

दरअसल यह सवाल किसी पार्टी से जुड़ा नहीं है कि अन्यायों और तरह-तरह की गैर-बराबरियों के विरुद्ध कौन संघर्ष करता है यह पूरा मानवीय और नैतिक सवाल है। एक तरह से सार्वकालिक और सार्वभौमिक और इस तरह देखने पर यह घमंड टूटता है कि बदलाव या क्रान्ति सिर्फ अमुक-अमुक स्थान और अमुक-अमुक काल में हुए या हुई। लगभग सब देशों और सब समय अन्यायों और गैर-बराबरियों के खिलाफ संघर्ष हुए हैं। कभी जीतते हुए, कभी हारते हुए।

निसंदेह लोहिया के समय की दुनिया और भारत उसकी राजनीतिक, नेतृत्व, सामाजिक रचना संस्कृति और अर्थ-नीति सब बदल गये हैं। पश्चिम के दबाव का निर्द्वन्द्व प्रदर्शन करते हुए हम उनके जैसे हो जाने के उत्साह में है। हमारी भूषा, हमारी भाषा और हमारा भोजन अन्तरराष्ट्रीय प्रतिमानों की होड़ में लगे हैं। यह एक खुशनुमा आनंद नगर है, कुछ खुश-खुश मध्यवर्गीय बेहद खुश सौ-पचास करोड़-अरबपति

लेकिन कर्ज़ में डूबे आत्महत्या करते किसान हैं; अपने जल, जमीन, जंगल से खदेड़े गये लाचार लाखों लोग हैं, शहरों में खानाबदोशों जैसी ज़िन्दगी गुज़ारते जवान लड़के-लड़कियां हैं, सैकड़ों की तादाद में कचरा बीनते भीख मांगते बालक हैं, गैर-बराबरी से चौपट हुई निराश जिन्दगियां हैं।

'निराशा के कर्त्तव्य' में से इस लाचार भारत के लिए कुछ रोशनी देशवासियों की बुद्धि और मौलिकता बचे, इस आशा के साथ।

बुद्ध-महावीर-गांधी के आगे

इन दिनों जो बात अक्सर चिंतित करती है वह हिंसा का फैलाव है। कई तरह की और कई कारणों से फैलने वाली हिंसा से होने वाले नुकसानों में से कुछ हमारी समझ में आते हैं लेकिन कुछ इतने जटिल, इतने सूक्ष्म होते हैं कि वे हमारी समझ में तुरंत नहीं आते तब भी वे हम पर लगातार असर डालते हैं; एक किस्म का मनोवैज्ञानिक असर-भय। भय में जीना, अपने चारों तरफ भय की रचना देखना, भयभीत समाज में रहने का अभ्यास करना और हथियारों की मदद से अपने को ताकतवर सुरक्षित अनुभव करना।

यह बात अजीब है और विचारणीय भी है कि हथियारों से हम ताकत का अनुभव करें जबकि यह 'भय' जैसी विनाशकारी बीमारी का लक्षण हो। किसी बंदूक वाले समाज बनने के बाद हमारी सुरक्षा की ज़रूरतों में सबसे पहली ज़रूरत क्या होगी? इस पर थोड़े दिनों बाद सार्वजनिक बहस करते मिलेंगे क्योंकि तब हमें यह अनुभव होने लगेगा कि बंदूकों से बंदूक वाले समाज में नहीं जिया जा सकेगा। एक बंदूकवाले समाज में हिंसा एक सामाजिक-मूल्य की तरह विकसित होगी; उसके बीज हमारी 'चित्त की भूमि' में बोए हुए होंगे और बाहर समाज में हिंसा, घृणा, बाहु-बल को प्रतिष्ठा मिलेगी; शस्त्रों के जंगल चारों तरफ जलते, धधकते नज़र आयेंगे।

पिछले दिनों हमने महावीर स्वामी के जन्मदिन पर विचारगोष्ठी की थी। इसमें कुछ भी नया नहीं था। सालों-साल हम सभी पर्वों, उत्सवों, महापुरुषों के जन्म और मृत्यु के प्रसंगों पर एक कर्मकांड को प्रिय और प्रसंगानुकूल बनाने वाली बातें कहकर पूरा करते हैं। कई बार एक अवसर पर कही गईं बातों को नज़रअन्दाज़ करते हुए दूसरे और तात्कालिक अवसर की बातों को अधिक प्रामाणिक बताते हैं। यह अन्तर्विरोध बार-बार प्रकट होता है। तब भी मूल्यवान निष्कर्ष बच जाते हैं जिनका असर समाज रचना के बुनियादी इरादों पर पड़ता नज़र आता है। इसी दृष्टि से महावीर जयंती पर 'अहिंसा का अर्थशास्त्र' पर विमर्श का आयोजन किया था। आशा थी कि यह विमर्श हिंसा-अहिंसा की द्वन्द्वात्मकता, औचित्य, तत्कालीन और दीर्घकालीन नतीज़े, आपदाकालीन हिंसा की अनिवार्यता, अर्थशास्त्र की प्रकृति और हिंसा की संदिग्ध अनिवार्यता, हिंसक समाज में अर्थशास्त्र की अनिवार्यताओं,

मध्यवर्गीय अर्थशास्त्र और हिंसा समता का अर्थशास्त्र और अहिंसा आदि पर केन्द्रित होगा लेकिन वहां फिर हिंसा पर अमूर्त्त और अध्यात्मिक बातचीत होकर रह गई।

क्या यह इसलिए हुआ कि चाहे हिंसा हमारे दिल में बसी हो पर हमारे पास उसके पक्ष में ज्यादा बात करने की जगह नहीं है, उन हिंसा के सिद्धांतकारों के पास भी नहीं जो लक्ष्यों और साधनों की शुचिता पर ढीला-ढाला रवैया रखते हैं और अहिंसा को लाचारी का पर्याय मानते हैं? यह विचार करने की बात है कि क्रूरतम विश्व-विजेताओं ने अपनी-अपनी वैयक्तिक नृशंसताओं के बारे में कुछ भी कहा या किया हो लेकिन एक नई सभ्यता या दुनिया बनाने के लिए हिंसा का समर्थन नहीं कर सके। हिंसा-रसिक भी यह नहीं भूलते कि उनके उत्पाद में कोई नैतिक या तत्वतः अपनी चमक नहीं है इसलिए अपने पक्ष में वे पवित्रता, आदर्श, राष्ट्रप्रेम, अव्यवस्था के खिलाफ ज़िहाद, नस्लवाद और श्रेष्ठत्व के लिए नए वातावरण की आवश्यकता जैसे कई मनमोहक नारों का प्रचार करते हैं यद्यपि वे जानते हैं कि नैतिक रिक्तता के बीच ही बंदूकों की आवाज़ सबसे ज्यादा कामयाब होती है। विश्व-युद्धों से लगाकर छोटे-बड़े, कौटुम्बिक कलह के पहले जिस उत्तेजना को काम में लाया जाता है वह एक प्रकार की नैतिक उत्तेजना ही होती है जिससे हिंसा की अराजकता और विनाश को सहने की मनोवैज्ञानिक ताकत हासिल होती है और पक्ष में जनमत बनता है।

हिंसा के पक्ष में मनुष्य की पाशविक वृत्ति है; अन्दर से, अवचेतन की अंधेरी गुफा से अपने शिकार को ढूंढता क्रूद्ध पशु। जब हिंसा से ही हिंसा का प्रतिकार सम्मत है। हिंसा का समर्थन करने वाले उसे 'दैविक शक्ति' का प्रतिरूप मानते हैं जो अधमताओं से और दुष्टों से सज्जनों की रक्षा करती है। इस तरह हिंसा देवी-रूपों में प्रतिष्ठित होती है और समाज-रचना की सहयोगी शक्ति के रूप में पहचानी जाती है। बहुत पहले से ही देवी-देवता पशु और नर-बलि से प्रसन्न होते हैं और मनचाही कामना पूरी करते हैं। यह हिंसा का दैवीकरण है। पुराने युद्धों में, जैसे 'महाभारत' में, शक्ति प्रदर्शन, भूमि और स्त्रियां ही महाविनाश का कारण बनी हैं। स्त्रियों ने दुर्भाग्य और पुरुषों की भोगेच्छाओं का सबसे ज्यादा बोझ ढोया है। बाद के विश्व युद्ध बाज़ार बढ़ाने और उपनिवेश-विस्तार के लिए लड़े गए हैं और उन्हें 'राष्ट्र-प्रेम और आत्म-अभ्युद्य' की खूबसूरत टोपियां पहनाई गई हैं। जब-जब युद्धों और हिंसा के लिए कोई खूबसूरत विशेषण नहीं मिलता उसे 'धर्म-युद्ध' और पश्चिमी दुनिया में 'होलीवार' 'सेकेण्ड वार' और अब 'आइडियोलोजिकल वार' भी कहा जाता है। अब पैसे वाले और भूमिपति 'रणवीर सेना' जैसी निजी सेनाएं बनाते हैं और दलितों, भूमिहीनों का संहार करते हैं जो अपना हक मांगने के लिए खड़े होते हैं। इस तरह हिंसा का सिद्धांत शक्ति के साथ अनिवार्य रूप से जुड़ गया है।

लेकिन, फिलहाल हम महावीर स्वामी की तरफ लौटें जो हिंसा से बनाई हुई

व्यवस्था पर सवाल उठाते हैं। महावीर का सबसे महत्त्वपूर्ण सपना समता के आधार पर दुनिया की रचना करना था। देखने की बात यह है कि जो कोई दुनिया को फिर से बनाना चाहता वह 'रहने' की इच्छा से किसी-न-किसी तरह बंधा रहता है। उसे लगता है यह दुनिया रहने के योग्य नहीं है तो भी यहां वे सारी संभावनायें हैं जो दुनिया को सुन्दर, समृद्ध और स्नेहपूर्ण बना सकती हैं। इसी प्रसंग में महावीर 'अपरिग्रह' की बात करते हैं, मर्यादित संचय की। अपार संचय की व्यर्थता बताते हुए क्योंकि वह दूसरों का हिस्सा ही होगा और उन्हें वंचित और विपिन्न करेगा। यह समता-सिद्धांत का निषेध होगा और लालच, ईर्ष्या, टूटन, अविश्वास और छीना-झपटी की मनःस्थिति बनायेगा। वहीं 'अपरिग्रह' का सिद्धांत सौम्य नागरिकों का ऐसा समाज और अर्थशास्त्र बना सकेगा जो मन ही मन जन्म लेती हिंसा, अधर्म प्रतिस्पर्धाओं और पाखंड से बचायेगा।

किसी भी समाज के लिए, यह समझना आवश्यक है कि विवेक के रास्ते कौन से हैं? अर्थ-शास्त्र का विवेक क्या है, उसका शक्ति केंद्र कहां है? उत्पादन और उपभोग का रिश्ता क्या है? ध्यान से देखें तो यह तथ्य समझने में ज्यादा समय नहीं लगेगा कि अर्थशास्त्र का विवेक वंचित मनुष्य के हित में निहित है, उसका शक्ति केंद्र मनुष्य में ही है, मनुष्य ही है।

आज हुआ यह है कि अर्थ-शास्त्र का विवेक उलट दिया गया है। अर्थ की सत्ता केंद्र में आ गई है और मनुष्य नैपथ्य में चला गया है। पैसे की अकूत शक्ति ने मनुष्य का आत्म-बल छीन लिया है। एक ऐसा समाज नज़र आने लगा है जहां पैसा और उससे खरीदी गई वस्तुएं 'शक्ति' हो गई हैं। मनुष्य निस्तेज हो गया है। अर्थ-शास्त्र के इर्द-गिर्द या दूर-दूर तक उसका कोई वजूद उसका हस्तेक्षप नज़र नहीं आता। टोफलर ने अपनी एक पुस्तक का नाम 'पावर शिफ्ट' दिया है। शक्ति कहां से कहां सरक कर आ गयी है यह इस पुस्तक की केंद्रीय चिन्ता है। उनका निष्कर्ष है कि वह शक्ति केंद्र पहले जहां कहीं रहा हो अब सरक कर पैसे में आ गया है—मनी इज़ पावर (पैसा शक्ति है) । जबकि वास्तविकता यह है कि दुनिया के सारे सवाल (परिग्रह-अपरिग्रह, हिंसा-अहिंसा, नैतिकता, ज्ञान-विज्ञान, कला-संस्कृति के) मनुष्य में के हैं। ये सब उस सजगता के सवाल हैं जो मनुष्य के अभ्युदय और गिरावट के मानदंड तय करते हैं।

यह कहने की आवश्यकता नहीं है कि परिग्रह भय की सबसे जटिल, समझ में न आने वाली, भ्रमित करती हुई मनोग्रंथि है, वह एक प्रकार का उत्पीड़न सुख है। हमारे समय की सहस्त्रो साड़ियां और गाउन, अत्यंत मूल्यवान और किस्म-किस्म की चप्पलें और जूतियों का संग्रह करने वाली स्त्रियों की मनोग्रंथियों का अध्ययन अभी बाकी है लेकिन वे उस बीमार मानसिकता और समाज की जानकारी अवश्य देती

है जो किसी अज्ञात भय से वस्तुओं का संग्रह करती हैं और उन्हें पाकर, उन पर कब्जा करके आत्म-विश्वास और बेहिसाब ताकत का अनुभव करती है। लेकिन भविष्य में यह दो स्त्रियों की मनोग्रंथि ही, दुनिया की अधिकांश आबादी के प्रबल मनोरोग में बदल जाने वाली है। यह अपने को सबसे अलग, सबसे विशिष्ट, सबके जैसी नहीं बल्कि अद्वितीय दिखाने की ज़िद होगी। अब प्रायः यह मुहावरा काम में आता है 'सबके जैसा नहीं' यानी हम सबसे अलग, असमान, मनमौजी, आत्म-केन्द्रित और किसी की। सुनने वाले, सामान्य जनों जैसे नहीं हैं। परिग्रह का वास्तविक रूप दंभ ही है जो बार-बार 'अद्वितीय' होने के लालच को प्रकट करता है।

समतावादी और हिंसा मुक्त समाज के लिए जैन सिद्धों और साधुओं ने सत्य को अनेक दृष्टियों से उलट-पलट कर देखने का आग्रह किया है। धर्म-दृष्टियों के साथ जो कलह, कष्ट और हिंसा जुड़ी हैं उसका मुख्य कारण दूसरों के अनुभवों की अवमानना है। 'यह जो मेरा अनुभव है, यह जो मेरी दृष्टि है', मेरा धर्म और मेरा ईश्वर है, सृष्टि रचना के सम्बन्ध में मेरी आस्थायें हैं' वही सबसे श्रेष्ठ है, अनित्य और अटल हैं। यह एक प्रकार की तुलना है। धर्म-सिद्धांतों की कम उन धर्मों को मानने वालों की ज्यादा। यह श्रेष्ठता का भाव असहनीय कट्टरता पैदा करता है और अपने इतिहास, अपनी परंपरा, अपने धर्म में चलने वाले अन्तर्विरोधों और असमानताओं को नहीं देखता। श्रेष्ठता के सारे दावे, वे चाहे धर्म के सम्बन्ध में हों या कुल-गोत्र के सम्बन्ध में, चाहे रंग, नस्ल, लिंग, भाषा, देश, बाज़ार, तकनीक या चीजों के बारे में ही धीरे-धीरे व्यापार का अध्यात्मक हो जाते हैं जो मनोवैज्ञानिक असंतुलन पैदा करते हैं और मनुष्यों की बराबरी के दावों को खारिज करते हुए छोटी बड़ी कोटियां या जातियां निर्धारित करते हैं। इसलिए जैन-संतों का आग्रह है कि हम 'अनेकान्तवादी' दृष्टि विकसित करें क्योंकि इस तरह हम अपने विचारों के कैदखाने से बाहर निकल सकते हैं और जीवन-सत्यों को ज्यादा खुली रोशनी में देखने का प्रयास कर सकते हैं।

यह सबसे अधिक चिंता की बात है कि बराबरी का समाज बनाने में विश्व धर्मों की भूमिका संदेहास्पद रही है यद्यपि वे समतावादी समाज निर्माण के प्रबल दावेदार होते हैं। धर्म के साथ सबसे बड़ी कठिनाई यह है कि वे एक सीमा को तोड़ते हुए दूसरी सीमान्तों को स्थापित करते हैं। अन्त में वे भी अमूर्तन की ओर वर्चस्वशाली शक्ति-समूहों की तरफ होते हैं। वे अपनी लोक-कल्याणकारी और श्रेष्ठता की भूमिका का एक भी दावा नहीं छोड़ते। इन धर्मानुयायियों का आचरण अनुदार और दूसरे धर्म-सम्प्रदायों के प्रति असहिष्णु और द्वेषपूर्ण होता है।

गौरतलब है कि दुनिया भर के धर्म-सम्प्रदायों की ऊपरी विनयशीलता और सद्भावनापूर्ण भाव बार-बार आपसी संघर्ष, हिंसा, उत्पीड़न, लज्जाजनक कुकृत्यों में

बदले हैं। एक वैचारिक परंपरा के खुलेपन के बावजूद, वैदिक धर्म की अपौरूषेयता और सर्वसत्तावाद को अस्वीकार करने के कारण जैन और बौद्ध धर्म को नास्तिक कोटि के धर्म-समूहों में धकेल दिया गया है। कट्टरतावाद की वैचारिक परंपरा के अन्तर्गत जैन और बौद्ध मतावलम्बियों के साथ बहुसंख्यक हिन्दुओं के रिश्ते तनावपूर्ण रहे हैं। यह विडम्बना ही है कि समता के पक्ष में अपनी आस्थाओं के लिए प्रतिबद्ध जैन धर्म एक जाति की व्यवस्था में सिमट गया है और उसी तरह कर्मकांड के लिए उत्सुक नज़र आने लगा है जिसके विरुद्ध उसने बगावत की थी। जीवन को अनेक तरह से जानने की, उसकी वैचारिक शक्ति को फैलाने, दृष्टियों की अनेकता को स्वीकार करने और सामाजिक-धार्मिक कट्टरता के विरुद्ध अपनी पूर्व प्रतिज्ञाओं को पूरा करने की इच्छा कमजोर पड़ गयी है और उसकी जगह सम्पत्ति के महाप्रदर्शनों ने ले ली है।

समतावादी समाज के लिए महावीर स्वामी का सबसे महत्त्वपूर्ण अवदान अहिंसा का प्रतिपादन है। वे अहिंसा की सामाजिक ताकत को जानते हैं इसीलिए अहिंसा के सगुण और निर्गुण रूपों को जीवन-शैलियों गें रूपायित होने देते हैं। वे अहिंसा को विचारों का आधार बनाना चाहते हैं जो लम्बे अभ्यास से मिलता है। हो सकता है हमारी पूरी जिन्दगी की तपस्या अहिंसा का मर्म समझने में विफल हो जाए लेकिन उनका विश्वास है कि जब भी सफलता मिलेगी तब उसके कारण अभ्यास और अनुशासन होंगे। अहिंसा और सद्गुणों के बीज हमारी चेतना में अन्तर्निहित हों लेकिन वे अभ्यास और स्वभाव परिवर्तन से ही सामाजिक मूल्यों में बदलते हैं इसलिए महावीर स्वामी हिंसा की प्रतिरोधी शक्तियां विकसित करने के लिए अपने अनुयायियों को वैयक्तिक और सामाजिक स्तर पर अनेक कठिन नियमों के बीच से गुज़रने देते हैं। तब भी वे लोक साहित्य, लोक संवाद से विमुख नहीं होते।

यह ध्यान देने की बात है कि अहिंसकों का समाज कायरों का नहीं, तेजस्वियों का अग्नि-धर्मा लोगों का है, अल्पसंख्यकों के जैसे, दुनिया के प्रतिबद्ध और आदर्शोन्मुखी समाज होते हैं। अहिंसकों का समाज मनुष्य की शीलवान प्रकृति पर विश्वास करता है। करुणा और दूसरे सारे सद्गुणों के बीज मनुष्य के संस्कारों में हैं इसलिए शील और मैत्री का वातावरण ही बनाना है। अहिंसा पर आधारित समाज रचना का काम व्यक्ति से शुरू होता है, सद्गुणों में अडिग आस्था और अपने स्वभाव को कल्याणकारी बनाने के संकल्प से। समाज के विभिन्न समूहों की परिस्थितियों और शील आदि गुणों को ग्रहण करने की पात्रता तथा उन्हें सामाजिक मूल्यों में बदलने की कठिन प्रक्रिया पर विश्लेषकों का जब कभी ध्यान जाता है तब अहिंसा की कई सीमायें नजर आने लगती हैं। तब भी यह भूलना अनुचित है कि हमारी असावधानी से हिंसा और बंदूकों या कि शास्त्रागारों का पाशविक उन्माद मनुष्यों के

विवेक को व्यापक प्रतिहिंसा में बदल सकता है और तब सामाजिक संगठनों की तथा लोक-विमर्श की शक्तियां कमजोर पड़ती जाती हैं।

इसी प्रसंग में यह देखना चाहिए कि महावीर स्वामी केवल शस्त्र की हिंसा के विरुद्ध ही नहीं, विचार के बुनियादी ढांचे को भी हिंसा और कुविचारों से अलग करते हैं। यहीं वे अपनी पूर्व परंपरा से टकराते हैं; वर्ण-व्यवस्था और वैदिक कर्मकांड से; जो कई मनोवैज्ञानिक कुंठाओं को पैदा करती रही हैं और उन विचारों को वैधता देती है जो अहिंसा का या कि समता के पक्ष का गंभीरता से समर्थन नहीं करते। समता के लिए आदर भाव के कारण महावीर लोक-भाषाओं के पक्ष समर्थक हैं। आज भी जैन मुनि स्थानीय बोलियों में 'बखान' करते हैं और सिनेमा के गीतों की लोकप्रिय धुनों पर कविता-भजन बनाते हैं, गाते हैं। इस तरह सामान्य-जन से उनका सम्पर्क-संवाद चलता है।

बुद्ध भी इसी अभिजन परंपरा के विरोध में अपना संघर्ष शुरू रखते हैं। वे करुणा के सिद्धांत का प्रतिपादन करते हैं और मनुष्य को दुःख मुक्त करने का अभियान चलाते हैं। बुद्ध की करुणा और दुःख मुक्त होने का उपक्रम सब के लिए है। वहां भी वर्ण-व्यवस्था का विधान अमान्य है। बुद्ध की करुणा का सिद्धांत क्या है? यह दरअसल मनुष्य के अन्दर जलती ईर्ष्या, वर्चस्व, श्रेष्ठता, भय, निराशा, पराजय, अकेलेपन की आग को देखना उसके कारणों को जानना और मन को आवेग रहित कर अशुभ विचारों का प्रतिकार करना है।

लेकिन इस समय जहां हम आ गए हैं और उसके जो भी कारण हों, हमें यह विश्वास हो गया है कि अहिंसा, करुणा, अनेकान्तवाद, अपरिग्रह आदि पर चलने और उनके सम्बन्ध में चिन्ता करने के दिन चले गए हैं। वे दिन भी चले गए हैं जिनकी रोशनी में चलने का आग्रह गांधी करते रहे हैं; ऐसी रोशनी जो सबके मन में बसी है और सबके व्यवहार और आचरण को निखारती है। अब हम समझने लगे हैं कि दुनिया बाहर ही बाहर है; अन्दर कुछ नहीं है। अन्दर कुछ हो तो भी उसे मूर्छित और सोए रहने देना चाहिए।

सब जानते हैं कि अन्दर की दुनिया—विचारों या कि भावों की कितनी प्रबल और व्याकुल दुनिया है। यह हमारी अन्दरूनी दुनिया की ताकत ही है कि हम हिंसा को दुनिया बनाने के सर्वोत्तम साधन के रूप में अस्वीकार कर देते हैं। हमारे पास दुनिया बनाने के लिए बहुत विश्वसनीय और सुतर्क-संगत प्रतिमान न भी हों तब भी एक किस्म का विवेक है जो चुनता है और छोड़ता है; अतियों से बचता है। बुद्ध ने जिसे 'मध्य-मार्ग' कहा है; न अतिशय-उपभोग का और न चरम-वैराग्य का।

21वीं सदी की दुनिया निःसंदेह बुद्ध और महावीर के समय से भिन्न है। वह कई प्रकार से बदल गयी है और मानवीय सम्बन्धों में जबरदस्त उलट-फेर हुए हैं और

इसी क्रम में राज्य सत्ताओं का रूप और नागरिकों के साथ उसके व्यवहार और आचरण में अनपेक्षित तब्दीलियां हुई हैं। राज्य-सत्ताओं के पास शक्ति केन्द्रित हो गई है और नागरिकों का अभ्युदय, जीवन, सुरक्षा, शिक्षा, स्वास्थ्य, व्यापार, उत्पादन के साधन राज करने वालों और ओहदेदारों की मुट्ठी में हैं।

प्रभुसत्ताओं की आपसी टकराहट और अपने-अपने राष्ट्र-राज्यों से नागरिक–स्वाधीनता और समता का हक हासिल करने का संघर्ष अहिंसा हिंसा के सवाल को फिर से ज़रूरी बनाता है। सवाल यह है कि तब उपनिवेशवाद की लालची और शोषण करने वाली अर्थ-व्यवस्था को निष्प्रभ करने वाले प्रतिरक्षात्मक उपाय कौन से हैं? यदि वे केवल प्रतिद्वन्द्वात्मक और प्रतिस्पर्धात्मक हैं तो हिंसा या सशस्त्र क्रांति का विकल्प क्या है? क्या अदृश्य रूप की नव-औपनिवेशिक व्यवस्था में गैर-बराबरी का संघर्ष हिंसा और हथियारों के बिना मुमकिन है? दूसरी विचारणीय बात अपने देश की राजनीतिक, आर्थिक, सामाजिक, सांस्कृतिक व्यवस्था के साथ मानव-अधिकार और नागरिक स्वाधीनता से सम्बन्धित है। कोई भी समाज उत्पीड़न और शोषण के मुद्दों पर अपनी नाराज़गी जाहिर करने के लिए सरकार के साथ कैसा सलूक करें जबकि एक पक्ष के पास हथियारों, पैसे तथा प्रचार की ताकत और सुविधायें हों और दूसरा पक्ष निहत्था और असहाय हो। तब नागरिकों को हिंसा या अहिंसा में से तत्काल और दीर्घकाल के लिए किसे चुनना चाहिए? गांधी जी ने सिविल नाफ़रमानी, सत्याग्रह, अहिंसा का रास्ता चुना था। क्या यह चुनाव हिंसा और हथियार से बेहतर था, क्या विदेशी और देशी-शासकों और हुक्मरानों के दमन और अन्याय के खिलाफ़ संघर्ष करते हुए हमारा नज़रिया बदला हुआ होना चाहिए? देशी हुक्मरानों के भ्रष्टाचार, सार्वजनिक लापरवाहियां व्यक्तिगत विलासिता, ज़मीन-ज़ायदाद और अवैध धन-संचय को संसद की बहस या न्याय पालिकाओं के लिए ही छोड़ देना चाहिए? क्या विभाजित पुराने, आत्मालोचन के अभ्यास और परंपरा से वंचित किन्तु बदलते हुए और समता की आकांक्षा से उद्वेलित समाज में बदलाव की प्रक्रिया का लोकतंत्रात्मक और धीरज दिलाने वाला या थका देने वाला नहीं होता और हिंसा की तरफ नहीं ले जाता?

पिछली शताब्दी लोकतंत्र वादियों और अहिंसा के आधार पर समाज रचना करने वालों के लिए ज्यादा आशाप्रद नहीं रही है। दुनिया भर में मनोवैज्ञानिक अवसाद और बराबरी के सपनों के ध्वस्त होने का क्लेश फैल रहा है। इसलिए सारे आदर्श और सिद्धांत चालाक लोगों के जाल या पाखंड लगने लगे हैं। असंख्य स्त्री-पुरुषों के मन में सुन्दर और दुख रहित जीवन की उम्मीद खत्म हो जाने से हिंसा के लिए सैद्धान्तिक ज़मीन तैयार होती नज़र आ रही है।

हमारे समय के हिंसा-अहिंसा, नैतिकता-अनैतिकता और दूसरे सवाल महावीर

और बुद्ध के समय में इतने जटिल न रहे हों जैसे वे आज हो गये हैं क्योंकि अब वे कई दबावों और संशयों के बीच में हैं और उनके उत्तर महाशक्तियों की पंचायत में तय होते हैं। तब भी बुद्ध और महावीर के बाद अहिंसा पर सबसे सार्थक विमर्श करने वालों में गांधी हैं जो सभ्यता के 'पश्चिमी मॉडल' के सबसे दृष्टिवान समीक्षक हैं। पश्चिमी मॉडल को गांधी 'भोगवादी और पाशविक' मानते हैं। यूरोपीय शासन व्यवस्था को उन्होंने 'अधार्मिक, अधम, और आसुरी' कहा है। अंग्रेजी शासन के विरुद्ध संघर्ष करते गांधी ने अहिंसा की अद्‌भुत शक्ति को रेखांकित किया। उनका मानना है कि 'अहिंसा तो निर्विकार होने में और कर्त्तव्य के संकल्पपूर्वक पालन में है जिसके लिए मरना आना चाहिए और कोई व्यक्ति अहिंसा पालन करना न सीख सके तो कायरतापूर्वक पीठ दिखाकर भागने की अपेक्षा उसे आततायी को मारने में संकोच नहीं करना चाहिए।'*

यह महत्त्वपूर्ण है कि अहिंसा-हिंसा की बहस किसी समय विशेष की नहीं है, यह विचारों को खोलने और सौम्य जीवन बनाने की सबसे जरूरी और सार्वकालिक बहस है। हमारी ज़िन्दगी की गुणवत्ता बढ़ी है या घटी है इस तथ्य को परखने के प्रतिमान क्या हैं? वास्तविक प्रतिमान तो अहिंसा-हिंसा का व्यवहार ही है; विचारों के बीच असहनशीलता की संहारक अग्नि जैसे-जैसे फैलती है समाज वैसे-वैसे सिमटता जाता है और ज़िन्दगी की रोशनी बुझ जाती है। किसी भी समय या समाज या कि राज्य-व्यवस्था में नागरिक-जन अपनी ज़िन्दगी और वैचारिक स्वाधीनता के लिए रिवाल्वर रखने या चलाने का अधिकार मांगे या कि बड़े समुदाय छोटे समुदायों को निःशेष कर देने का संकल्प करें, स्त्रियों के साथ अमानवीय व्यवहार की दुर्घटनायें असंख्य हो जायें, सभ्यता और सामाजिक-न्याय का दिखावा और छल ही छल नज़र आने लगे; अनुभव होने लगे कि सभ्य-जीवन के लिए कोई जगह बच नहीं गई है तब सवाल महावीर, बुद्ध और गांधी या कि विश्व भर के विचारवान नागरिकों के अवदान को बचाने का नहीं रह जाता बल्कि उस सत्व को बचाने का रह जाता है जो सामाजिक श्रेष्ठत्व की बुनियाद है।

इसलिए समता, हिंसा-अहिंसा, लोकतंत्र, स्वाधीनता, सामाजिक न्याय और समाज-रचना के बुनियादी अधिकारों के मुद्दे बुद्ध, महावीर और गांधी से आगे उस तकनीकी समाज के भी होंगे जो समता की सदी से कतराने के प्रयत्न में हैं। तकनीक बहुत कुछ आश्चर्यों की दुनिया बना देने वाली है; एक फैक्टरी मनुष्यों से रहित, अर्थ-व्यवहार कम्प्यूटर से चलने वाला, परखनली का बच्चा, मूल्य-निरपेक्ष स्मृति, इतिहास-विरत मनुष्य समुदाय, बंदूकों के जरिए बात करने वाले सांसद, विधायक,

---

* सनातन धर्म और महात्मा गांधी : पुखराज, पृ. 250

तब वर्तमान की समृद्धि और विज्ञापनों का तत्काल ही बचेगा। यह ऊल-जलूल सपना नहीं है। इसका निहितार्थ यह है कि हम इस समय आगे आने वाली दुनिया के बारे में न सोंचे क्योंकि 'विचार, सिद्धांत' या मूल्यों का अंत हो गया है या होने वाला है? इसका यह अर्थ है कि हम उन लोगों को मज़बूत हो जाने दें जो दुनिया के बाज़ार, विचार, मुद्रा, तकनीक, वस्तुएं, जीवन-प्रवाह अपने कब्जे में रखना चाहते हैं?

ऐसे समय में अहिंसा का पक्ष लेना, अहिंसा के बारे में सोचना और कई प्रतिकूल परिस्थितियों के बीच भी अहिंसा को कायरता और दब्बूपन का प्रतीक न होने देना बराबरी-का समर्थन करना है क्योंकि हिंसा के वर्चस्व का प्रचार वे ही कर रहे हैं जिनके पास पूंजी है जिसका वे बंटवारा नहीं चाहते।

यह सोचना भयावह होगा कि हिंसा-अहिंसा के सवाल फिलहाल ठंडे तहखाने में रखे जा सकते हैं क्योंकि हिंसा की उन्मादकारी और 'इररेशनल' शक्ति के सामने चुपचाप बैठे हुए लोग उत्पीड़कों की ज्यादा मदद करते हैं। हिंसा के विस्तार उन उन सारी पाशविक ताकतों के बारे में, जो हिंसा का कारण होते हुए भी नज़र नहीं आती, आज और अभी सोचना और दबाव के लिए जन मत बनाना आवश्यक है क्योंकि अब लोगों का यह विश्वास प्रबल होता जाता है कि हिंसा के परिणाम तुरंत नज़र आते हैं और यह कि हिंसा ही शक्ति प्रदर्शन का सबसे रोमांचकारी, थ्रिलपूर्ण रास्ता है।

दुनिया और ज़िन्दगी के उर्वरा, सार्थक और समतावादी बनाने के लिए हमें 'लक्ष्य और साधनों' के विमर्श पर हमेशा चौकन्नी दृष्टि रखने की आवश्यकता अनुभव करनी चाहिए विशेषतया अपने देश में जहां बुद्धि को निर्मल रखने की परंपरा हो। गौरतलब है कि हिंसा का वक्र प्रायः प्रतिक्रान्तिकारियों और यथा-स्थितिवादियों के पक्ष में ही गया है।

अपरिग्रह और समाजवाद

हमें संचय और त्याग पर एक साथ विचार करना चाहिए। हम यह मान भी लें कि संचय (परिग्रह) स्वाभाविक प्रवृत्ति है तब भी त्याग (अपरिग्रह) उतना ही गरिमामय और मानवीय प्रसंगों में उतना ही महत्त्वपूर्ण है यह मानने से भी गुरेज़ नहीं करना चाहिए। ज़िन्दगी की यह लड़ाई अनोखी है कि जिसे हम स्वाभाविक मानते हैं उसी के विरुद्ध खड़े होकर एक सांस्कृतिक, सभ्य समाज बनाना चाहते हैं। इसी क्रम में हम संचय के स्वभाव को तुच्छ मानकर त्याग के भाव को श्रेष्ठ, सामाजिक, मुक्तिदायी मानते हैं। जो तकरार संचय और त्याग के बीच है वही यौनाकांक्षाओं के आकर्षण और विकर्षण के बीच भी है। मनोचिकित्सक फ्रॉयड 'सभ्यता के सारे संकट को दमित यौनाकांक्षा का ही मानते हैं। इस विषय पर उनके विस्तृत विचारों को 'डिस्कन्टेंट्स ऑफ सिविलिजेशन' में पढ़े जा सकते हैं। उनके पूर्व रूसो ने प्राकृत जीवन की प्रबल पक्षधरता की है। सामाजिकता को दासता की बेड़ियां मानते हुए उन्होंने कहा—'मनुष्य जन्म के समय ही आज़ाद होता है, फिर तो वह ज़िन्दगी भर हर जगह बेड़ियों से कसा रहता है।' कौन-सी बेड़ियां? इसका उत्तर है सामाजिकता की, सभ्यता की, वर्जनाओं और निषेधों की। ध्यान से देखने पर यह सब आग्रह प्रवृत्ति मूलक मालूम होंगे जिन्हें भारतीय विचारकों ने सामान्यतया मनुष्य का जैविक, प्राकृतिक, स्वभाव माना है। लेकिन जिसके विरुद्ध दूसरी श्रेष्ठ दुनिया बनाने का विचार भी किया है। यह विचार अपने प्राकृत स्वभाव से छिटक कर एक श्रेष्ठतर दुनिया बनाने का है जो 'आत्मकेन्द्रितता' से बचती अधिक सार्वजनिक हो सकती है, आत्महित से ऊपर उठती 'सर्वभूत हिते रताः'।

यह उल्लेखनीय है कि भारतीय संस्कृति में प्रकृत स्वभाव को या प्रवृत्तियों को (इन्स्टिंग्ज़) ग्लानि की दृष्टि से नहीं देखा है। केवल यह देखा है कि वे जीवन-स्तर की 'अस्तित्त्व-मूलक' स्थितियां हैं, बोधमूलक नहीं। वे जीवन के ऐसे दरवाज़े हैं जो खुल सकते हैं और जिनको खोलकर मनुष्य की अस्तित्त्व मूलक शक्तियों को विकसित किया जा सकता है। इस संभावना के कारण ही ऋषि कहता है, 'प्रवृत्ति रेसाभूतानाम् निवृत्तास्तु महाफलः''। अहार, निद्रा, भय, मैथुन इत्यादि प्राणिमात्र की प्रवृत्तियां हैं लेकिन जो इन्हें नियंत्रित करता है वह महाफल पाता है। इस दृष्टि से देखें तो संचय

(परिग्रह), धन इकट्ठा करना, वस्तुओं का प्राप्त करने की ललक, अनावश्यक सम्पदा पर स्वामित्व की अदम्य इच्छा जैविक या स्वाभाविक है लेकिन वह इच्छा के दासत्व से मुक्त नहीं करती। कवि बिहारी ने एक दोहे में पूछा भी है 'हे हिरन! इस जाल में पड़ कर कौन छूटा है? ज्यों-ज्यों तुम इससे छूटना चाहते हो, उलझते, फंसते ही जाते हो।'

को छूट्यौ इहि जाल परि, कत कुरंग अकुलात।
ज्यों-ज्यों सुरझि भज्यों चहत, त्यों-त्यों उरझ्यो जात॥

प्रवृत्तियों के बारे में यह जानना आवश्यक है कि उनका वेग या दबाव अदम्य होता है और वे नैतिकता-अनैतिकता के दायरे से मुक्त होती हैं। वे केवल ऊर्जायें (शक्ति) होती हैं; अनाकृत, उद्देश्य-विहीन। प्रवृत्तियों का दमन कई तरह की मानसिक व्याधियों का कारण हो जाता है। प्रवृत्तियों का यदि उदात्तीकरण (सब्लिमेशन) नहीं होता तो वे विनाश का भयावह रूप ले लेती हैं। उदाहरण के लिए संचय का अपरिष्कृत प्रवृत्ति लालसा, लालच या लोभ का अकल्पित विस्तार करती है और विश्व-विनाश के लिये महायुद्ध के षड्यंत्र रचती है।

परिग्रह या संचय की सबसे भयावह विकृति हिंसा, प्रतिस्पर्धा, अनधिकृत स्वामित्व, संवेदनहीनता, ईर्ष्या, उपभोग, विलासिता और सैकड़ों प्रकार की सामाजिक विकृतियों का मुख्य कारण होती हैं।

यह लक्षित किया जा सकता है कि प्रवृत्तियों की अंधाधुंध शक्तियों को दुनिया के सभी धर्मों-दर्शनों ने चिन्हित किया है लेकिन उन्हें विनाशकारी मान कर भी मनुष्य को लज्जित नहीं किया है बल्कि इस शक्ति के संहारक स्वभाव को सर्जनात्मक स्वभाव में बदलने के अनवरत प्रयत्न किये हैं। भारत के धर्म-दर्शनों में जिन चार पुरुषार्थों का उल्लेख है उनमें से दो 'अर्थ' और 'काम' हैं; दूसरे दो 'धर्म' और 'मोक्ष' हैं। इसी तरह स्वर्ग का एक 'मनोस्वप्न' (यूटोपिया) रचा गया है। पाप-पुण्य की दो कोटियां निर्धारित की गयी हैं। इन्हें परिभाषित किया गया है। परोपकार पुण्य और पर-पीड़न पाप है--

'परोपकाराय पुण्याय्, पापाय् पर पीड़नम्'। इसी का अनुवाद तुलसीदासजी ने इस तरह किया है--'परहित सरिस धरम नहिं भाई। पर-पीड़ा सम नहिं अधमाई।' परपीड़न, हिंसा, शोषण परिग्रह की प्रवृत्ति के परिणाम है। परहित, परोपकार, दुनियां भर के लोगों की सुख-समृद्धि कामना, ईर्ष्या, मत्सर, राग-द्वेष रहित जीवन अपरिग्रह के फल हैं जो परिग्रह के उदात्तीकरण का परिणाम हैं। भारतीय साहित्य के कथा-पुराण, मिथक, आख्यान और महाकाव्य मूल प्रवृत्तियों के परिष्कार करने, उनकी अकूत शक्ति का नियंत्रण करने, उनके विनाशकारी वेग को रचनात्मक व्यवहार में बदलने का कोई अवसर हाथ से फिसलने नहीं देते। वे निरंतर हिंसा, परिग्रह, चोरी,

असत्य आदि का विरोध करते हैं। इसी विरोध को उग्र, मुखर और आक्रामक बनाने के लिए वे भारतीय धर्म-व्यवस्था में 'ईश्वरीय न्याय' और 'कर्म-विपाक' के सिद्धांतों का समर्थन करते हैं। सुकृत्य और कुकृत्य पुरस्कृत तथा दंडित होने ही चाहिए। किसी कारण या कि मनुष्य के राग-द्वेष, पक्षपात से इस जन्म में बच गये तो दूसरे जन्म में वे 'ईश्वरीय न्याय व्यवस्था' के अन्तर्गत पुरस्कृत या दंडित होंगे। महत्त्व की बात यह है कि प्रवृत्तियों से नितान्त विरक्ति का भाव किसी तरह और उत्प्रेरक नहीं माना गया है इसलिए उन्हें व्यक्ति-केन्द्रितता से मोड़कर समाज-केन्द्रित करने का आग्रह स्पष्ट है। यह गौरतलब है कि भारतीय-चिंतकों की दृष्टि मूलतः समाज केन्द्रित है जिस तथ्य को रवीन्द्रनाथ ठाकुर ने पूर्व और पश्चिम के चिन्तन-स्वभाव का महत्त्वपूर्ण अन्तर कहा है। यह हमें स्पष्टतया तब भी नज़र आता है जब हम चित्त-प्रवृत्तियों के परिष्कार करने और ऊर्ध्वमुखी बनाने के संकेतों को पढ़ते हैं। ये संकेत सार्वजनिक हैं और सामाजिक हैं। प्रवृत्तियों के परिष्कार का मुद्दा स्त्री-पुरुष, गरीब-अमीर, दास-स्वामी के बीच बंटा और विखंडित नहीं है। सामाजिक अभ्युदय ठिठक-ठिठक कर सीढ़ी-दर-सीढ़ी नहीं चढ़ता, यह हमारी चिन्तन-परंपरा का वैशिष्ट्य है इसलिए अपरिग्रह, अहिंसा, अस्तेय आदि के पाठ को हमने भेदाभेद रहित होने दिया है।

'अर्थ' और 'काम' की प्रवृत्तियों के परिष्कार और उनके संतुलन, नियंत्रण, उदात्तीकरण को धर्म-व्यवस्थाओं, संत-भक्तों ने प्राथमिकता दी है। मध्यकालीन संत, भक्तों ने सम्पदा और स्त्री की मोहिनी को 'माया' कहा है। 'माया' मधुर वाणी बोलती है और सत्, रज, तम का फंदा लिए डोलती हैं। वह 'महाठगिनी' है। कबीर ने लिखा :

'माया महाठगिनी हम जानी
तिरगुन फांस लिये कर डोले बोले मधुरी वाणी।'

उन्होंने धन-सम्पदा से अनासक्ति के कई सरल उपाय बताये हैं। ये 'धन-विरक्ति' के पक्ष के नहीं हैं। लोकधर्मी संत कबीर धनाभाव के त्रास को जानते हैं किन्तु वे धन संग्रह के अनिष्टकारक, असमतामूलक स्वभाव से भी वाकिफ़ हैं। दरअसल सारे लोकधर्मी संत, भक्त कवियों ने धन के उन्मादकारी, अमानवीय, प्रतिस्पर्धी स्वभाव को अच्छी तरह पहचाना, परखा है। इसलिए उसके साथ विवेकपूर्ण अनासक्ति, दूरस्थ सम्बन्धों के लिए उपदेशित किया है। एक पुराने आख्यान में ब्रह्मा ने देवता, दानव और मनुष्यों को सदाचरण सम्बन्धी परामर्श में 'द' कहा था। इसका रहस्य पूछने पर देवताओं से कहा 'दमन करो', दानवों से 'दया' करने को कहा और मनुष्यों को कहा 'दान' करो। भारत की धर्म-व्यवस्था 'दान' आधारित है। संतों को धन-संचय के अन्यायकारी स्वभाव का ज्ञान था इसलिए उन्होंने धनासक्ति के प्रति मनुष्य-व्यवहार को बदलने का दबाव बनाये रखा। कबीर ने एक दोहे में धन के असीम लालच को मर्यादित करती प्रार्थना में कहा :

साईं इतना दीजिए, जामें कुटुम समाय।
मैं भी भूखा ना रहूं, साधु न भूखा जाय।

दूसरे दोहे में धन की मर्यादा निश्चित करते हुए कहा 'यदि नाव में जल और घर में धन बढ़ जाये तो सज्जन का कर्त्तव्य है कि नाव के जल को दोनों हाथों से बाहर उलीच दें और धन का मुक्त हस्त दान कर दे।'

जो जल बाढ़े नाव में घर में बाढ़े दाम।
दोनों हाथ उलीचिये यह सज्जन को काम ॥

धन-संचय के अनिष्टकारी परिणामों से दुनिया के सभी धर्म, सभी संस्कृतियां, सभी सभ्यताएं और महात्मा डरे हुए रहे और उसे पाप का मूल भी मानते रहे। एक समतामूलक समाज का निर्माण उनकी सर्वोपरि कामना रही। भारतीय धर्मों में जैन धर्म ने अहिंसा को परम धर्म माना, 'अहिंसा परमोधर्मः'। इस परमधर्म की साधना में धन-संचय, परिग्रह सबसे बड़ी बाधा के रूप में लक्षित किया गया। त्याग और अपरिग्रह की शक्ति को पहचाना गया। इस क्रम में अनुयायियों को धीरे-धीरे वस्तुओं को त्यागने का परामर्श महत्त्वपूर्ण है। वस्तुओं का लालच, उनका संचय, उनका स्वामित्व, उसका अहंकार सब के दुष्परिणामों से बचने के लिए साधकों और शिष्यों को प्रशिक्षित किया जाने लगा। जैन धर्म में सबसे कठिन व्रत 'वस्त्र-त्याग' है। निर्वस्त्र होना, रहना, शरीर की पूरी मोहासक्ति का त्याग दिगम्बर-साधक ने स्वीकार किया। निःसंदेह दिगम्बर होना लालच के अंतिम छोर को स्वेच्छापूर्वक छोड़कर विरक्ति के आनंद का वरण है।

अपरिग्रह अहिंसा की साधना का अभिन्न अंग है। अपरिग्रहवादी यह मानते हैं कि सम्पदा मदान्ध शक्ति है और तुच्छ प्रतिस्पर्धाओं और सामाजिक-असमताओं का केंद्र है। धर्माचार्यों ने जल में कमलवत् रहने का आग्रह किया है। उनकी दृष्टि में संसार से लिपट कर रहना ही दुःख का कारण है। बुद्ध ने 'तृष्णा' को ही दुःख की जड़ माना है। भतृहरि ने तृष्णा को 'सदा युवा' की तरह चित्रित किया है। कहाः 'सतृष्णा न जीर्णा, वयमेव जीर्णा' (तृष्णाः जीर्ण नहीं होती, हम ही जीर्ण हो जाते हैं)। तृष्णाओं में सबसे प्रबल 'धनैषणा' (धन की तृष्णा) हैं; जो समतामूलक समाज का शत्रु पक्ष है।

यह किचिंत अचरज़ भरा ही लगता है कि जैसे दुनिया के सारे छोटे-बड़े धर्मों ने धर्माचरण की एक ही जगह बैठकर एकमत होकर एक संहित लिखा हो जिसका मूल उद्देश्य स्वेच्छा से समतावादी, शोषण रहित, समाज-रचना हो। जिसके अनुयायी अपने-अपने 'आत्म-निर्णय' का स्वाधीनतापूर्वक उपयोग करने अहिंसा, अपरिग्रह, सत्याचरण को प्रतिष्ठित करें। इन प्रयासों से यह संकेत भी मिलते हैं कि मनुष्य की आदिम प्रवृत्तियां पूरी न भी बदलें लेकिन उनके अंधाधुंध आक्रमण से बचकर एक

उच्चतर समतावादी, सहिष्णु समाज निर्मित किया जा सकता है।

इसे विडम्बना ही कहना चाहिए कि धर्म-दृष्टियों की अवहेलना हुई और उनके उच्चतर उद्देश्य नाकामयाबियों के अंधेरे में विलुप्त हो गये। दरअसल धर्म-दृष्टियों ने न्याय-प्रिय मनुष्य की कल्पना की और उसके गुणों का मनोरम यूटोपिया रचा जो वास्तविक दुनिया की रगड़ से निस्तेज हो गया। संत, भक्तों और धर्माचार्यों ने 'ईश्वरीय न्याय और कर्म-विपाक' के जिस सिद्धांत की स्थापना की वह आस्थावादी समाज के लिए था और तत्काल के हानि-लाभ पर उसका कोई दुष्प्रभाव नज़र नहीं आता था। इस क्षण अनिष्ट होने वाला नहीं, जो होगा वह अगले जन्म में होगा। अगले जन्म की हंसी पहले-से देहवादी उड़ाते रहे, 'पुनराजन्म् कुतः?' ईश्वर भी संशयवाद के दायरे में रहा। डार्विन ने सृष्टि-रचना में ईश्वर का हस्तक्षेप समाप्त कर दिया। धर्म दृष्टियां, धर्माचार्यों का लोक-व्यवहार अनेक अन्तर्विरोधों के कारण अविश्वसनीय हो गया। सारी कथा-भागवत् के बीच समाज गरीबों-अमीरों में बंटता गया। इधर ज्यों-ज्यों भारतीय समाज का सम्पर्क पश्चिम से होता गया, आस्था के अनेक अबूझ मुद्दे तर्क के ज़रिए खारिज़ किये जाने लगे। इस दिशा में कार्ल मार्क्स और मनोवैज्ञानिक सिगमड फ्रायड ने बाहर और मन की दुनिया को समझने के नये रास्ते बताकर समाज और जीवन समझने के क्रान्तिकारी सूत्रों का उद्घाटन किया।

मार्क्स ने अर्थशास्त्र को देखने-समझने की दृष्टि ही बदल दी। उन्होंने दुनिया के दुर्भाग्य, लाचारी, गरीबी, दासता के कारणों की गहन, तर्कसंगत समीक्षा की जिसके लिए ईश्वर या भाग्य, पुण्य या पाप का कोई दायित्व प्रमाणित नहीं होता। वे कुटिल मानवीय व्यवस्था के परिणाम है। उन्होंने इस मानवीय शोषण से मुक्त होने के लिए उत्पादन के साधनों को व्यक्ति-सम्पदा के ईश्वरीय-अधिकार वाले सिद्धांत को खारिज़ कर दिया। उन्होंने कहा 'सम्पदा समाज की है'। यह सिद्धांत 'समाजवाद' का संघर्ष वाक्य बन गया और दुनिया भर के लोगों की समझ में आ गया कि कुछ अघाये हुए, पूंजीपतियों के असीम लालच और व्यक्तिगत संपदा-संग्रह' की कामना ने दुनिया का अमीरों-गरीबों के बीच नीचतापूर्ण बंटवारा कर दिया है।

मार्क्स के सिद्धांतों ने दुनिया भर के वंचितों को बुद्धि का प्रकाश और सुखद वर्तमान के लिए संघर्ष का रास्ता बताया। यह काम प्रकारान्तर से धर्मों ने किया था। धर्मों ने व्यक्ति-सम्पदा की तुच्छता को सदा रेखाकिंत किया। चक्रवर्ती सम्राट त्यागी साधुओं के चरणों में बैठते रहे। लेकिन धीरे-धीरे धर्म स्वयं धर्माचार्यों की सम्पदा बन गया और मंदिर-मठ, मस्जिद-गिरिजाघर सम्पदा की खाने हो गयें। समाजवाद का सबसे बड़ा प्रयोग रूस में हुआ जहां एक समूह ने सत्ता के प्रभावी प्रभु-वर्ग की तरह काम कर के सम्पदा के समाजीकरण का प्रयोग विफल कर दिया। न धर्म-शक्ति, न राज्य-शक्ति, न सैन्य-शक्ति परिग्रह के असीम आनंद की कल्पना को निर्मूल कर

सकीं। किसी हताशा में गांधी ने, जो अंतिम आदमी के समर्पित वकील रहे, कहा, 'मैं तुम्हारी ज़रूरत तो समझ सकता हूं लेकिन तुम्हारा लालच समझ में नहीं आता।'

समाजवाद का अंतिम लक्ष्य अपरिग्रह है। व्यक्ति की इच्छाशक्ति और व्यवस्था की संरचना मिल कर जब तक अपरिग्रह की चाहत पैदा नहीं करती तब तक समाजवादी सपना पूरा होता नज़र नहीं आता।

लोहिया जी ने कहा था समाजवादियों का मुख्य काम तो ऐसा समाज बनाना हैं जहां लालच का जन्म ही न हो। लेकिन यह तथ्य स्पष्ट है कि अपरिग्रह की पवित्रतम भावना कहीं से अकस्मात् नहीं फूटती। मनुष्य प्रायः प्रवृत्ति के सहज धर्म को अपनाता है। संचय मनुष्य की आदिम, सहज मनोवृत्ति है। इसे हम 'सहज परितृप्ति' भी कह सकते हैं। संचय एक प्रकार का सुरक्षा भाव भी है। लोक-व्यवहार में जो सामाजिक प्रतिष्ठा देता है और सब प्रकार की कार्य-सिद्धि करता है। इसलिए वह एक बड़ी मनोगत जरूरत हुआ रहता है। यह ज़रूरत इतनी प्रबल होती है कि सारे नैतिक और मानवीय पक्ष, संवेदना, करुणा, सामाजिकता व्यर्थ हो जाती है। स्वार्थ-सिद्ध करने वालों का एक शक्तिशाली समूह बन जाता है जो संचय, शोषण और अनैतिक आचरण को कानूनी जामा पहना देता है। बाज़ार की ये शक्तियां हिंसा, दमन, विनाशकारी आयुध काम में लाने से परहेज़ नहीं करतीं।

समाजवाद अन्याय, शोषण और गैर-बराबरी को संरक्षण और बढ़ावा देने वाली इन सत्ताओं और शक्तियों के विरुद्ध एक समान्तर जन-शक्ति का विकल्प पेश करता है जो सत्ता या शक्ति का केंद्र होती है। यह समाजवादी शक्ति अपरिग्रह के सिद्धांत का नया, ओजस्वी स्वरूप होती है जो व्यक्ति-सम्पदा को असम्भव बना देती है। वह दुनिया भर के लोगों की बुनियादी जरूरतें पूरा करने का वादा करती हैं और उन अभावों को पूरा करने का सार्वजनिक प्रयास करती है जो लालच का बीज बाते हैं और संग्रह की वृत्ति को प्रोत्साहित करते हैं।

निःसंदेह दुनिया के श्रेष्ठ धर्म धन-संग्रह, व्यक्ति सम्पदा और उपभोक्ता संस्कृति के भोगवादी आचरण को अक्षम्य मानते हैं लेकिन उनके पास ऐसी सामाजिक व्यवस्था नहीं होती जो मनुष्यों को अभावग्रस्त, विषमताओं से घिरी ज़िन्दगियों को गरिमामय बनाती हों। धर्माचार्य जितना 'अपरिग्रह' के व्रत को आवश्यक और शक्तिशाली बनाते हैं वे वास्तव में समाजवाद की ही चिन्ता करते हैं। 'अपरिग्रह' के मूल में समाजवाद को संभव बनाने का विचार निहित हैं।

दूसरी शरणागति

हम एक बंटी हुई दुनिया में रह रहे हैं। बाहर से वह रोशनी में नहाती हुई लगती है, सम्पन्न और समृद्ध होती हुई; विचारों और आविष्कारों के नये दरवाजे और खिड़कियां खोलती। लेकिन अन्दर ही अन्दर लोग बेचैनी का अनुभव करते हैं, बाहर इतनी जगमगाहट के बावजूद असुरक्षा और अंधेरे की आहट और आवाज़ें सुनाई पड़ती हैं। एक सम्पूर्ण होती दुनिया जैसे टुकड़ों-टुकड़ों में बंटी हुई हो। ऐसा लगता है, जैसे स्वाधीन होने की प्रबल इच्छा रखने वाली विश्व की जनता ज्यादा पराधीन और असहाय हो गयी है। बाहरी दुनिया जो उजाले और अंधेरे में बंटी हुई है उसने हमारी निजी, आंतरिक और भावनात्मक दुनिया को भी कई टुकड़ों में बांट दिया है। हमारी अपनी बंटी हुई दुनिया के अंदर का विभाजन हमें नज़र नहीं आता। पहले कभी इस धारणा को हम ताकत के साथ स्वीकार करते थे कि बाहर का प्रवाह गुज़र जाता है अगर हमारी अन्दर की मनोरचना मज़बूत हो। मन की रचना का निर्गुण-तत्त्व हमें बाहर के हज़ारों आघातों, आवेगों, उतार-चढ़ावों, अकाल-आक्रमणों से एकदम अविच्छिन्न बचा सकने वाला नज़र आता रहा, अब भी आता है। इस सत्य को स्थापित करने के लिए ही यह कहा जाता रहा कि मन हार जाए तो हार और मन जीत जाए तो जीत (मन के हारे हार है, मन के जीते जीत) और यही बात संस्कृत के पंडितों ने कही जिसका निहितार्थ यह कि मन ही मनुष्य की मुक्ति या बंधन का कारण है (मन एवं मनुष्यानाम् कारणम् मोक्ष बंधये) यह मनुष्य के मन की स्वायत्तता का सिद्धांत है जहां कोई परिस्थिति, कोई व्यवस्था, कोई मान-अपमान, न्याय-अन्याय, संकल्प-विकल्प, ज़िन्दगी की अर्थवत्ता को घटाता-बढ़ाता नहीं है। मन अपनी सृष्टि को बनाने वाला, उसे अपनी तरह चलाने वाला है। वह शरीर से अलग, दुनिया से निस्संग, पूरी तरह स्वतंत्र है।

लेकिन मनोरचना का यह सिद्धांत हमें दुनिया और उसके हादसों को समझने नहीं देता था और संवेदनहीन व्यक्तिवाद को बनाने में मदद करता था। दुनिया में रहकर दुनिया से अपने मन को बाहर रखना इस तरह कि जैसे जल में कमल का पत्ता केवल जल की थरथराहट के बीच ठहरा हुआ, अपने समय से अजनबी बने रहने की होशियारी तो हो सकती थी लेकिन वह दुनिया के साथ, गहरी मैत्री बनाने की

हिम्मत तोड़ता था और एक कपटपूर्ण आचरण के लिए तैयार करता था।

पिछली बीसवीं सदी में मन की स्वतंत्र सत्ता का सिद्धांत खारिज कर दिया। मन की रहस्यमयी पर्तें खुल गयीं और उसके अन्दर उठने वाले प्रचंड तूफानों और लहरों का आवेग समझ में आने लगा। यह भेद भी छिपा नहीं रहा कि समाज और समय की सुकृतियां और विकृतियां ही मन के नाना आवेगों, अतृप्त कामनाओं, प्रतिशोध की रचना करती हैं। मनोचिकित्सकों ने मन की उन हलचलों, दबी हुई भावनाओं को पहचान लिया जो साधु-वेश में हत्यारों का सा आचरण करती हैं। यह भी समझ में आने लगा कि समृद्धि के बावजूद लोग किन अज्ञात आशंकाओं से डरते रहते हैं और वैराग्य की रोशनी में स्त्री-देह की मोहक छवियों की यादें कहां-कहां छिपी रहती हैं? उनकी कोशिशों ने हज़ारों संशयों, शंकाओं, मानवीय स्वभाव की दुर्बलताओं और सहृदयापूर्वक परिभाषित किया, सभ्यता के और मन के छिपे निगूढ़ रिश्तों की व्याख्या, विश्लेषण किया तब भी मन की अंधी और उन्मादकारी शक्तियों को हम पूरी तरह नहीं जान सके। रोशनी, ज्ञान, समझ, इतिहास-बोध, दर्शन, साहित्य, शान्तिकागी, अध्यात्मिक वचनानलियों के बीच से वे कब और कैसे उठ-खड़ी होती हैं और ध्वंस तथा नर-संहार को कभी तत्त्व-ज्ञान, कभी राष्ट्र प्रेम, कभी देश-रक्षा, कभी शत्रु-विजय, कभी व्यापार, कभी वर्चस्व, कभी स्वाधीनता, लोकतंत्र, कभी धर्म की दलीलों से कैसे चमकाने लगती हैं? हम दरअसल अपने अनेक स्तरीय विभाजन की इस त्रासदी को पूरी तरह देखने में नाकामयाब रहे और नैतिक साहस के अभाव में उस सामाजिक सत्य को नहीं जान सके जो मनुष्य के विखंडन और आतंरिक क्षरण से लड़ता है।

यहां इस सवाल को पूछने में कोई हर्ज़ नहीं है कि हमने किन दबावों में अपने उस नैतिक साहस का ध्वंस हो जाने दिया जो मनुष्य की 'खंडित प्रतिमा' को बचाता है? वास्तव में तो हमने ही नहीं दुनिया के समुन्नत समाजों ने इस 'नैतिक पराजय' की यातना को इतना सहा है कि अब हम और वे...यह कहने लगे हैं कि 'हम केवल अपने-अपने सत्य को जानने के लिए अपनी यात्राओं पर निकले हैं।' यह उत्तर आधुनिकतावादियों का जीवन-दर्शन है, जिनके लिए हर सिद्धांत एक कटघरा है जिससे बाहर निकलना आवश्यक है। लेकिन हम थोड़ी से दूर जाकर देखें तो 'नैतिक पराजय' का यह घटना-चक्र कुछ साफ़ होता नज़र आता है। नैतिकतावादी दर्शन के साथ झगड़ा तब से शुरू होता है जब से यूरोप, अपने 'उपयोगितावादी दर्शन' का प्रचार करता है और मनुष्य की समग्रता को विभाजित-दृष्टियों से व्याख्यायित करता है। यहीं से मनुष्य का आन्तरिक विभाजन भी शुरू हो जाता है; जो सीज़र का है वह सीज़र को दो और ईश्वर का ईश्वर को। यह जीवन को दो फांकों में बांटना था; बाद में इसी तरह ज़िन्दगी बीसियों प्रकार से परिभाषित होकर टुकड़ों-टुकड़ों में देखी-समझी जाती रही। आधा-अधूरा जीवन लिए बीसवीं सदी की शुरुआत

अकुलाहट से भरी थी जिसमें फैलाव तो नज़र आता था लेकिन अन्दर कुछ नहीं था। पुरानी-दुनिया बिखरी पड़ी थी, भयावह रूप से अविश्वसनीय और आकारहीन। मनुष्य कई लक्ष्यों की तरफ एक साथ दौड़ने लगा, एक अन्दरूनी प्रतिस्पर्धाओं के मैदान में; राज-पदों के लिए, आर्थिक समृद्धि के लिए, ऐश्वर्य, आराम और वस्तुओं के उपयोग के लिए। यूरोप की पूरी जीवन-शैली 'उपयोग करो और फेंकों' (यूज एंड थ्रो) के साथ जुड़ गयी और मानव-सम्बन्धों की गर्माहट बोझ की तरह अनुभव होने लगी।

विश्लेषण और विखंडन यूरोप की विमर्श और ज्ञानार्जन की मुख्य शैली बनी जो विज्ञान की विशिष्टता भी है। इस विश्लेषण से उन्होंने प्रकृति और पदार्थों की शक्ति का अनुमान लगाया और उसे मनुष्य के वश में लाने की कोशिश की। विज्ञान ने इस तरह एक तर्क की दुनिया बना दी। तर्क की इसी दुनिया को 'आधुनिक' कह कर सम्मानित किया गया। किन्तु यह देखने की बात है कि आधुनिक दुनिया विरोधाभासों की सबसे संतप्त दुनिया है; वह जितने चटकदार रोशनी के रंगों से बुनी गई है उससे कहीं अंधेरे की बड़ी थिगलियां लगी हैं, समृद्धि के विशाल स्तूपों के ठीक नीचे असंख्य बालकों और स्त्रियों की भूखी आकृतियां हैं, लोकतंत्र की भाषा बोलते अकड़ कर चलने वाले तानाशाह हैं 'फाइव स्टार' होटलों के मालिक साधु, संन्यासी, महात्माओं के हुजूम हैं; हथियार बेचते शान्तिकामी मुल्क और सत्ता के दलाल हैं। यूरोप के विकासवादी वैज्ञानिक डार्विन ने इन्हें यह तर्क बता दिया कि जो सबसे ताकतवर होंगे वे ही जियेंगे। पश्चिम में उसी दिन से अपनी शक्ति तंत्र को विकसित करने का संकल्प ले लिया। इस सारे तंत्र का मिज़ाज वस्तु बेचने की मंडियां ढूंढना था। उन्होंने शक्ति को नई तरह परिभाषित किया; शक्ति का यह रूप नज़र आता था, शासन के, व्यापार के, साम्राज्य और वर्चस्व के रूप में। विश्व की पुरानी, किन्तु थका देने वाली सभ्यता और संस्कृतियों के सामने वह विकल्प के रूप में लुभावना और आशाप्रद था। वह सामंती, भाग्यवादी व्यवस्था को कुछ दूसरी तरह सुधरती दिशाओं में मोड़ता था। धीरे-धीरे यूरोप का प्रभुत्व, सैन्य, व्यापार और विज्ञान के जरिए उपनिवेशवादी बनता गया। अकेले ब्रिटेन ने अपने वर्चस्व का इतना विस्तार किया कि उनको अपना सूर्यास्त कभी कहीं नज़र ही नहीं आता था।

वर्चस्व और विस्तार की यूरोपीय दुनिया और संस्कृति ने पूरी दुनिया को निर्धन बना दिया है। सबसे बड़ा नुकसान तो यह हुआ है कि वह पराक्रम हीन हो गई है और उसमें यह कहने का ज्यादा साहस नहीं बचा है कि वह इस वर्चस्व और विकास की परिकल्पना को अस्वीकार करती है क्योंकि यूरोप आत्म-मुग्ध, आत्मकेन्द्रित और एक आयामी अनुभवों के अतिरिक्त कुछ नहीं देता, हमारे देश ने बार-बार रोशनी की प्रार्थना की है। ऐसी प्रार्थना और देशों और धर्मों ने भी की है लेकिन जिस उत्कटता के साथ हमने दुनिया भर के हित चिंतन के लिए मैत्री के लिए की है वह

प्रार्थना अनुपम है किन्तु अब हमने पश्चिम का ही अनुकरण किया है; यही हमारे राजतंत्र और अर्थतंत्र का रक्षा-कवच है और इसलिए विश्व-शांति और मैत्री की प्रार्थना के शब्द और स्वर निष्प्रभ और अर्थहीन हो गए हैं। नैतिक दुनिया बनाने का हमारा संकल्प विलुप्त हो गया है, इसलिए हमारे देश में रोशनी की प्रार्थना करने वाले वस्तुओं की, अकूत सम्पत्ति की, राज्य सत्ता की प्रार्थना में लगे हैं।

दरअसल हमने पश्चिम की तरह अपने मन में उनकी जीवन-शैलियों, उनके अर्थ-शास्त्र उनके प्रतिस्पर्धी विकास के पूंजीवादी नमूने (मॉडल) को अपना लिया है। आज़ादी के संघर्ष में केवल गांधी ही पश्चिमी 'नेशन-स्टेट' की अवधारणा वाली राज्य-व्यवस्था से अलग लोक-शक्ति के अभ्युदय की बात करते थे लेकिन वह नया और कठिन रास्ता था। जयप्रकाश जी ने उस का इन शब्दों में वर्णन किया है : इस व्यवस्था का जीवन-दर्शन क्या है? अपने पास जितना है उससे ज्यादा प्राप्त करो, ऊपर पहुंचो।...समाज की चोटी पर बैठे इन थोड़े लोगों के हाथ में सीमित है पूरी राजनीति, पूरी शिक्षा। सब पूंजीपति नहीं हैं, लेकिन सबको विशेष अधिकार प्राप्त हैं। भारत में यह छोटा समूह, कुछ थोड़े व्यक्तियों को छोड़कर अधिक-से-अधिक आधुनिक टेक्नोलॉजी चाहता है, अधिक उद्योगीकीकरण चाहता है, अधिक मशीनीकरण चाहता है। खेती में रासायनिक बीजों का ज्यादा से ज्यादा इस्तेमाल चाहता है। भारत में आधुनिकतावाद का यही परिवेश है।

अब एक चेहरे वाले विश्व में समृद्धि और दीनता, शिक्षा और निरक्षरता, स्वास्थ्य और रोग, उजाला और अंधेरा हमेशा के लिए बंटा हुआ लगता है। उपनिवेशवाद और पराधीनता से मुक्त हुए देश फिर पिट गए है। मनुष्य के पूरे वैभव, पूरी सर्जनात्मक उर्जा, पूरी समृद्धि और शांति की दुनिया देखने के दर्शन, अर्थतंत्र, संस्कृति, लोक-नीति के बजाए उन्होंने पश्चिम के महाबाज़ार महापूंजी, अपार-असंख्य इच्छाओं वाली जिन्दगी के पश्चिमी 'विकास का मॉडल' मन से चुन लिया है। यह दूसरी विकल्पहीन या दूसरी शरणागति है।

अच्छी और सार्थक शिक्षा के अवरोध

शिक्षा के संबंध में हमने जितने विषाद् से निषेधात्मक टिप्पणियां की हैं, उससे अधिक मुखर हम किसी भी विषय में शायद ही हुए हों, लेकिन इन सारी निषेधात्मकता और नाराज़ी के बावजूद क्या हम शिक्षा की मौजूदा व्यवस्था को बदलना चाहते हैं?

यदि शिक्षा के सम्बन्ध में हम सारी क्रांतिकारी-लफ्फाज़ी के परिणामों को देखें तो पायेंगे कि देश में एक भी ऐसा आंदोलन नहीं हुआ, जो शिक्षा के बुनियादी ढांचे को बदलने के लिए किसी बड़ी उत्तेजना, बहस या चिंता को फैलाता हो। इसके विपरीत हुआ यह है कि एक नाकामयाब शिक्षा का ढांचा इतना अधिक मजबूत हो गया है कि हमारी निंदा का सारा तार्किक आधार ही खोखला और अर्थहीन नज़र आता है। इसका क्या यह अर्थ है कि एक तरफ हम उस सामाजिक आधार को नहीं बदलना चाहते, जिसका प्रतिफल यह शिक्षा है और दूसरी तरफ यह नाटक भी चलाना चाहते हैं, जिससे हम परिवर्तन के सबसे बहादुर पक्षधर बने रहें?

शिक्षा के संबंध में यह बात गौर करने की है कि वह कोई अंधेरे में उड़ने वाला चमगादड़ नहीं है गोकि यह दुर्भाग्य की बात है कि लोग अमूमन यह तथ्य भूल जाना चाहते हैं कि वह कई तरह से बाहरी और अंदरूनी दुनिया को बदलती है या कि नेस्तनाबूद करती है। शिक्षा के संबंध में सोचते हुए प्रायः हमारा ध्यान उस जटिल प्रक्रिया की ओर नहीं जाता, जिसके अंदर समय और समाज को बनाने की प्रबल शक्ति के स्रोत छिपे रहते हैं और जिसमें हजारों किस्म के अदृश्य प्रयोजन और संकल्पों के ताने-बाने और रंग शामिल होते हैं।

हम शिक्षा के संबंध में सोचे या न सोचे, लेकिन वे लोग उसके संबंध में लगातार सोचते हैं, जो सामाजिक-चेतना और सांस्कृतिक प्रवाह को एक रंगत, एक खास किस्म की दृष्टि देना चाहते हैं। हमारे देश की शिक्षा के संबंध में यह सोचना निहायत भोलापन होगा कि हम अभी मझधार में हैं, और हमने किसी खास दृष्टि का विस्तार नहीं किया है। आज़ादी की लड़ाई के वक्त हमारे मन में गोरी दुनिया के लिए चाहे जो विचार रहे हों, लेकिन आज़ादी के बाद हम उन सारे संकल्पों से मुक्त हो गये हैं, जो गोरी दुनिया के बरक्स अपनी मौलिकता के दावे पेश करने के लिए हमें तत्परता और उत्साह दे सकते हैं। हमने यह मान लिया है कि दुनिया की लगाम गोरे

लोगों के हाथ में है, वे आधुनिक दुनिया के बनाने और चलाने वाले हैं। उनकी समाज-व्यवस्था को स्वीकार करने के अतिरिक्त हमारे पास कोई विकल्प नहीं है। इस भाव के साथ ही हमने यह भी स्वीकार कर लिया कि इस शिक्षा व्यवस्था के सिवा हमारे पास कोई विकल्प नहीं है। दरअसल समाज-व्यवस्था और शिक्षा-तंत्र को हमने इतना दृढ़ और अभिन्न बना दिया है कि रात-दिन एक भट्टी में जलकर और भी कई भट्टियां खोदने का विचार हमें न आत्मी-घाती लगता है और न राष्ट्रीय अपमान।

जिस शिक्षा की नाकामयाबियों का ब्यौरा देते हुए हम थकते नहीं है, उसकी आश्चर्यजनक कामयाबी यह है कि उसका एक पूरा तंत्र और व्यापार मंडल बन गया है। देवी-देवताओं, संतों, महात्माओं के नाम से चलाये जाने वाले स्कूल संस्थान, शैक्षणिक संस्थाएं बड़ी फीस और बड़े तामझाम के साथ उसे बेचैन बनानी वाली होड़ में फंसी हुई, प्रतिस्पर्धा तथा गैर-बराबरी की दुनिया तक ले जाती हैं, जिसे हम बाहर से गालियां देते हुए मन ही मन अलंकृत करते हैं और जो एक तरह से हमारे सपनों की दुनिया होती है। यह अनायास ही नहीं हुआ है कि देश के हुक्मरानों और नौकरशाही ने गांधी के रचनात्मक कार्यक्रमों के साथ बुनियादी शिक्षा को भी समाप्त हो जाने दिया। वास्तव में गांधी के रचनात्मक कार्यक्रम के साथ-साथ उस समाज-रचना की वापसी होती थी, जो पूर्व की मौलिक और उदार परंपराओं पर आश्रित थी। सिर्फ गांधी ने ही यह कोशिश की थी कि सामाजिक और शैक्षिक प्रयोजनों की दूसरी परंपरा आविष्कृत की जाये, लेकिन गोरी दुनिया के बड़प्पन से आतंकित तीसरी दुनिया के सत्ताधीशों ने गांधी को जल्दी ही अप्रासंगिक बना दिया। गांधी की गांवों वाली, स्वावलंबी, आत्मनिर्भर, चमक-दमक रहित व्यवस्था आज़ादी के लिए संघर्ष करने वाले, मध्यवर्गीय चित्त के नेताओं को आकर्षक नहीं लगी थी। गांधी की शिक्षा का कार्यक्रम उन सबके लिए अनाकर्षक था। दरअसल, उनकी शिक्षा 'मालिकों की मानसिकता' उत्पन्न करने में असमर्थ थी। उससे एक सीमा तक उत्पादन, श्रम और विभाजन में उलझे हुए सवाल हल होते थे। जाहिर है कि यह शिक्षा उन सारे सामाजिक प्रयोजनों को दूसरी तरह व्याख्यायित कर रही थी, जिसमें गोरी दुनिया को महत्त्व देने वाले भारतीयों की दिलचस्पी नहीं थी।

गोरी दुनिया की जद्दोजहद को डारविन ने परिभाषित किया था, उन्होंने कहा था जो महाबली हैं उन्हें ही उपनिवेशवादियों पर शासन करने का हक है। यूरोप के लोग महाबली हो गये थे और उन्हें शासन करने का प्राकृतिक अधिकार मिल गया था।

डारविन का तर्क दुनिया-भर के महाबलियों को राहत देने वाला था। हिंदुस्तान की ऊंची जातियों को, कुलीनता को, अंग्रेजी पढ़े-लिखे लोगों को, धनिकों और नव-धनाढ्यों को, अभिजात-वर्ग के लोगों को, उद्योगपतियों और अपरबलियों को हैसियत प्राप्त हो गयी थी। उनके निहित स्वार्थों को अंग्रेजों ने धक्का नहीं पहुंचाया।

जिन लोगों के उद्योग नष्ट हुए और जिन्हें सामंतों और अंग्रेजों का दुहरा जुल्म सहना पड़ा, उनमें कुलीनों और भद्र लोगों की संख्या बहुत कम थी। महाबलियों के सिद्धांत को मेकॉले ने हमारे देश में चिर स्थायी कर दिया।

मेकॉले के शिक्षा-तंत्र ने कुलीन-तंत्र की महत्त्वाकांक्षाओं को जरा सी ठेस नहीं पहुंचायी। उसने बुद्धिवादियों और अभिजात-वर्ग के लोगों को उपार्जन के ऐसे संभ्रांत रास्ते दिखा दिये, जो उन्हें नयी-प्रतिष्ठा भी देते थे और उनके कुलीनत्व को अक्षुण्ण रहते थे। यह एक तरह से असमता-मूलक सोच के लिए निर्विध्न शरण-स्थल बना।

पिछले सौ वर्षो में गोरों और गोरी दुनिया से लड़ते, और उन्हें अलविदा कहते-कहते भी हमने उनकी संस्थाओं और सोच के वर्चस्व को स्वीकार कर लिया? भारत की जिंदगी में वे हमारे रसोईघर तक पहुंच गये हैं और उनकी भाषा हमारे हृदय में अंकित है। जो मुट्ठी भर लोग देश चलाते हैं, उनके पास अपने दर्प, अपने आभिजात्य, गैर-बराबरी, अमानवीय महत्त्वाकांक्षाओं और वस्तुवादी संस्कृति के विस्तार के लिए इससे अच्छी और सार्थक शिक्षा कोई दूसरी हो नहीं सकती।

कुछ मासूम लोग सोचते हैं कि यह शिक्षा भूल-चूक से चल रही है वे ये नहीं जानते कि हमारी सरकारें, शिक्षाविदों, कुलपतियों, अध्यापकों और विद्यार्थियों के लिए यह सबसे अच्छा समय है। जब वे एक-दूसरे को लांछित करते, अपराधी ठहराते; युनिवर्सिटियों के सर्टिफिकिटों को फाड़ते-जलाते, शोषण-प्रिय स्कूलों, महाविद्यालयों और युनिवर्सिटियों को खोलने की मांग करते हैं।

हमें यह अच्छी तरह समझ लेना है कि हमारी शिक्षा किसी अंधी सुरंग से नहीं गुजर रही है बल्कि पूरी तरह स्थापित हो गयी है, क्योंकि यह उन सब प्रभावशाली वर्गों को प्रमाणिकता प्रदान करती है, जिसे इस देश में संभाव्य बराबरी वैचारिक स्वाधीनता, सहिष्णुता और मैत्रीपूर्ण सामाजिक संबंधों से भय लगता है। ये ही सब लोग सुरक्षा चाहते हैं।

शिक्षा के कुछेक मुद्दे

हिन्दुस्तान की शिक्षा के सम्बन्ध में जितनी बहस तीखी और तेज होती जा रही है उतना ही यह भय फैलता जा रहा है कि यह सब तब्दीली के क्रम को कुछ लम्बे समय तक टालने का कौशल तो नहीं है? कर्म की जगह शब्दों से काम लेना हमारा पुराना मिज़ाज है; इससे कुछ न बदल कर भी कुछ बदलने की तबियत रखने वालों में सम्मिलित हुआ जा सकता है। यह सुविधा तलाश करने वाले और यथा-स्थितिवादियों की चतुराई भी हो सकती है।

बहस सब जगह छिड़ी है और तब्दीली की मांग सब तरफ से है, सब तरह के मन वालों की तरफ से, और सब तरह की--इस सब के बीच से ही तब्दीली आने वाली है--एक पुराने, मध्यवर्गीय-स्वार्थों को मजबूत बनाये रखने वालों के बीच से उपनिवेशवादी ढांचे को तोड़कर, जिसके प्रशंसकों की कमी नहीं है, जिसकी कम-ज्यादा उपयोगिता को स्वीकार करने वालों की संख्या काफी है और जिसके समानान्तर कोई क्रांतिकारी शिक्षा की विकल्प-योजना देखने को नहीं मिलती। वैसे तब्दीली के सम्बन्ध में वक्तव्य देने वालों के निराश मन की स्थिति का अन्दाजा इसी से लगाया जा सकता है कि परीक्षा-केन्द्रित शिक्षा का सब कहीं विरोध है और परीक्षा है कि हटाये नहीं हटती--ठीक उसी तरह की परीक्षा है; छूरे, चाकू, हत्या, सामूहिक नकल, कॉपियां की चोरी और प्रश्न-पत्रों की बिक्री और अन्त में डिग्रियों की फाड़-तोड़ के उपरान्त भी; जो पचास वर्षों से अधिक हुए चली आ रही है; उतनी ही दरबारी शान शौकत के साथ, तामझाम में बैठी हुई; एक पूरे शैक्षिक लवाज़में के साथ; सब कुछ प्रकट होते हुए भी गोपनीयता के सारे अन्दाज़ लिये। इसलिये यह भय है कि इस समय जो फिर शिक्षा के रूप और प्रकृति को बदलने की बहस छिड़ी है वह केवल कर्म की उग्रता को शान्त करने के लिए ही तो नहीं है। राज्य-पुरुष तब्दीली के लिये लगभग अधीर ही हैं और हिन्दुस्तान का सत्ता-कामी राज-पुरुष जब अधीर होता है और वाचलता दिखाता है तब यह संदेह किया जा सकता है कि वह विरोध को निरर्थक करने की पहल हो सकती है; इधर-उधर के फेरबदल के बाद मूल रूप में यथास्थितिवादी को बराबर रखने की।

इसी तरह की एक बहस उदयपुर में हुई थी; हुई तो वह थी एक भव्य और

खर्चीले अत्याधुनिक होटल में। काफी खर्चीली तबियत के लोग उसमें आमंत्रित थे; ऐसे लोग जिन्हें 'शिक्षित-आभिजात्य' कह सकते हैं। लगभग सभी फर्राट अंग्रेजी में बोलने वाले और एक खास किस्म की उदासी के कारण क्रान्तिधर्मियों जैसे लगने वाले भी। इस आभिजात्य की रुचियों का मनोवैज्ञानिक अनुसंधान तो मैंने नहीं किया है लेकिन जो अनुभव कर सकता हूं उससे यह निष्कर्ष निकालना कठिन नहीं है कि इस वर्ग की दिलचस्पी और रुढ़ियां उस रूमानी संस्कार वाले वर्ग से मिलती-जुलती हैं जो प्रेम-सम्बन्धों में खुलापन और गैर-ज़िम्मेदारी, समाज रचना में प्रतिस्पर्धा और अर्थ-सम्बन्धों में क्रूरता, गोपनीयता और वैशिष्ट्य के समर्थक हैं। इस वर्ग का एक लक्षण यह भी है वे सामान्य हिन्दुस्तानी नहीं लगते और जो संस्था इस आभिजात्य को दूर-दूर के सैर-सपाटे कराती है और इनके शरीर-मन के स्वास्थ्य की चिन्ता करती है –'लेसले सहानी' फोरम–उसका शायद निगूढ़ प्रयोजन भी यह हो सकता है कि वह देश की महत्त्वपूर्ण समस्याओं पर विचार करने के लिये एक ऐसे तरुण और महत्त्वाकांक्षी आभिजात्य को तैयार करें जो समस्याओं को एक रूमानी क्रांतिकारी अन्दाज़ तो दें लेकिन उन्हें आम आदमी से न जुड़ने दे यानी उन्हें 'हिन्दुस्तानी मोर्चे' पर न आने दे।

जो, हो, 'लेसले सहानी' फोरम ने हिन्दुस्तान की शिक्षा पर विचार करने के लिये कुछ लोग बुलाये थे–सभी आयु के स्त्री-पुरुष; जिन्हें मिलाने वाली अंग्रेजी भाषा थी। इनमें से चार को उदयपुर की एक महत्त्वपूर्ण संस्था–सेवा मंदिर ने आमंत्रित किया था। बहस का विषय था–"हिन्दुस्तान की शिक्षा को बदलने का दायित्व किसका?" भाग लेने वाले शिक्षा-विशेषज्ञ थे–डॉ. प्रेम कृपाल, श्रीमती कमला चौधरी, डॉ. अमरीक सिंह, श्री वी.वी. जॉन। बहस का विषय उत्तेजक था और वक्तागण भी कीर्ति निःशेष हुए लोगों में नहीं थे इसलिए आमंत्रित श्रोताग्रण आश्वस्त थे कि समय वाचाल लोगों के बीच नहीं गुज़रेगा और न वैचारिक मुद्दों को गोल-मोल वक्तव्यों के बीच एक अंधेरी-गुफा से दूसरी अंधेरी गुफा में धकेल दिया जायेगा। कम से कम सवाल के वैचारिक-पक्ष को मार नहीं दिया जायेगा और उन लोगों को चिन्हित किया जायेगा जिनकी कट्टरता, वर्ग-स्वार्थ, व्यक्तिगत महत्त्वाकांक्षा के कारण व्यापक तो क्या छोटी-मोटी तब्दीलियां तक संभव नहीं हो पा रही हैं। लेकिन दुःख है कि इस बहस में बेशुमार शब्द खर्च हुए और ये शिक्षा-विशेषज्ञ सामान्य मुद्दों के अतिरिक्त किसी भी तथ्य को नहीं खोल सके–विशेषतया उस विषय के तथ्य को जिस पर बहस होनी थी। प्रेम कृपाल जैसे शिक्षा की बारीकियां समझने वाले विशेषज्ञ ने भी जब यह कहा कि शिक्षा के परिवर्तन लाने का दायित्व 'समाज' का है तब मेरे जैसे कई लोगों के मन में यह संदेह पैदा होने लगा कि 'समाज' जैसे व्यापक और निर्गुण शब्द को काम में लेकर वे बहस को केवल 'चालू मुहावरे' में बदल रहे हैं। मेरे लिये यह समझना

नितान्त कठिन था कि भारत जैसे विशाल देश में 'समाज' चाहते हुए भी शिक्षा-नीति, पाठ्य-क्रम, शिक्षा-विधि, इम्तिहान की प्रणालियों में क्या तब्दीली ला सकता है? प्रेमकृपाल जी क्या यह नहीं जानते कि इन दिनों शिक्षा-नीति का प्रत्यक्ष सम्बन्ध समाज से कितना-सा रह गया है और यह भी कि वह वर्ग कौन-सा है जो थोड़े से लचीलेपन को शिक्षा-नीति का अंग नहीं बनाना चाहता क्योंकि उससे उनके खुद का, उनकी जाति का और उनके वर्ग का प्रभुत्व टूटता है? यह बात दूसरी है कि वे यह न कहना चाहते हों। इसके बाद श्रीमती कमला चौधरी और अमरीक सिंह जी बहुत-सी बातें करते रहे, सूचना की दृष्टि से महत्त्वपूर्ण किन्तु बहस के मूल विषय से दूर। बी.वी.जान बहस करने वालों में सबसे अधिक चतुर कहे जा सकते हैं जो शब्द-लाघव और श्रोता की तबियत को जोड़ने की कोशिश करते हैं और अमूमन ज्यादा कुछ न कहकर भी सबको तृप्त कर देने का कौशल जानते हैं। वे अंग्रेजी का सबसे अच्छा उपयोग करते हैं और श्रोता उन्हें क्षमा भी कर देते हैं चाहे वे विषय पर कम बोलें लेकिन बोलते रहें। उन्होंने परिवर्तन की जिम्मेदारी प्रेमकृपाल जी की तरह समाज पर नहीं, व्यक्ति पर स्थिर की। 'समाज' ही की तरह 'व्यक्ति' एक निर्गुण और लगभग निरर्थक शब्द है क्योंकि वह कोई हैसियत नहीं रखता। केवल पांच वर्ष में एक बार मत देता है और राज्य पुरुष चुनता है फिर पांच वर्ष तक निःशेष होता रहता है। वी.वी.जॉन से अधिक इस सत्य को कोई नहीं जानता कि उन जैसे प्रखर बुद्धि व्यक्ति उम्र भर शिक्षा की तब्दीली में, लिखकर, बोलकर, प्रशासक रहकर भी लगभग कुछ भी नहीं कर सके। प्रेमकृपाल जी की तरह वी.वी. जॉन भी यह न कहना चाहते हों कि तब्दीली को कौन रोके हुए है तो यह बात दूसरी है अन्यथा सब कोई जानते हैं कि परिवर्तन की शक्ति कहां है और वह प्रभावशाली रूप में क्यों काम नहीं कर रही है? आखिर शिक्षा इस तरह अनुपयोगी और आदमी का मनोबल तोड़ने वाली क्यों हो गई है?

इस तरह की निराकार, निराकृति बहसें हम खूब करते हैं—शिक्षा, साहित्य, धर्म, राजनीति को लेकर तो अनेक कभी-कभी पूरी नाटकीयता के साथ, कभी-कभी जानबूझ कर सार्थक मुद्दों को काटने के लिए और कभी-कभी झूठ-मूठ के मुद्दों को लेकर, जिससे परिवर्तन की प्रतिक्रिया मन्द और कठिन हो जाये और यथास्थिति की क्रूरता को बनाये रखना सरल हो। फिर भी यह बात कुछ कम महत्त्व की नहीं कि इस सारी अव्यवस्था के बीच शिक्षा को बदलने की एक सार्थक मांग है—एकदम सगुण और उचित जिसे अबतक ऊंची जाति, ऊंचे पद और वेतन तथा सत्ता-कामी लोग अपने स्वार्थों की सुरक्षा के लिए अधूरे मन से स्वीकार करते रहे हैं।

शिक्षा में तब्दीली की यह सार्थक और सगुण मांग मुझे एक बुनियादी सामाजिक परिवर्तन की मांग से भी जुड़ी लगती है जो इन दिनों देश में कुछ उग्र हो गयी है

और ऐसी आबो-हवा में भी उग्र होती जा रही है जिसमें अमूमन न तो कोई हलचल होती है और न कोई प्रतिक्रिया। मैं यह नहीं कहता की धुंध हट गयी है और न यही कि कोई प्रखर सामाजिक दर्शन जन्मा है जिसे व्यवहार में लाने के लिए क्रांतिकारी शिक्षा की मांग की जा रही हो। मैं केवल एक हल्का प्रतिवाद देखता हूं, एक नाराज़गी और अनुमान लगा सकता हूं कि किसी समय वह अन्याय के सभी मोर्चों पर संघर्ष का रूप ले सकती है। लोहिया जी ने बहुत ठीक कहा था, ''हमारी शताब्दी बड़ी क्रूर और बेरहम है। इसमें इतना अत्याचार होता है कि जितना दुनिया में कभी नहीं हुआ लेकिन हमारी शताब्दी की खूबी यह भी है कि मनुष्य पहली दफा सभी अन्यायों के साथ लड़ रहा है।''

अन्याय का कौन-सा रूप है जिसके खिलाफ मैं कुछ लोगों को बाजारों में और कुछ को शिक्षालयों में एक साथ नाराज़ होता देख रहा हूं? अन्यायों की कोटि में शायद 'असमता' सबसे क्रूरतम अन्याय है और उसके विरुद्ध लड़े जाने वाला संघर्ष सबसे ज्यादा रोमांचकारी और पश्चाताप रहित। मुझे लगता है कि बहुत धीरे-धीरे ही सही 'असमता' के विरुद्ध एक व्यापक नाराज़गी का सिलसिला शुरू हुआ है जो विश्वविद्यालयों और शिक्षा के उच्च संस्थानों में फैलता जा रहा है। शिल्स जैसे समाजशास्त्री नाखुश हैं कि इस देश के विद्यार्थी 'फुटकर शिकायतों' के खिलाफ विद्रोही हैं लेकिन सवालों की जड़ तक नहीं जाते। उनकी अप्रसन्नता ठीक भी है लेकिन हिन्दुस्तान के इतिहास और प्रकृति को वे जानें तो न अधिक निराश होंगे न नाखुश। शताब्दियों से दरिद्र, मायूस, रुग्ण, नियतिवादी, सत्ता-लोलुप सामन्तों की क्रूरता और ऊंची जात वालों के अहंकार को उठाने वाला देश समता के लिए थोड़ा बहुत लचीलापन दिखाये तो बड़ी बात है। वही यह बड़ी बात है जो मुझे नज़र आती है—यद्यपि एकदम साफ और उग्र रूप में नहीं, प्रायः हिंसात्मक व्यवहार में बंटी हुई, प्रायः एक फुसफुसाहट के रूप में—एक बेचैन फुसफुसाहट कहना उचित होगा।

वस्तुतः स्वतन्त्रता के बाद वाले पच्चीस वर्ष हमारी बेचैनी के वर्ष रहे हैं विशेषतया इसलिए कि हमने एक विशिष्ट आचरण वाले हिन्दुस्तान की कल्पना की थी जो धीरे-धीरे मिटती रही और वहीं स्थिर, कट्टर और जाति हितों में बैठा पुराना हिन्दुस्तान बनने लगा। वह निराशा की स्थिति थी और इस स्थिति से उबरने की कोशिश में सारे हिन्दुस्तान में मतलब-बेमतलब उत्पात, हिंसा होती रही जिसकी सत्ता ने उपेक्षा और भ्रमपूर्ण व्याख्यायें कीं और उस 'तब्दीली की बेचैन आकांक्षा' को मुट्ठी भर लोगों की शरारत कहकर दफना दिया। सरकार के पक्ष में यह एक निरन्तर सिलसिला है—अब तक भी। हिन्दुस्तान में फैली असमता और कट्टरता के पक्ष में आज भी रोष प्रकट हो—जो कई बार विश्वविद्यालयों में होता है तो सत्ता केवल क्रूर होती है और अक्सर ऐसे प्रयत्न होते हैं जिससे कोई प्रश्न सार्थकता ग्रहण न करें

कम-से-कम ऐसा कोई भी प्रश्न जो यथास्थिति, गरीबी, जात, दिल की कृपणता और कट्टरता को तोड़ें। हिन्दुस्तान के विश्वविद्यालयों से यह आशा थी कि वे आज़ादी के तुरन्त बाद समतावादी और आधुनिक हिन्दुस्तान को बनाने की 'बेचैन और सार्थक आकांक्षा' को मूर्त्त रूप देंगे लेकिन वहां के उपकुलपतिगण और दूसरे बड़े लोग सत्ताधीशों से भिन्न मन रखने वाले नहीं निकले, वे उसी वर्ग और जात के निकले जिनका पुराने हिन्दुस्तान में दबदबा रहा। अच्छे भविष्य की कल्पना करना उनके मिज़ाज में नहीं है। तब? कहां जाये आदमी? किस खौफनाक भविष्य के जबड़े में?

लेकिन इधर हिन्दुस्तान का नया लड़का धीरे-धीरे विद्यार्थी आन्दोलनों की रूमानी भूमिका से अलग होता जा रहा है। वह शिक्षा की तब्दीली का सवाल नौकरी से जोड़ता है, वह शिक्षा-प्रतिष्ठानों में उच्च पदों पर बैठे लोगों की आपसी खींच-तान जानता-समझता है; जिस शिक्षा के साथ उसकी पूरी ज़िन्दगी बंधी है उसकी सार्थकता तलाश करता है। यह उसकी नयी भूमिका है; उसके आन्दोलनों में यह बात स्पष्ट उभर कर आती हो या नहीं लेकिन उनके पीछे एक रूमानियत से अलग होकर ज़िन्दगी के यथार्थ और बराबरी की ज़मीन तलाश करने की आकांक्षा दिनोंदिन साफ़ नज़र आती जा रही है। अब शिक्षा में केवल अवसरवादी फेरबदल कर यथास्थिति रखना कठिन है—लेकिन मैं नहीं जानता कि शिक्षा को तब्दील करने और नयी नीति बनाने वाले राज्य-पुरुषों को यह आवश्यकता स्पष्ट रूप से अनुभव होने लगी है या नहीं।

मैं इस क्रम में एक दूसरे मोह से मुक्ति भी देखता हूं। मैं देखता हूं कि हिन्दुस्तान का फिलहाल दब्बू आदमी और आज्ञाकारी विद्यार्थी कुछ बहादुरी दिखाने लगा है और चाहता है कि उसके लिये जो भी निर्णय लिये जायें वे उसकी गैर-हाज़री में न हों। निर्णय की अंतिम स्थिति तक वह हाज़िर रहे। यह सत्ता का फैलाव है, सत्ताधीश के लिए करीब-करीब मारक क्योंकि इस तरह उसका चरित्र, उसकी बुद्धि, उसका कर्म, सब कुछ उद्घाटित होता है। इस स्थिति में अब तक चली आने वाली सत्ता की प्रकृति उलट-पुलट हो जाती है; उसकी ऊपरी मजबूती और आन्तरिक पिलपिलापन जाहिर होता है। लेकिन इस फैलाव के सिवा कोई रास्ता नहीं है—यद्यपि इसको कट्टरतापूर्वक रोकने वालों की संख्या भी कम नहीं है। हिन्दुस्तान के विश्वविद्यालयों अथवा अन्य उच्च शिक्षण-संस्थानों के सत्ता-सामन्तों का यह गर्व ही उन्हें जीवित रखता है कि अन्त में निर्णय तो प्रशासक को ही लेना है। हिन्दुस्तान में हर जगह एक निर्णय लेने वाला होता है जो दूसरों के लिए निर्णय लेता है। घर में यह हैसियत पिता को मिली है, स्कूल में प्रधानाध्यापक को, कॉलेज में आचार्य को, विश्वविद्यालय में उपकुलपति को। वे सब बहस करवाते हैं लेकिन गर्व वही 'अन्त में जिम्मेदारी प्रशासक की है'—यह गर्व क्योंकि अप्रजातांत्रिक है, निर्णय भी अप्रजातांत्रिक होते हैं और उस

व्यक्ति के गैर-हाज़री में जिसके साथ उसका गहरा सम्बन्ध है। मेरे ख्याल से 'गैर-बराबरी' को तोड़ने के क्रम में सत्ता के पुराने स्वभाव की कट्टरता और आसक्ति तोड़ना जरूरी होगी। हमारे देश में यह अन्तर्विरोध सहसा ही समाप्त होने वाला नहीं है जिसके चलते सत्ता टूटे भी और सत्ता-सामन्त ऐसा आसानी से होने दें। सत्ता की नीयत पर संदेह करना, उसे अधिक लोगों में बंटने देना, और जात, पद, वेतन की आसक्ति को तोड़ना आनन्ददायक कर्म है क्योंकि वह समता की तरफ चलता है। शिक्षा में तब्दीली लाने की मांग अनिवार्यतः सत्ता के सारे स्वभाव की पुनर्रचना है जो हिन्दुस्तान में एकदम नयी किन्तु आवश्यक शुरुआत है। शिक्षा में तब्दीली लाने वाले लोग उच्च वंशीय, सम्पत्तिशाली और अंग्रेजी पढ़े लिखे हैं। हिन्दुस्तान के उच्च-शिक्षा-प्रतिष्ठानों का रूप उच्च सत्ता-प्रतिष्ठानों से मिलता-जुलता है। मैं सोचना चाहता हूं कि हिन्दस्तान में शिक्षा की तब्दीली को लेकर जो मांग उठती है उसे 'मुट्ठीभर' लोगों की मानसिक विकृति या 'राजनैतिक पार्टियों की महत्त्वाकांक्षा' कहकर उपेक्षा करने की हमारी प्रकृति बदले और हम यह समझने लगें कि पुरानी धुंध और अंधेरे के रहते भी जो बातें तेजी से स्पष्ट होती जा रही हैं उनमें से दूसरी बात यह है कि शिक्षा में परिवर्तन की मांग एकदम सामयिक ही नहीं है बल्कि उसकी गहराई का दूसरा आयाम है सत्ता का फैलाव, अधिकाधिक निर्णयों में अध्यापक विद्यार्थी की साझेदारी और शिक्षा के लक्ष्यों की कट्टरता या जड़ता को तोड़ना।

तीसरी बात भी है जो इन दिनों विद्यार्थियों और जवान अध्यापकों का ध्यान आकर्षित कर रही है। वस्तुतः यह मूल की बात है और पुरानी थी—जिसे एक तरह से पुराना वायदा भी कह सकते हैं। पुराना वायदा यह था कि हिन्दुस्तान के स्वतंत्र होते ही शिक्षा का लंदन से आयातित ढांचा टूट जायेगा। यह केवल भावेश ही नहीं था बल्कि एक स्वतंत्र हुए राष्ट्र की अपनी यथार्थवादी भूमिका तलाश करने का उपक्रम था। इसकी शुरुआत हो चुकी थी—बुनियादी तालीम के रूप में। किन्तु आज़ादी के बाद वाले वर्ष 'वंध्या शिक्षा' के वर्ष निकले। लंदन की भूमिका के साथ, वाशिंगटन की भूमिका जुड़ी। शिक्षा विश्लेषकों ने इसे 'शिक्षा में नव उपनिवेशवाद' का फैलाव माना। अमेरिका से हिन्दुस्तान के लिये न केवल गेहूं ही आया, शिक्षा के लिये पुस्तकें, शिक्षा-विशेषज्ञ, स्कूल-भवन के नमूने, प्रशासन की शैलियां, यात्राओं की सुविधायें आयातित हुईं। यह नये हिन्दुस्तान की तबियत मारने वाली दिशा थी। मैं रत्तीभर भी यह नहीं सोचता हूं कि शिक्षा के लिये खुले अन्तर्राष्ट्रीय वातायन मुंद जाये, और न मैं यह सोचता हूं कि शिक्षा अतीतोन्मुखी होकर पुराने वंश-वर्ग, देश या कुल-गर्व से जुड़ जाये। मैं केवल यही प्रस्तावित करना चाहता हूं कि एक उपभोक्ता की भूमिका—जिसे पिछले पच्चीस वर्षों में हिन्दुस्तान ने स्वीकार किया—नाराज़गी पैदा करने वाली ही नहीं नकलचियों की भूमिका थी और राजनैतिक कारणों से तृतीय श्रेणी

की भूमिका भी। हिन्दुस्तान के राज्य-पुरुषों की अनिच्छा के बाद भी यह सवाल शिक्षालयों के द्वारा उठाया जा रहा है कि उनकी शिक्षा को उत्पादक की भूमिका मिलने के दिन आयेंगे या नहीं? इस सवाल की सार्थकता यह है कि 'एक गोरी मुद्रा' का अहंकार–जो असली अध्यापक के लिये बिल्कुल जरूरी नहीं है–टूटेगा। शायद हो कि इस टूटन से देश की राजनीति भी बदले।

हिन्दुस्तान जैसे गरीब देश में 'शिक्षा विलास' की बात कोई नहीं सोच सकता–इन दिनों पुरानी पढ़ाई 'शिक्षा-विलास' के सिवा कुछ नहीं रह गई है और इसलिये धड़ाधड़ यह वक्तव्य आ रहे हैं कि शिक्षा को व्यवसायोन्मुखी बनाये जाने की चिन्ता राज्य-पुरुषों का मन बांधे है। लेकिन मैं पहले तो यही शक करता हूं कि उनका मन वस्तुतः चिंताग्रस्त है या कि वह केवल एक चिंता की मुद्रा है। यदि वैसा हो भी तो क्या शिक्षा परिवर्तन का बुनियादी सवाल तय मान लिया जायेगा।

शिक्षा को दो बातें करनी होगी। एक ज़िन्दगी के तत्काल मुद्दों से जोड़ना और दूसरे सारी ज़िन्दगी के साथ–शरीर, मन, साहित्य, संस्कृति और जो कुछ भी सार्थक है उसके साथ मेल बिठाना। मैं समझता हूं शिक्षा को जो केवल इस नौकरी या उस नौकरी से जोड़ रहे हैं वे केवल एक आवश्यक काम कर रहे हैं और बुनियादी सवाल टाल रहे हैं। शिक्षा के परिवर्तन का हमारे देश में बुनियादी सवालों से जोड़ना पड़ेगा जो मैंने इस लेख में उठाने की कोशिश की है और वे हैं (क) एक गैर-बराबरी कायम रखने वाले समाज को बराबरी की दिशा में कैसे लाया जाये (ख) पुराने हिन्दुस्तान से ब्राह्मण, शूद्र, स्त्री-पुरुष, धनाढ्य-निर्धन, अंग्रेजी पढ़े-लिखे और देशी जुबानों के जानने वालों के बीच की घेरे बन्दी कैसे तोड़ें? (ग) सत्ता के कठोर और कुंठित स्वभाव को उदार और साझेदारी वाले स्वभाव में कैसे परिवर्तित करें (घ) शिक्षा को हिन्दुस्तानी बनाने के क्या उपाय करें और (च) शिक्षा को विलास से बचाकर आनंदकारी रूप में कैसे ढालें।

बहुत जल्दी ही इन प्रश्नों के उत्तर देने पड़ेंगे ये जो बुनियादी प्रश्न हैं।

शिक्षा : लोक और अभिजन की तकरार

लोक-कथाओं ने अभिजनों की संस्थाओं, व्यवस्थाओं और अभिरुचियों की जमकर खिल्ली उड़ाई है और समान्तर आलोचना-विमर्श तैयार किया है। लोक-साहित्य में यह तनाव इतना ज्यादा खुला और व्यक्त है तब भी साहित्य के 'शालीन पंडितों' और 'समीक्षकों' ने इस तरफ नहीं देखा है और न इस 'निम्न कोटि के साहित्य' को सामाजिक संरचना के आधारभूत सबूतों की तरह शामिल किया है। इसलिए यह तकरार नज़र नहीं आती। जहां कहीं नज़र आती है वहां काव्य-शास्त्र को विनोद और रस की मंजूषा मानने वाले इसे 'शाश्वत-साहित्य' से पृथक कर देते हैं।

यह बात ध्यान देने जैसी है कि लोक-कथाओं में सम्पूर्ण जीवन और उसकी परंपरा पर निडर होकर रोशनी डाली गयी है। जहां जो सौन्दर्यविहीन है, जिन्दगी का विनाश करने वाला या संतुलन को नष्ट करने वाला हैं वहां उसका उपहास है, कोई-न-कोई घमंड तोड़ने वाली वक्रोक्ति या अन्योक्ति-कथन है, कोई चतुराई भरा संवाद या श्लोक है, आकाशवाणी या अभिशाप है। गहन दार्शनिक विषयों पर शास्त्रार्थ है या सनातन प्रश्नाकुलता।

लोक-साहित्य का मिज़ाज़ एक निर्द्वन्द्व आलोचक की तरह है जो यह मानता है कि कहीं भी और किसी के अन्तःपुर में झांकना-ताकना गैर-वाजिब नहीं है। सामाजिक, धार्मिक, आर्थिक और किसी भी किस्म की गैर-बराबरी के सीमान्तों पर निगहबानी करना और वहां खड़े परम नैतिक और धर्म-प्रवीण थानेदारों के अहंकार की धज्जियां उड़ाना उसकी प्राथमिकता में शामिल है।

अपनी स्थापना के समर्थन में मैं आपको केवल दो लोक-कथायें बता देता हूं जो अपने समय के महापंडितों का मान-मर्दन करने के प्रसंग में है। शिक्षा के दुर्लभ अधिकार को पाकर मदांध कुलीन जितने इतराये-बौराये फिरते हैं उनका नशा उतारने के लिए पूरा गांव-समुदाय मिलकर शास्त्रार्थ का खेल रचता है और केवल भयभीत करने वाले मनोविज्ञान से इतराते काशी-प्रशिक्षित पंडितों का नूर उतार देता है। कथा में यह ईर्ष्या दंश उस शिक्षा-व्यवस्था को लेकर भी है जिसके चलते सिर्फ अभिजन या कि कुलीन ही शिक्षित होते हैं और अधिकांश दबे-कुचले लोग हाशिए पर बैठे अपने-अपने परंपरागत नीरस व्यवसाय से जिन्दगी चलाते-चलाते मर जाते हैं। अवसर

न मिलने और सामाजिक गैर-बराबरी की तकलीफों, प्रतिहिंसा के तनावों को सहते हुए वे इन कथाओं के जरिए उन पोथी-पंडितों की हेकड़ी उतार देते हैं जो शास्त्रों का नीरस ज्ञान और आडम्बर ढोते-ढोते बूढ़े बैल हो जाते हैं।

चलिए, अभिजात्य और शिक्षा के दंभ को एक अनोखे जनतांत्रिक अंदाज से तोड़ने वाली इस लोक-कथा को पढ़ें। युवक आदित्य प्रकाश अपने नगर ब्रह्मपुर लौट आया था। उसने काशी के पंडितों से शिक्षा ग्रहण की थी जिसका उसे गर्व भी था और गौरव भी। अब जैसे अमेरिका या यूरोप के किसी देश से लौटा कुलीन व्यक्ति किसी-न-किसी बहाने, बात करते-करते वहां के ऐश्वर्य के वर्णन से परितृप्त होता नज़र आता है, आदित्य भी किसी-न-किसी प्रसंग से काशी की अद्वितीयता के वर्णन में रम जाता है। वह साथियों को अपनी योग्यताओं, वाक्पटुता और शास्त्रार्थों के वृत्तान्त बताते हुए यह कहना नहीं भूलता कि उसने विश्व प्रसिद्ध पुस्तकों को इतनी बार छुआ, देखा और पढ़ा है कि उनकी आकृतियों से उनका नाम बता सकता है।

ब्रह्मपुर के जन-पद में यह प्रसिद्धि फैली हुई थी कि आदित्य प्रकाश पुस्तक की आकृति से उसे पहचान जाते हैं। इस प्रसिद्धि ने अहंकार और आत्मश्लाघा के शिखर छू लिए थे। पास के प्रीतिपुर वाले इन दर्पोक्तियों से थक गये थे। उन्होंने निश्चय किया कि वे काशी के युवा पंडित को मात देंगे। प्रीतिपुर की तरफ से कहला दिया गया कि यदि उनकी पुस्तक को पं. आदित्य प्रकाश चीन्ह लेते हैं तो वे ब्रह्मपुर नगर के बीचों-बीच आदित्य के बाबा पं. ललित नारायण की मूर्ति स्थापित करेंगे। हारने पर प्रीतिपुर की पाठशाला में आदित्य पांच वर्ष तक पढ़ायेंगे। दोनों पक्ष सहमत हो गये।

निश्चित हुए दिन एक विशाल गाड़ी पर 'तिलकाष्ठमहषिबन्धनम्' नामक महाग्रंथ रेशमी वस्त्र में सजाकर रखा गया। इस विशाल गाड़ी को तीन बैलों की जोड़ियों से खींचा जा रहा था। इधर से शास्त्रार्थ के लिए तैयार किये गये रवीन्द्र भारती की गाड़ी के आगे चल रहे गांव वाले जय बोलते जा रहे थे।

उधर आदित्य अपने जनपद में प्रसिद्धि विस्तार के लिए अत्यन्त उत्साहित थे। जिस तरफ से ग्रंथ लेकर गांव वाले आ रहे थे उधर वे बार-बार देखते, कुछ कदम चल कर जाते और लौट आते। कुछ दिन चढ़ने पर उन्होंने दूर धूल उड़ती देखी और जय-जयकार सुनी। थोड़ी देर में उन्हें गाड़ी और जन-समूह दिखाई दिया। कुछ अचंभे के साथ उन्होंने तीन जोड़ी बैलों से खींची जाने वाली गाड़ी देखी। उन्हें कुछ-कुछ ऐसा लगा कि उसमें जैसे कोई ग्रंथ रखा हो। आदित्य एक क्षण को भय-कम्पित हुए लेकिन फिर साहस के साथ सभास्थल पर पहुंच गए।

आदित्य नारायण दरअसल मन-ही-मन हार चुके थे। गाड़ी पर रखे विशाल ग्रंथ को, जिसे तीन पुष्ट बैलों की जोड़ी खींच कर ला रही थीं, दूर से देखकर ही आदित्य

भय और अवसाद से घिर गये थे। वे उस महाग्रंथ का नाम नहीं बता सके; जिसका कोई नाम था ही नहीं। वह तो प्रीतिपुर वालों ने काशी से आये इस स्नातक (ब्राह्मण) की हेकड़ी खत्म करने के लिए अपनी प्रत्युत्पन्नमति (कुशाग्र बुद्धि) से तिल के डंठलों को सजा कर भैंस के जेवड़ों से बांध 'तिलकाष्ठमहषिबंधनम्)' नाम दिया था।

इस तथ्य को मैं दुहरा दूं कि जीवन के विभिन्न पक्षों की निगहबानी करने के लिए लोक ने कोई अटल सिद्धांत या सूत्र न बनाये हों लेकिन अपने हितों की निगरानी करने की दक्षता उसने निरन्तर दिखाई है। शिक्षा के बारे में लोक की यह जागरूकता विलक्षण है। किस मुद्दे पर लोक ने अभिजन से तकरार नहीं की है? लेकिन प्राथमिकता लोकमंगल पर विस्तार की, 'बहुजन हिताय-बहुजन सुखाय' की है। इधर शिक्षा की बात करें तो शास्त्र-ज्ञान के विरुद्ध दुनिया के काम आने वाली सुमति के पक्ष में लोक-कविता ने जबरदस्त दस्तक दी है। कबीर ने उबाऊ 'पोथी ज्ञान' के बरक्स दुनिया का 'आंखों देखा' ज्ञान शिरोधार्य किया है और संकीर्ण संस्कृत-कूप-जल के बजाए बहते भाषानीर से अपनी कविता का तर्पण। लोक ने पंडिताऊ दुरभिमान का मौका मिलते ही प्रतिवाद किया और 'भोले भावों' की रचना करने वाली जन-शिक्षा का समर्थन। विश्वविद्यालयों के 'तकनीकी ज्ञान' की खिल्ली उड़ाती यह लोक-कथा आपको जरूर हमारे पुराने समय के अन्तर्द्वन्द्व के बीच से गुजारेगी और लोक-पक्ष की विदग्ध आलोचनात्मक दृष्टि के गहरे बोध की जानकारी देगी।

ये श्रीधर शास्त्री हैं, कुलीन ब्राह्मण और काशी के शिक्षित-स्नातक। कई शास्त्रार्थों के विजेता। काशी-निवास करते हैं और शास्त्र अनुमोदित मार्ग पर चलते हैं। इस समय श्वसुर-घर जा रहे हैं। कोई गाड़ी, घोड़ा, पालकी या रथ श्रीधर के पास नहीं है। कई बीहड़ जंगलों को पार करते जाना पड़ेगा शास्त्रीजी को। बहरहाल, अब तक तो कोई कष्ट नहीं आया था लेकिन अब एकदम सामने मृत गधा पड़ा है, शायद, मरे हुए दिन-दो-दिन हुए हों। शरीर फूल गया है, दुर्गंध के कारण सांस लेना कठिन है। चारों तरफ घेर कर बैठे गिद्ध और कौवे लाश को लेकर भयानक उपद्रव कर रहे हैं।

क्या करें श्रीधर शास्त्री?

क्या कहता है शास्त्र? शास्त्र कहता है शव का दाह-कर्म करो। श्रीधर शास्त्र निर्देश का पालन करेंगे। वे गधे को उठाकर सम्मानपूर्वक श्मसान तक ले जाने की कोशिश में लग गये। लाख कोशिश करने पर भी भारी गधा टस-से-मस न हुआ। शास्त्री इस प्रयत्न में थक गये। अब क्या कहता है शास्त्र?

कहता है कि शरीर में सबसे महत्त्वपूर्ण सिर है। उसका दाह कर्म करो। लेकिन गधे का सिर कहां है? इस असमंजस में उन्हें मृत गधे की गरदन काटने का निश्चय

किया। तेज धार वाले किसी शस्त्र के न मिलने के कारण गरदन काटने का काम भी नहीं हो सका। श्रीधर चिंता में पड़ गये। सहसा ही जैसे बिजली कौंधी हो उन्हें शास्त्र-वचन याद आया कि आंख ही रोशनी का केंद्र है इसलिए सिर न हो तो आंख से भी काम चल सकता है। किसी तरह किसी भी क्रूरता से मरे हुए गधे की आंख निकालकर श्रीधर शास्त्री ने दाह संस्कार किया। अब उन्हें यह चिंता सताने लगी कि वे 'भद्र' नहीं हुए हैं। यानी उन्होंने न तो सिर का मुंडन कराया है न मूंछें, दाढ़ी मुंडवाई हैं।

किसी तरह वे गांव के एक नाई को ढूंढ सके जिसके भोथरे उस्तरे से उन्होंने अपने सिर के बाल मुंडवाए और मूंछें, दाढ़ी साफ करवाई। मार्ग में पवित्र नदियों के घाटों पर वे गधे की आत्मा की शान्ति-प्रार्थना करते रहे जो बिचारा जीवन भर दूसरों के लिए बोझ ढोने-उठाने के लिए अभिशप्त रहा। जो हो, गधे की आत्मा को शान्ति मिली या नहीं यह विवादित है किन्तु श्रीधर की आत्मा को अवश्य शान्ति मिलती रही।

यों दो-तीन दिन की यात्रा करते थके-हारे 'भद्र' (लोक शब्द 'भदुदर') हुए श्रीधर शास्त्री किसी एक सुबह ससुराल के गांव के सीमान्त पर नज़र आए। तभी शौचादि के लिए उनकी साली ने उन्हें देखा-पहचाना। जीजाजी के आने की खुश-खबरी सुनाने के लिए वह फुर्तीली युवती अपनी मां और जीजी के पास पहुंची। जो वर्णन उसने किया उसमें जीजाजी के 'भद्र' होने का भी था। जाहिर है कि श्रीधर शास्त्री की सास और पत्नी को उनके किसी निकट प्रियजन की मृत्यु के कोई पूर्व समाचार न होने से केवल अंदाज लगाना ही संभव था। तब भी उन्होंने जामाता के आने से पूर्व रोना-धोना और दारुण शोक प्रदर्शन शुरू कर दिया। परंपरानुसार आसपास की स्त्रियां भी आ गईं जिन्हें कोई बात मालूम नहीं थीं और न मालूम करने की इच्छा।

इधर जामाता श्रीधर शास्त्री ससुराल पहुंच गये। वे थोड़े चकित होकर अपने बैठने के लिए उच्च स्थान ढूंढने लगे। जामाता के स्वागत के लिए जो शास्त्रोक्त वर्णन उन्होंने पढ़ा था उसमें लिखा था 'उच्च स्थानेषु पूज्येषु' यानी पूज्य के लिए उच्च स्थान आवश्यक है। उन्हें जल्दी ही घास की ऊंची गंजी नज़र आ गयी वे उसी ऊंचे और पूज्य स्थान पर जा चढ़े और तब तक बैठे रहे जब तक उचित स्थान की व्यवस्था नहीं कर दी गई।

रात हो चली थी। गांवों में सूर्यास्त के बाद रात जल्दी आ जाती है। श्रीधर शास्त्री जल्दी ही शयन-कक्ष में पहुंच गये। उनके पहुंचने के बाद उनकी रूपवती पत्नी शीलभद्रा वहां पहुंची। रूप की उस दीप-शिखा को देखते ही श्रीधर शास्त्री मन-ही-मन वह सुप्रसिद्ध उक्ति दुहराने लगे 'रूपवती भार्या शत्रु' यानि रूपवान भार्या दुश्मन होती है। तब वे क्या करें? कुरूप बनाने के क्रम में उन्हें उसे एक आंख कर देने का उपाय

सूझा। लेकिन 'एकाक्षी कुल नाशनी' यानी एक आंख वाली वंश डुबो देगी—यह शास्त्र-वचन याद आया। इधर शीलभद्रा को पति के कलुषित भाव समझने में देर न लगी। वह क्रूद्ध सिंहनी की तरह छलांग लगाकर श्रीधर को अकेला छोड़कर चली गयीं और लौटकर 'एकाक्षी' और कुरूप होने के लिए कभी नहीं लौटी।

दुर्भाग्य से हमारी शिक्षा अभिजात्य वर्ग की जिस खुशामद करने वाली परंपरा से जुड़ी है वह उन जीवन-मूल्यों से भी जुड़ी है जिसमें संशय करना, बोलना, मूल्यों का प्रतिसंसार रचना मना है। लेकिन आप लोक-साहित्य को बोलते, तकरार करते, लोक-व्यवहार के सुरुचिपूर्ण मूल्यों के पक्ष में खड़े होने की निर्भीकता को देखेंगे तो दंग रह जायेंगे।

धर्म और हिंसा

धर्म और हिंसा में क्या सम्बन्ध है? क्या धर्म में ऐसे नज़र न आने वाले भाव हैं जो हम में हिंसात्मक उत्तेजना भड़का देते हैं? यदि ऐसा नहीं है तो क्या धर्म रक्षा के लिए असंख्य बार लड़े गये धर्म-युद्ध और असंख्य बार हुआ नर-संहार अकारण कहा जाना चाहिए? क्या सारे धर्म-युद्ध हिंसात्मक मनोरंजन हैं—ऐसा निष्कर्ष निकालना ठीक होगा? यदि वे किसी उच्च भाव की रक्षा के लिए लड़े गये हैं, लड़े जा रहे हैं या कि लड़े जायेंगे तो वे उच्च और दिव्य भाव क्या थे, हैं, या होंगे? हम जब चाहें तब मनुष्यों को मक्खियों की तरह मारने का खेल तो नहीं खेल सकते हैं।

ध्यान से पढ़ें, देखें तो धर्म-ग्रन्थों में शौर्य का भाव, उत्तेजना, मर मिटने की आकांक्षा स्पष्ट रूप से पढ़ने को मिलती है। यह भी लिखा है कि नारायण नर का अवतार लेकर अधर्मियों का संहार करते हैं। गीता का बहु-उद्धृत श्लोक इसी तरह का भावोत्तेजना से लिखा गया है—जब-जब धर्म के विरोध में असाधुजन आन्दोलन का झंडा उठाते हैं और साधुजनों को सताने लगते हैं तब-तब मैं साधुजनों की रक्षा करने के लिए और असाधुजनों को दृष्कृत्यों का दंड देने के लिए आता हूं। त्रेता में राम और द्वापर में कृष्ण आये उन्होंने दुष्टों का संहार किया। वे संहार का संकल्प लेकर जन्मे थे। उनके अपने-अपने शस्त्र थे, राम धनुषधारी थे और कृष्ण के पास सुदर्शन-चक्र था। कौन साधुजन थे और कौन असाधुजन जिनकी रक्षा और जिनका संहार करना आवश्यक हो गया था इसका केवल अनुमान ही लगता है। कोई निश्चित पहचान नहीं है। कृष्ण के समय में उनके मामा ही कंस शक्ति-केंद्र थे और उनका वध हुआ। क्या वे ही असाधु थे? कुरु-कुल के युद्ध में कृष्ण अर्जुन के सारथी रहे, सुदर्शन चक्र का एकाधिक बार ही उपयोग किया। एक बार भीष्म की तीरन्दाजी से विक्षुब्ध होकर और एक बार शिशुपाल के शिरोच्छेदन के लिए। लेकिन युद्ध के लिए उकसाते रहे। मेरा स्मरण कर और युद्ध कर (मामनुस्मर युद्ध च)। केवल कहा ही नहीं, युद्ध निश्चित किया। युद्ध करूं या नहीं—अर्जुन के इस संशय, दुविधा को धिक्कारते और विनाश का भय बताते रहे—संशयात्मा विनश्यति। युद्धस्थली कुरूक्षेत्र को धर्म का क्षेत्र बताया गया। दिनकरजी ने डॉ. हजारी प्रसाद द्विवेदी के हवाले से कृष्ण के दो रूपों का उल्लेख किया है मूलतः तो वे युद्धकुल के श्रेष्ठ रत्न हैं, वीर

हैं, राजा हैं, कंसारि हैं। रसेस्वर राधावल्लभ वाला दूसरा 'रूप अपेक्षाकृत नवीन है'। अंत में कृष्ण का यादव-वंश आपस में कलह में नष्ट हो जाता है। द्वापर का कृष्णावतार क्या केवल कुरु-कुल के असाधुजनों और अपने ही कुल के संहार आयोजन के लिए हुआ था? जो भी कारण रहा हो, लेकिन इतना तो स्पष्ट है कि धर्म अपनी सारी सौम्य घोषणाओं और करुणापूर्ण कथनों के उपरान्त भी कहीं-न-कहीं विरोधी, प्रतिपक्ष, चिन्हित करता है जिसे वह शस्त्र-शक्ति से दबाता है तब हिंसा भी वैध-शक्ति के रूप में समाज को स्वीकार होती है। यह हिंसा धर्म-संस्थापना के लिए की जाती है। जो करते हैं और प्रतिपक्षी शत्रुओं का संहार करते हैं वे 'हत्यारे' नहीं 'धर्म संस्थापक' होते हैं। जीत कर वे राज-सुख भोगते हैं; मर कर स्वर्ग जाते हैं। सारे युद्धों को महान् और अपरिहार्य सिद्ध करने के लिए उन्हें धर्म-भावना से प्रेरित, और बताया जाता है। प्रत्येक युद्ध में धर्म-भाव शामिल होता है।

त्रेता का रामावतार किन दुरात्माओं का संहार करने के लिए हुआ था? शिक्षकों, गुरुओं के आश्रमों की गरिमा और यज्ञादि को भ्रष्ट करने वाले कुछ असामाजिक तत्त्वों को समाप्त करने के लिए या कि सारी सुख-सुविधाओं से सम्पन्न लंकापुरी और उसके शिवभक्त स्वामी रावण का वध करने के लिए? ध्यान से देखते तो राम के महान् शत्रु तो परशुराम होने चाहिए थे जिन्होंने इक्कीस बार पृथ्वी को क्षत्रिय विहीन कर दिया था और पिता की आज्ञा का पालन करके माता का वध कर दिया था। बाद में सीताहरण करने वाला रावण बुराई का और राम अच्छाई का प्रतीक हो गये। रावण दहन जिस धार्मिक उल्लास से सम्पन्न होता है उसमें धार्मिक उदात्तता का अनुभव कम और प्रतिहिंसा का भाव ही प्रमुख हो जाता है।

देखने की बात यह है कि त्रेता-द्वापर की धर्म-हिंसा बाहर के धर्मों से नहीं है। यह हिंसा अपनो के बीच है, धर्म-सम्प्रदायों के बीच है। अपने-अपने सम्प्रदायों के देवताओं, विश्वासों की श्रेष्ठता को लेकर है। क्या यह अपनों के बीच का तनाव एक ही तरह की उपासना-पद्धति, या कि कर्मकांड विकसित करने की दिशा में था? दुनिया के बड़े धर्मों के छोटे-छोटे टुकड़े हुए हैं। इन छोटे-छोटे सम्प्रदायों में मुकम्मिल विभाजन के पूर्व बड़ी हिंसा और रक्तपात हुआ है। सारी-दुनिया को करुणा का संदेश देने वाले ईसा के अनुयायी-आपसी कलह में जूझते, लड़ते मरते प्रोटस्टेंट और केथोलिक्स में बंटे। लोकतंत्र के बेहतरीन आदर्शों का उदाहरण प्रस्तुत करने वाला इस्लाम फांकों में बंट कर शिया-सुन्नियों के भीषण युद्धों का कारण बना। बुद्ध की अहिंसा के मर्मज्ञों ने हीनयान-महायान सम्प्रदायों में विभाजित होने का निश्चय किया। जैन धर्म नाना मार्गों में, पंथों में बंटता चला गया। हिन्दूधर्म अनेक देवी-देवता, धर्म-सम्प्रदायों, लोक-विश्वासों, दार्शनिक-विमर्शों में बंटा है। जब से धर्म-बंटवारे हुए तब से लगाकर आज तक धर्म-सम्प्रदायों के बीच तीव्र मतभेद, हिंसा, दमन, निन्दा, मुकदमों,

धमकियों का सिलसिला जारी है। धर्म-गुरुओं के अलग-अलग मठ-मंदिर, अखाड़े, पहलवान, निजी अर्द्ध-सैनिकों के दल, अकूत चल-अचल सम्पदा, प्रभावशाली प्रभु-वर्ग की भक्त मंडलियां कई प्रकार के तनाव पैदा करतीं और उत्पात मचाती रहती हैं। एक ही धर्म-संघ के अनुयायियों में आपसी कलह, चरित्र-हनन, कुप्रचार, हमले और दुर्घटनाओं का दुष्चक्र चलता रहता है।

एक ही धर्म के टुकड़े क्यों होते हैं और उनके बीच वैमनस्य और कड़वाहट की आग क्यों धधकती है इस पर विचार करना बहुत आवश्यक हो जाता है। इसका सामान्य-सा कारण धर्म का 'सम्पत्ति' में बदल जाना है जिससे मुनाफा कमाया जा सके। जिसके मिथक, प्रतीक, बिम्ब, अवधारणायें कर्मकाण्ड के रूप में व्यवस्थित किये जा सकें और जिनकी श्रेष्ठता बताकर मृत्यु के बाद स्वर्ग-नरक का सौदा किया जा सके। यह सुनने में अच्छा न लगे लेकिन 'धर्म' की अवधारणायें 'वस्तुओं' की तरह खरीदी-बेची गयी है। एक प्रसिद्ध ईसाई संत स्वर्ग के टिकिट बेचने का उद्योग चलाते रहे। बोहरा जमात के धर्म-गुरु अपने अनुयायियों से कई तरह की ज़कात (वसूल) करते हैं। दुनिया भर के ईमाम फ़तवे जारी करते हैं और धन-संचय के रास्ते निकालते हैं। यह कम अचरज की बात नहीं है कि तपस्या, त्याग तथा वैराग्य का उपदेश देने वाले और भगवान की शरण में बैठे हिन्दू धर्माचार्य समान्तर सरकारें चलाते हैं और अपने दुष्कृत्यों को छिपाने के लिए अबाध संरक्षण का सरकारों पर दबाव बनाते हैं। धर्म-गुरुओं के पास बेहिसाब धन, जमीन, अनुयायियों का आज्ञाकारी वोट-बैंक और राजनैतिक पार्टियों का प्रत्यक्ष-अप्रत्यक्ष समर्थन है। एक प्रतिस्पर्धी समाज में धर्म-संगठनों का तात्विक और नैतिक स्वरूप बिखर गया है और वे सत्ता सम्पदा के केंद्र हो गये हैं।

धर्म के साथ सबसे बड़ी कठिनाई यह है कि उसके बाहरी कोण इतने नुकीले होते हैं कि वे उसकी आन्तरिक रचना और सौन्दर्य को देखने ही नहीं देते। धर्म का इसलिए जो रूप नज़र आता है वह लौकिक ही होता है; वह ढांचा, कर्मकांड, उदास सी आकृति, पहचान बनाने की कोशिश। दरअसल धर्म एक समान आचार-विचार का ढांचा बनाने का प्रयत्न करता है जो मनुष्य या स्त्री को सामुदायिक पहचान देता है और उसे यह विश्वास दिलाता है कि यही उसकी श्रेष्ठतम पहचान और अनुपम उपलब्धि है। इसी धर्म के ढांचे को उठाये-उठाये वह अपना जीवन बिता देता है। इसे एक शालीन शब्द भी दिया गया है—व्यवस्था। प्रत्येक धर्म का बाहरी आचरण 'व्यवस्था' से निर्धारित होता है।

लेकिन धर्म अपने मौलिक रूप में ढांचा, कर्मकाण्ड या एक निश्चित व्यवस्था और आज्ञा, फतवा विरोधी होता है यही उसका सौन्दर्य भी है। इसी 'आत्मा के आदेश' पर चल कर वह अपने इर्द-गिर्द जमी धूल झाड़ लेता है और नयी ऊर्जा का

संचार करता है। विश्व के सारे धर्मों ने बगावत के रास्ते तलाश किये हैं और जोखम की सीढ़ियां चढ़ी हैं। सारे 'धर्म', 'आत्मानुभव', 'आत्मा की आवाज़', 'आत्मा के दीप' बनकर प्रतिष्ठित हुए हैं और उन्होंने पूरी तरह, पूरी तेजस्विता के साथ 'ढांचावाद' की निरर्थकता और निस्सारता प्रमाणित की है। धर्म और व्यवस्था के बीच की टकराहट और अन्तर्विरोध धर्म को अप्रतिष्ठित करता हुआ एक संगठन तैयार करता है और व्यवहार-जगत् के बीच अपने को स्थापित करता है। व्यवस्था आत्मानुभवों की मौलिकता अद्वितीयता, स्वायत्तता का खंडन करती हुई अपना अनुशासन कायम करती हैं। एक हद तक व्यवस्थायें मनुष्य के विवेक और निर्णय लेने की स्वतंत्रता का हनन करती है। उसे वे एक बना-बनाया निर्णय मुहैय्या कराती हैं जिसमें वह शामिल न होकर भी शामिल होता है। लेकिन निर्णय लेने की पेचीदगियों से बचने के कारण राहत का अनुभव करता है। धर्म-व्यवस्था उच्चतम जीवन-मूल्यों को भुलाने का प्रयत्न करती है जिनकी धर्म बार-बार याद दिलाता है। धर्म और धर्म-संगठनों के बीच यही खींचतान चलती रहती है। धर्म मनुष्य की वास्तविक 'बीज शक्तियों' की व्याख्या करता है; जो वैश्विक और विकासमान हैं। वे जीवन-रचना के तात्विक रूप को देखती है।

इस प्रसंग में हम भारतीय धर्म को देखें जिसका आग्रह संगठन या व्यवस्था पर नहीं सत्य की अनंतता पर है। जिसकी रस-भूमि स्थान, काल, व्यक्ति नहीं है अखिल-निखिल ब्रह्माण्ड है। जिसके प्रार्थना-सूत्र सब के हित की कामना करते हैं। (सर्वभूत हितेरताः) और धर्म किसी कर्म-कांड में बंध कर नहीं श्रेष्ठ मानवीय गुणों में व्याख्यायित होता है–धृति, क्षमा, दमोस्तेयम्, शोचम्, इन्द्रिय निग्रहम्, धी, विद्या, सत्यम्ऽक्रोधम् दशकम धर्म लक्षणम्। धर्म के लोकतंत्र की पोषक होने के कारण भारतीय मनीषा न कोई धर्म-ग्रन्थ रचती है, न प्रार्थना, न कोई आधारभूत नित्य-कर्म न उपासना पद्धति, न निश्चित व्याख्याकार। प्रार्थना के सारे प्रतीक, रूपक, नैतिक, निर्मल सृष्टि की स्थापना करते हैं–असतो मा सत गमयः तमसो मा ज्योतिर्गमय, मृत्योर्मा अमृतम् गमयः। (मुझे असत्य से सत्य की ओर, अंधेरे से ज्योति की ओर, मृत्यु से अमरत्व की ओर ले चल।) छः दार्शनिक-पद्धतियां जीवन-यथार्थ पर विमर्श करती हैं और मनुष्य के सर्वोच्च हित की स्थापना करती है जो भेदातीत है। बार-बार यह कहा जाता है–सर्वे भवन्तु सुखिनः, सर्वे सन्तु निरामयः (सब सुखी हों, सब रोग रहित हों); कोई एक भी दुखी न हो। हिन्दू-धर्म की ऐसी उदात्त और कलुष रहित घोषणायें बार-बार हुई हैं तथा उनके प्रति अपनी निष्ठा उजागर करते अनेक जनान्दलनों ने प्रतिबद्धता निभाई है। छठी व सातवीं शताब्दी में शंकराचार्य ने अद्वैत-दर्शन से समता के महान् सिद्धांत का प्रतिपादन किया। सब में ब्रह्म है (सर्वम् खल्विंद ब्रह्म) 'तोमें, मोमें, खड्ग, खंभ में सब जग रहा समाई।' समतावादी इस

महाअभियान को कबीर जैसे अनेक संतों ने प्राण-प्रण से समर्शन दिया। बीसवीं शताब्दी के अंत तक भी गांधी ने 'सत्य को ही ईश्वर कहा और माना।'

देखने की बात यह है कि इन्हीं शान्त, उदार, समतावादी धर्म-सूत्रों में से वह समाज व्यवस्था निकलती है जो नितान्त अमानवीय, अलोकतंत्रवादी और समता के सारे सपनों को ध्वस्त करती है। धर्म और धार्मिक व्यवस्था के अन्तर्विरोध इतने भयावह हैं कि वे धर्म की सारी उदात्त स्वीकृतियों को अविश्वसनीय बना देते हैं।

यह कहना अत्यंत कठिन है कि हिन्दू धर्म-व्यवस्था वर्ण और जाति की अवधारणा कैसे निर्मित करती है और उसे कैसे जन्म के साथ जोड़ती है लेकिन वह निराशा, थकान, रोष, प्रभुत्व के जटिल मनोविकार पैदा करती है और हिंसा, अपराध, तनाव, मान-अपमान के सैकड़ों कारण बनाती हैं। हिन्दू-धर्म व्यवस्था का यह स्थायी-भाव है। जाति प्रथा के चलते हिन्दू-समाज की ऊपरी शान्त और मनोरम व्यवस्था अन्दर से धधकती रहती है और बार-बार जातीय-दंगे, लूट-पाट, अपराध और हत्या, राष्ट्रीय -सम्पदा के अपरिमित नुकसान का कारण बनता है।

सामाजिक-संगठन का यह हिन्दू-रूप धर्म ने स्वीकृत नहीं किया है। लोक ने 'आत्मा सो परमात्मा' कहकर धर्म को अलौकिक ऊंचाई तक पहुंचा दिया है। 'जल और कुंभ' का रूपक बांध कर कबीर 'ब्रह्म और जीव' के सम्बन्ध को समाज की अद्‌भुत इकाई के रूप में स्थापित करते हैं 'जल में कुंभ, कुंभ में जल है, बाहर भीतर पानी; फूटा कुंभ जल-जलहि समाना यह तत् कहो गियानीं।'

दरअसल हमारे लिए धर्म और धर्म-संगठन या धर्म-संस्था या कि धर्म-व्यवस्था के अन्तर्विरोध को समझना आवश्यक है जिसकी रचना पुरोहित वर्ग करता है। अन्ततः धर्म-व्यवस्था की अनुपालना उनके वर्चस्व और जीविकोपार्जन से जुड़ जाता है। इस जीविकोपार्जन के खेल को रहस्यमय बनाने के लिए पुरोहित केंद्रीय सत्ता बना रहता है। यह सत्ता जीवन-मरण, गति-अगति, काल-अकाल, प्राकृतिक आकस्मिकताओं, दैहिक-दैविक-भौतिकताओं की भविष्यवाणियां करती है। धीरे-धीरे लौकिक-अलौकिक भय पुरोहित-वर्ग को शक्ति केंद्र बना देता है और वह छोटी-बड़ी, जीवन से लेकर मृत्यु तक की गतिविधियों का नियामक हो जाता है।

पुरोहित अपनी बौद्धिक कुशलता से धर्म की नैतिक शक्तियों को नारायणी शक्ति में बदल लेता है और स्वयं उसका प्रतिनिधित्व करता है। चमत्कार और भय उसे अपार शक्ति देते हैं। वह असंख्य अनुयायियों का आस्था-केंद्र होता है और बार-बार उन्हें धर्म विनाश का खतरा बताकर विरोधियों की हिंसा कराता है। यह हिंसा प्रत्येक धर्म-व्यवस्था को मान्य होती है।

देश और दुनिया में धर्म नहीं, धर्म-व्यवस्थायें अपने निहित स्वार्थों और वर्चस्व

को बचाने-बढ़ाने के लिए कभी अपने ही धर्म-परिवारों और कभी दूसरे धर्म-कुलों के अनुयायियों को आपस में भिड़ाती, हिंसा कराती, फलती-फूलती रहती है। ऐसे 'अंधे समय' में धर्म की नैतिक प्रतिज्ञाओं को बचाना नागरिकता का सर्वोच्च कर्त्तव्य होता है।

हिन्दू धर्म की उदार-यात्रा

जिस जगह हम आ गये हैं वहां से यह देखना मुश्किल हो गया है कि किन मूल्यों को बचा लेने से हम देश और देशवासियों को बचा लेंगे, इस प्रसंग में प्रायः सभी यह पश्चाताप करते हैं कि वे समय की बंजर ज़मीन पर खड़े हैं, लेकिन कोई भी ठीक से यह नहीं जानता कि देश की ज़मीन को उर्वरक बनाने के लिए किस किस्म के बीज बोने की आवश्यकता है। इस घटाटोप से मुक्त होने के लिए हमें सचाई के साथ यह सवाल पूछना चाहिए कि क्या हम अपने समय से बहुत परेशान हैं? क्या इस समय की ख़ुशियों में से एक भी खुशी हमारी नहीं है या कि किसी भी समय के उद्वेगपूर्ण सवालों और अंतर्विरोधों के उत्तर तुरंत ढूंढ निकाले गए हैं?

लेकिन एक बेचैन शताब्दी के लोग कई मिज़ाजों के होते हैं। बहुत से होते हैं जो समय के कई अन्यायपूर्ण मोर्चों पर खड़े रहते हैं और परिवर्तन की आशा लिये जीते हैं। बहुत से चालाक लोग समय की छोटी-मोटी उथल-पुथल की निंदा करते हुए एक भी सुख-सुविधा से वंचित नहीं रहना चाहते। बहुत से लोगों को व्यतीत हुए समय की याद आती रहती है और वे उन्हीं दिनों की रूमानी तस्वीर अपने दिल से लगाये रहते हैं। ऐसा कई कारणों से होता है, हो सकता है कि हमारे व्यतीत हुए समय में दो-चार सुख के बीज रहे हों या हो सकता है कि वर्तमान की उठा-पटक को सहन करने की हमारी शक्ति चुक जाये या कि हमें वर्तमान में बड़े होने, बढ़ने से डर लगने लगे।

कुछ भी हो, लेकिन समय के संबंध में यह बात ध्यान देने की है कि वर्तमान के साथ हमारे रिश्ते हमेशा आशंका, असुरक्षा और दुविधा से घिरे रहेंगे, लेकिन व्यतीत हुए समय के साथ ऐसा नहीं होगा। उसे हम भावुकता और श्रद्धा की दृष्टि से देखेंगे क्योंकि वह हमारे लिए न तो चुनौतीपूर्ण होगा और न उसका हमारे पक्ष-विपक्ष में कोई परिणाम निकलेगा। यदि हम सावधान न रहे तो वह तिलस्म की तरह हमें बांधे रहेगा और छलेगा भी खास तौर पर उस समय जब हमारे पास नयी सोच के लिए रास्ते बंद हों और औपनिवेशक संस्कृति का दबाव बना हो।

हमारे जैसे प्राचीन देश में अतीतानुराग के लिए बहुत-सी जगह है क्योंकि उस प्रतीक पर हम अपने और विदेशी लोगों से सम्मान हासिल करते रहे हैं जबकि आज

हमारे पास गर्व करने जैसा कुछ भी नहीं है और गोरे लोगों ने हमारे मन की दुनिया जीत ली है। इस धुंध में ही हमें पुराने भारत की वे दूध की नदियां, वर्णाश्रम धर्म जैसी सामाजिक व्यवस्था, विलासी राजाओं का राजसी और नृशंसा ठाठ, आश्रमों में दी जाने वाली गुरुओं की शिक्षा और विश्वमैत्री की उदारतापूर्ण भावनाओं की याद आने लगती है। हम में से बहुत से अतीत की वापसी चाहने लगते हैं।

यह वस्तुतः एक ही तरफ देखना है और न केवल काल के आगे बढ़ने का नज़रअंदाज करना है, बल्कि उस समय में रहे अंतर्विरोधों, अभावों और कष्टकर प्रसंगों को जानबूझ कर भूल जाना है।

बहुत पुराने समय में राजगुरु द्रोणाचार्य के पुत्र अश्वत्थामा को दूध के बदले आटे का घोल पिलाने का वृत्तांत मिलता है। संदीपन गुरु के आश्रम में भूखे सुदामा ने कृष्ण के कलेवे में से कुछ सामग्री चुरा कर खा ली थी। तपोनिष्ठ ऋषियों के चित्त किशोरी अप्सराओं पर मुग्ध होते रहे। सूर्य, चन्द्रमा, आकाश से उतर कर अविवाहित कुंती और विवाहित अहिल्या से काम-क्रीड़ा कर लौट गये।

हमारे जीवन-प्रवाह के हजारों प्रसंग एक-दूसरे के विपरीत, एक आचरण की विसंगति को काटते दूसरे अधिक तर्क संगत आचरण की स्थापना करते मिल जायेंगे, एक कट्टरता का निषेध करती करुणा और एक उदार परंपरा की जगह लेती, दूसरी कट्टरतावादी परंपरा के उदाहरण इस तरह घुल-मिल गये हैं कि हम भारत को 'परंपराओं का महासंगम' भी कह सकते हैं।

अपनी भौगोलिक और जलवायु की विलक्षणताओं के अनुसार भारत ने अपनी धार्मिक पहचान बनाने के लिए एक भी बाहरी आचार-व्यवहार पर मुहर नहीं लगायी और न किसी एक परंपरा के बोझ को अपने कंधों पर उठाया। केवल भारत के लोगों ने ही परंपराओं के अंतर्विरोधों का दबाव सहा है। यह सही है कि बार-बार उसका मुकाबला हुआ है। यह बात गौरतलब है कि भारत में जो भी हिंदू राजनीतिक पार्टियां किसी एक धर्म या किसी एक परंपरा का नाम लेती हैं उनके पास एक भी सर्वमान्य धर्म-ग्रंथ या आचार-संहिता या कि उपासना स्थल नहीं है?

यह मानना कठिन है कि यदि पूर्वजों ने इच्छा की होती तो वे कोई निरापद धर्म-ग्रन्थ नहीं लिख सकते थे या कि किसी सर्वमान्य आचार-संहिता का प्रचार करने में असमर्थ रहते। वे मेधावी और पंडित थे, लेकिन वे समय के आर-पार भी देखते थे, काल की सनातन गति को जानते थे। वे हठी और मताग्रही-आचार्य की तरह नहीं बल्कि एक वैचारिक की तरह काल-निर्मिति के और लोक-मन के विविध पक्षों को पहचानते थे उन्हें यह अनुमान था कि किसी जाति का मन धार्मिक-स्मृतियों से नहीं बनता बल्कि उन संवेगों, अनुभवों और विचारों से बनता है जो विश्व के अंदर और बाहर होने वाले घटना चक्रों से जुड़े होते हैं। विचारों की वैश्विक-सत्ता पर

उनका विश्वास था।

जो लोग हिंदुस्तान के आशिक हैं वे इसलिए नहीं कि वहां पूर्वजों के लोकाचरण और व्यवहार पर मुग्ध होने और श्राद्ध करने की भावुक परंपरा है, बल्कि इसलिए कि वहां विचार की श्रेष्ठता को स्वीकार करने का साहस है। यह बात विचार करने योग्य है कि हमारी पूरी धर्म परंपरा लौट-लौट कर वैचारिक आधार क्यों ढूंढती है? सत्यान्वेषण के लिए दार्शनिकों और तपस्वियों ने शरीर सुख को बार-बार अस्वीकार क्यों किया है?

लगभग दो हजार वर्ष पहले विकट संदेहों से घिरे अर्जुन के जिन प्रश्नों की कृष्ण ने मीमांसा की थी वह विचार की अंतिम और अनासक्त यात्रा थी। महाभारत में उपस्थित हुए कृष्ण काल और मनुष्य-मन के गहन रिश्तों के व्याख्याकार हैं। वे फल की चिंता न करते हुए कर्म के समर्थक हैं। यह स्वाधीन रहने का सबसे बड़ा विचार है। यह विचार हमें इतना पसंद आया है कि गीता को तिलक, गांधी, विनोबा, अरविंद सहित देश के लाखों-लाख लोगों ने धर्म-ग्रंथ जैसा आदर दिया है।

हमारे लिए यह चिंता की बात है कि हमारा मिज़ाज और हमारी बौद्धिक परंपरा अंध-निष्ठाओं और धर्म के बाहरी रूपाकारों के पक्ष में नहीं है। तब भी हम सहसा अपनी आस्थाओं के लिए किस्म-किस्म की बाहरी और अतार्किक रूपों की तलाश और स्थापना के लिए सब तरह की, यहां तक कि राजनीतिक, कोशिश में क्यों लगे हैं?

यह तथ्य अच्छी तरह समझ लेना चाहिए कि बाहरी प्रतिमानों की स्थापना का विचार हमें काफी आकर्षक नहीं लगा है और पूर्वजों ने उसे कभी महत्त्वपूर्ण बनाने की चिंता नहीं की। जिन लोगों ने यह समझा कि धर्म के बाहरी प्रतिमान देश के लोगों में प्रगाढ़ मित्रता पैदा करते हैं उनसे मुसलिम तथा ईसाई देशों की आपसी कलह और कटुता छिपी नहीं होगी। अब भी दुनिया में ऐसे युद्धों की कमी नहीं आयी है जो समान धर्मबीजों और समान धार्मिक प्रतिमान वाले देशों के बीच लड़े जा रहे हैं।

जिस धर्म को भारत के लोगों ने स्वीकार किया है उसे 'सनातन धर्म' कह कर बड़ा बना दिया है। यह विशेषण उसे सारी संकीर्णताओं से मुक्त करने की कोशिश में है। इससे धर्म के सारे अभिप्राय पारिभाषित होते हैं। एक निरंतरता का भाव उन गुणों को विकसित करने पर जोर देता है जिनका संबंध हमारे तत्काल को लांघ कर विराट से जुड़ जाता है।

अंदर की दुनिया सनातन है इसलिए हम बारंबार उसी को संबोधित करते हैं। उसी के क्षय को रोकना चाहते हैं। उसी को संस्कारित करना चाहते हैं। अंदर की दुनिया बचाने का अर्थ है धैर्य, क्षमा, बुद्धि, विद्या, सत्य, अक्रोध जैसे दुर्लभ मानवीय

गुणों को बचाना। यही धर्म के लक्षण हैं, 'धृति, क्षमा, दमोऽस्तेयं, शौचम्, इंदिय-निग्रह, धी, विद्या, सत्यमूऽक्रोध दशकम् धर्म लक्षणं।' ध्यान देने की बात है कि ये बाहरी प्रतिमान नहीं है; किसी एक जाति के भी नहीं हैं और निरन्तर विकसित होने वाले हैं। जो धर्म मानवीय गुणों के आधार पर विकसित होगा उसका कोई बाहरी रूप नहीं हो सकता। न व किसी स्थान, काल की मर्यादा या कि रुढ़ियों से छोटा हो सकता है।

एक हिंदू का अंतर्द्वन्द्व यह है कि वह बाहरी प्रतिमानों से मुक्त होने पर गर्व करता है। लेकिन वह लगातार यह कोशिश भी करता है कि अपनी बाहरी पहचान के चिहून या लक्षण बताता गिनाता चले। जब-जब वह बाहरी एकता पर बल देता है, कट्टर हो जाता है, लेकिन जब वह बाहर से अंदर की ओर जाता है उसका रूप बदल जाता है; वह नरम, दुनिया का दोस्त और उदार होता है। डॉ. लोहिया ने लिखा था कि कट्टरता और उदारता का चक्र बार-बार चला है अपने समय में गोडसे और गांधी कट्टरतावादी और उदारतावादी परंपराओं के प्रतिनिधि रहे हैं।

तब भी एक हिंदू के लिए अपनी बाहरी पहचान सिद्ध करना हमेशा मुश्किल होगा। जब-जब वह आंतरिक शक्ति और मनुष्योचित गुणों के विकास का दावा करेगा वह कम कट्टर और ज्यादा लचीला हिंदू होता जायेगा।

मैंने एक बार काशी नरेश के गुरु से पूछा था कि बाहरी लक्षणों और चिहूनों के अभाव में वे 'हिंदू' किसे कहेंगे? उन्होंने कहा कि हिंदू होने का सर्वमान्य लक्षण 'परमात्मा, परलोक और पुनर्जन्म' में विश्वास है। लेकिन हिंदुओं में नास्तिकों की संज्ञा कम नहीं है।

हिंदू धर्म का बाहरी ढांचा बनाने की चिंता दरअसल एक राजनीतिक चिंता है; एक किस्म का मनोवैज्ञानिक डर है जो दूसरे धर्मों के विस्तारवादी स्वरूप से पैदा हुआ है, लेकिन यह सोचने की बात है कि जिस धर्म के बीज तात्विक जिज्ञासाओं के मूल तक जाने में निहित हैं उसका बाहरी आचार-शास्त्र या कि बाहरी प्रतिमान किस सीमा तक उपयोगी होंगे? तब हम उसे अपने मूल स्वभाव और जातीय चेतना के आधारों पर अलग नहीं कर देंगे?

उदाहरण के लिए जिसे हम 'हिंदू धर्म' कह रहे हैं और चिंता कर रहे हैं कि वह खतरे में है और यह भी कि उसे बचाना चाहिए तब दरअसल हमारी चिंता क्या है? क्या खतरा है? हिन्दू धर्म का कौन-सा तत्त्व, कौन-सा रूप नष्ट होने वाला है?

एक सरल-सा उत्तर तो शिवाजी के समय भूषण ने दिया था—शिवाजी की प्रशंसा करते हुए कवि ने लिखा था कि आपने 'कांधे पै जनेऊ राखी, माल राखी गर में' बहुत से लोग इसे ही दुहरा रहे हैं।

लेकिन देखना यह है कि इस उत्तर की प्रासंगिकता क्या है? किसने किस पर

आक्रमण किया है? क्या हमारी शताब्दी का संकट 'जनेऊ और गले में माला' का है? क्या यह संकट की बहुत उथली पहचान नहीं है?

किन्ही धर्म-समूहों से डरना या उन्हें डराना दोनों का धार्मिक नहीं मनोवैज्ञानिक तथा आर्थिक उपचार और उपाय ढूंढना आवश्यक है।

हम धर्म को चाहे जितने आग्रह से 'हिंदू बनाना चाहें और बाहरी प्रतिमानों की कैद में बांधें तब भी कामयाबी मिलने वाली नहीं है क्योंकि वह हमारी उस वैचारिक यात्रा का निषेध है जो सहस्रों वर्षों से हमने की हैं।

हिंसा की बढ़त

इन दिनों हिंसा की बढ़त हमारी केंद्रीय चिन्ता का विषय है। समृद्ध होती अरब-खरबपतियों की बढ़ती हुई तादाद और ऊंचाइयों के सपने देखते हुए आत्ममुग्ध मध्यवर्ग को हिंसा की फैलती हुई आग की लपटों से डर लगने लगा है। इस डर और संकट की वज़ह से ही वे सब समाजशास्त्रियों, अर्थशास्त्रियों, राजनीतिज्ञों, धर्माचार्यों, तान्त्रिकों, ज्योतिषियों और अपने शुभ चिंतकों से यह पूछने में लगे हैं कि हिंसा क्यों बढ़ रही है? दुःख की बात यह है कि वे यह मानने के लिए तैयार नहीं हैं कि इसका मुख्य कारण वे ही हैं। वे उन रोशनी के द्वीपों में हैं जिनके चारों तरफ अंधेरा और उदासी है।

एक अघाये हुए और भूखे समाज का अंतर पूरी तरह आंकड़ों से समझ में नहीं आता और शायद आंकड़ों के इसी कांइयांपन से विक्षुब्ध होकर किसी अर्थशास्त्री ने झूठ के तीन प्रकारों में आंकड़ेबाज़ी को भी गिना है। उसने कहा है झूठ तीन प्रकार के होते हैं 'झूठ, तिन्तात झूठ और आंकड़ेबाज़ी (लाईज, डेम लाईज एण्ड स्टेटिसटिक्स) तब भी हमें विश्वसनीय विकल्प के अभाव में आंकड़ों पर विश्वास करना पड़ता है और हम पाते हैं कि भारतीय समाज में अस्सी प्रतिशत लोग बीस रुपया रोज़ की आमदनी पर जी रहे हैं। इतने सारे वंचित लोग अपने व्यर्थ के जीवन से निराश होते हिंसा की तरफ लौटते हैं, छीना-झपटी करते हैं, सार्वजनिक सम्पदा को नुकसान पहुंचाते हैं। इस कुकर्म करने का अधिकार किसी को नहीं है। तब भी कुकर्मों के विरोधी व्याख्याकारों ने व्यथित होकर हिंसा के पक्ष में झुकता वक्तव्य दिया है। कहा है—''विभुक्षितम् किम् न करोति पापम्'' (भूखा आदमी कौन-सा पाप नहीं करता?) अहिंसा के समर्थन में खड़ा होना उस समय कुछ अपराध जैसा लगने लगता है जब सारी दुनिया असमानताओं के हजारों हिस्सों में बंटी हो और मनुष्य के पास अपने होने का अर्थ जानने के लिए आत्महत्या या दूसरों की हत्या करने के अतिरिक्त कोई विकल्प न बचा हो। गैर बराबरी की व्यवस्थायें हिंसा, उपद्रव, सार्वजनिक सम्पदा के प्रति अनादर की भावना या घृणा के सिवा दूसरा कोई भी भाव पैदा नहीं कर सकती है।

इस समय यदि देश के विचारवान लोग गैर बराबरी के साथ बढ़ती हिंसा की

शक्तियों को नहीं देखते, तो आने वाला समय पूरी तरह अराजकता का होगा और समाज की सारी रचनात्मक ऊर्जा संशय और शंकाओं के बीच निरर्थक हो चुकी होगी।

गांधी जी ने किसी समय एक सारगर्भित बात कही थी वह लोभ से संबंधित थी और लोभ के प्रबल विनाशकारी दुश्चरित्र की तरफ इशारा करती थी। उन्होंने कहा था कि "मैं तुम्हारी जरूरत को समझ सकता हूं लेकिन तुम्हारे लोभ को नहीं।" यह उन्नीसवीं सदी के पश्चिमी अर्थशास्त्र और पूंजीवादी तिलस्म को तोड़ने का मर्म वाक्य था जो भारतीय मन को भी प्रभावित कर रहा था। यह कोई अध्यात्म कथन नहीं था और न वैराग्य कथा का सूत्र वाक्य। यह केवल लोक-व्यवहार के उदात्त चरित्र और मानवीय रिश्तों की गरिमा बचाने का सिद्धांत था। जिसे यूरोपीय अर्थशास्त्र ने उलट कर लूट का सिद्धांत बना दिया था। इसका दायरा लोभ को उचित ठहरा कर अपने घर भरने और दूसरे को वंचित करने के स्वाभाविक अधिकार तक फैल गया था। अर्थशास्त्र के असंख्य और असीमित इच्छाओं वाले सिद्धांत को एशियाई मुल्कों ने भी स्वीकार कर लिया था। एक नयी उर्जा और प्रतिष्ठा के साथ अर्थशास्त्र हमारे मन का मालिक बन गया। आज हम जिसे उपभोक्तावाद की 'अपसंस्कृति' कहते हैं यह उसकी शुरुआत थी।

देखते-देखते अपेक्षाकृत शान्त, सहनशील, श्रम आधारित अर्थ-शास्त्र उदृण्ड, मनचला और शोषण-केन्द्रित होता गया है। इस अर्थशास्त्र का शोषण और हिंसा से कोई गुरेज़ नहीं है। धीरे-धीरे यही अर्थशास्त्र नयी अर्थ-केन्द्रित सभ्यता में बदल गया है और व्यक्तिवाद को सैद्धान्तिक समर्थन देने लगा है। इस सभ्यता को प्रेमचन्द ने 'महाजनी सभ्यता' कहा है और उसके बारे में लिखा है, "पूज्य पिताजी पितृभक्त बेटे के टेहलुए बन जाते हैं। मां अपने सपूत की टहलुई, भाई भी भाई के घर आए तो मेहमान है। इस सभ्यता की आत्मा हैं व्यक्तित्वाद।"

आज के व्यक्तिवाद और प्रेमचन्द के समय के व्यक्तिवादी आवेशों की तुलना करना निरर्थक है। यह समय सारे मानवीय रिश्तों को भूल जाने का है। गांधी के समय ऐसा लगता है कि लालच के घोड़े की लगाम मनुष्य के हाथ में है। लेकिन अब मनष्य को घोड़ा बनाकर लालच उस पर सवार हो गया है और मनुष्य की लगाम लालच के हाथ में है। लालच ने जिस वृहत् अपरिचय के वृत्त बना ये है वे मनुष्य और मनुष्य के बीच ही नहीं मनुष्य को अपने से भी अपरिचित बनाते हैं। ऐसे सघन आत्म-अपरिचय के समय हिंसा ही एक रोमांचक कर्म रह जाता है। हिंसा के जरिए ही मनुष्य अपनी शक्ति का अंदाजा लगाता पहचानता है।

हिंसा के लिए बढ़ते हुए रोमांस का इतना जुनून है कि 'अहिंसा' का काम पुलिस के महकमें के पास चला गया है। वे हिंसक, उपद्रवी भीड़ पर गोलियां चलाते

हैं या हवाई फायर करते हैं, आकस्मिक मृत्यु के आंकड़े कोई नहीं जानता। हिंसा प्रेमियों की ये दलील अहिंसा प्रेमियों को शर्मिंदा करती है कि जब तक उपद्रव, अशांति न हो, सरकारी अधिकारियों की चेतना सोई रहती है। हिंसा प्रेम में डूबे देशों और जनता की यह 'रसिकता' देखने जैसी है कि वार्षिक बजट में शिक्षा या स्वास्थ्य पर खर्च होने वाली राशि को देखने के बजाये वे रक्षा बजट की राशि को देखना और उसकी समीक्षा करने को उतावले रहते हैं। यह विडम्बना है कि भूखे, बीमार, अधनंगे, अनपढ़ लोगों को अपने ऐतिहासिक गौरव की याद दिलाते समय परमाणु परीक्षणों का बार-बार उल्लेख किया जाता है। छोटे-छोटे देश अत्यन्त महंगे और संहारक आयुध बनाकर पड़ौसी देश से मित्रता की अपेक्षा करते हैं। समझा जाता है कि हिन्दुस्तान-पाकिस्तान के बीच अब तक युद्ध न होने का कारण शान्ति, प्रेम, भाई चारा नहीं है, अणु-आयुध और सर्वनाश का भय है। तब भी निर्भय होकर शान्तिकामी जनता अपनी-अपनी सरकारों से यह नहीं पूछ रही है कि ये संहारक आयुध किस के विनाश के लिए है? क्या हमारे जीवन का उत्सव-काल समाप्त हो गया है?

दुनिया भर के समाजशास्त्री, अंधाधुंध अमीरी के बीच हिंसा, आतंक, हत्या, अपराध और अनेक तरह की अधमताओं के अकल्पित विस्तार के कारणों की तलाश कर रहे हैं? उनमें से कुछ समाजशास्त्रियों का एक वर्ग दृढ़तापूर्वक यह मानता है कि हिंसा की इस बढ़त का कारण 'धर्म-क्षय' है। पश्चिम के भौतिकवाद ने धर्म और अध्यात्म पर विजय पा ली है। वे रामचरित्र मानस में वर्णित रामराज्य को 'युटोपिया' रचने में लगे हैं और धर्म संसद की स्थापना का सपना देखते हैं। वे अब भी सृष्टि रचना को ईश्वरीय विधान मानते हैं। उनके मतानुसार राजा-रंक, गरीब-अमीर, ब्राह्मण-शूद्र, आदि व्यक्ति के पूर्व जन्म के कर्मों का फल है। धर्म-क्षय के कारण ही व्यक्ति का मन दुर्बुद्धि, हिंसा, कुकर्म, पाप आदि की तरफ भागता है। धर्माचार्यों के चतुर शिष्य और अनुयायी अपने-अपने धर्म मार्गों, धर्मग्रन्थों, आस्थाओं, कर्मकाण्डों को श्रेष्ठ मानते अन्तविरोधों के तनावों और लालच का बीच जीवन जीते हैं। यह विडम्बना है कि अनेक सम्प्रदायों मज़हबों में बंटा समाज मानवीय व्यवस्था की क्रूर विसंगतियों का विरोध नहीं करता। गरीबों वंचितों के दुर्भाग्य को उनके पूर्व जन्म के कुकर्मों का फल मानता है। वह अनेक कथाओं, मिथकों, कुतर्कों से अन्याय के विरुद्ध संघर्ष को भोंथरा करता है।

हिंसा की इस देशव्यापी आक्रामकता के बीच भी अहिंसक समाज और सरकार बनाना प्रासंगिक और आवश्यक है क्योंकि हिंसा निषेधात्मक कर्म है और उसे आधार बनाकर कोई मजबूत और संवेदनशील समाज नहीं बनाया जा सकता है। हिंसा की बनावट में एक किस्म की कायरता और पलायन है। किन्तु अहिंसा तब अविश्वसनीय

हो जाती है जब वह निर्गुण, सिद्धांत की तरह उद्धृत होती है और जिसका कर्म-पक्ष अत्यंत कमज़ोर होता है।

हमारे देश में वर्ण, जाति का बंटवारा, सम्पत्ति के असीम छोरों पर बंटी प्रभुता, स्त्री की पराधीनता, धर्म-सम्प्रदायों की जकड़न और अत्यधिक सीमाओं तक पहुंचा भाग्यवाद हिंसा के लिए उर्वरा भूमि तैयार करते हैं और अहिंसा दर्शन की चमक और जरूरत को बेअसर बना देते हैं।

बाज़ारवाद और शुद्धतावाद में पिचकी हिन्दी

वर्ष में एक दिन हिन्दी की बात करने का आता है। यह 14 सितम्बर है। इसे 'हिन्दी दिवस' कहते हैं। हिन्दी-दिवस के दिन हमें अचानक यह अनुभव होने लगता है कि अंग्रेजी प्रबल हो रही है, उसने हिन्दी को पछाड़ दिया है। निष्कर्ष यह निकलता है कि हमारी हिन्दी को अंग्रेजी से तगड़ी करना चाहिए। कौन करे, आजकल करने का काम किसी का नहीं है। सब काम 'सरकार' का है। 'हिन्दी दिवस' के दिन जिस-जिस की जैसी रुचि होती है वैसी-वैसी मांग दर्ज कराकर 'सरकार' की अकर्मण्यता को धिक्कारता 'हिन्दी सेवी' होने का सम्मान प्राप्त करता है। चुपचाप अंग्रेजी तीन सौ चौसठ दिन अखाड़े में डटी रहती है।

यह अचरज की बात ही है कि भाषाविद्, विद्वान, विश्वविद्यालय के आचार्य-गण तक यह विश्वास करते हैं कि सरकारें भाषा को पुनर्जीवन दे सकती हैं। जबकि वे जानते हैं कि राजकीय संरक्षण के चलते भाषायें सूख गयी हैं। राजघरानों, कुलीनों, प्रकाण्ड पंडितों, कवियों द्वारा सींची गई संस्कृत, फारसी आदि मुरझा गई हैं और जन-भाषाओं का बाल भी बांका नहीं हुआ। 'साहित्य-अमृत' के संपादक डॉ. विद्यानिवास मिश्र 'हिन्दी दिवस' पर आक्रोशपूर्ण संपादकीय लिखते थे लेकिन अंत तक आते-आते वे सरकार की उदासीनता और उपेक्षा पर खिन्न होकर रूठे हुए नज़र आते थे।

जहां तक मैं समझता हूं स्व. मिश्र जी सहित अनेक हिन्दी सेवियों का यह आकलन है कि हिन्दी को लेकर ज्यों ही सरकारों में चैतन्य आयेगा हिन्दी तगड़ी हो जायेगी अनेक उन्नतियों के द्वार खुल जायेंगे; 'निज भाषा उन्नति अहै, सब उनति को भूल।'

लेकिन पिछले साठ वर्षों में भाषा के साथ हमारे भावनात्मक सरोकारों में जबदरस्त बदलाव आया है। दरअसल हुआ यह है कि सारे भावनात्मक सरोकार व्यापारिक सरोकारों में बदल गये हैं। जिस प्रौद्योगिकी का विकास हुआ है उसकी जरूरतें वस्तुएं बनाना और बेचना है; भावनाओं के रिश्ते बनाना नहीं है और न यह समझाना है कि हमारी ज़िन्दगी कितने दूसरों की मदद, परिश्रम, हुनर और आत्मीयता पर टिकी है। अन्तःसम्बन्धों की यह दुनिया बोझिल और बांझ होती जा रही है।

प्रौद्योगिकी विकसित तकनीकों ने भाषा के सारे सरोकार बदल दिये हैं। अब भाषा का काम मन को खोलना, सचाई को दिखाना या बुरे के विरुद्ध अच्छे के लिए आत्म-विश्वास बढ़ाना नहीं है बल्कि एक लम्पटतापूर्ण बाज़ार बनाना है जहां वस्तुएं आसानी से बिक सके। भाषा की जरूरत वस्तुओं के झूठे गुणगान और विज्ञापन के लिए है।

थोड़े दिन पहले हमारे 'वस्तु-मित्र अखबारों' ने अमरीका के प्रेसीडेन्ट बुश का एक बयान छापा था। इस बयान में अमरीकी नौजवानों से जल्दी ही उम्दा हिन्दी सीखने के लिए कहा गया था। भारत के हिन्दी-सेवी इस बयान से बहुत प्रसन्न हुए। कुछ ने सराहना की मुद्रा में कहा कि प्रेसिडेन्ट बुश तक ने हिन्दी की अहमियत स्वीकार ली है और अमेरिकन युवकों को हिन्दी सीखने की सलाह दी है।

उन्हें यह समझने में देर लगी कि अमरिका के प्रेसीडेन्ट बुश का हिन्दी-प्रेम भारत के सामान्य जन के स्वाभिमान, गरिमा और भावनाओं को मुक्त अभिव्यक्ति देने वाली हिन्दी के लिए नहीं बल्कि गांवों में मार्केट की जरूरतों को समझने और भाषा चतुराइयों से अनावश्यक विलासिता की वस्तुओं के लिए बाज़ार बनाने के लिए है।

वस्तुओं और भाषा के रिश्ते हमारी समझ में कठिनाई से आते हैं लेकिन सचाई तो यही है कि वस्तुएं पहले और भाषा बाद में हमारा जीवन प्रभावित करती है। हम बार-बार यह समझने की कोशिश करते हैं कि हिन्दी की जगह क्यों सिकुड़ती जा रही है; उसके शब्दों को धक्का देते बाज़ार के रसहीन शब्द क्यों जगह बनाते जा रहे हैं? मां, भैया, अम्मा की जगह मम्मी, मॉम और पिता की जगह डेडी, डैड, पापा ने क्यों ले ली है लेकिन इतना ही नहीं हुआ है रसोई घर में थाली की जगह प्लेटें और कटोरियों की जगह 'बाउल्स' आ गये हैं। हवेली, घर, कॉम्पलेक्स, अपार्टमेन्ट; दुकान -शॉप्स, स्टोर्स में तब्दील हो गयी हैं। कल लड़का सक्सीटीसेवन का हिन्दी अनुवाद पूछ रहा था। किसी को अचरज नहीं होना चाहिए कि परसों सारी भारतीय भाषायें अनुवाद के रूप में पहचानी जाने लगें।

हिन्दी सेवकों के लिए हिन्दी के सहज, जनतांत्रिक, गरिमा और रसमय रूप को बचाने की चुनौती ही सबसे अहम् और चिन्ताजनक है। सबसे बड़े जनाधार वाली भाषा होने के कारण बाज़ार उस पर घात लगाए बैठा है। विकास के बाज़ारवादी मॉडलों के चलते भाषा के सारे जाने-पहचाने शब्द, मुहावरे, वाक्य-विन्यास, प्रतिमान बदल गये हैं। मातृभाषाओं का दूध सूख गया है। अब यदि हिन्दी राज्य-भाषा बनती हैं तो वह 'हिंग्लिश' कहलायगी। अब शायद हिन्दी-समाज को लगने लगे कि हिन्दी के जनतांत्रिक रूप को बचा सकना केंद्र और राज्य सरकारों का मनोबल और कोई भी अच्छा, ईमानदार और लोकहित में काम करने की शक्ति 'बाज़ारवाद' ने क्षीण कर दी है।

किन्तु क्लेश इसका भी है कि भाषा को यानी हिन्दी को बचाने और समृद्ध करने का जन-उत्साह भी अत्यधिक कमज़ोर पड़ गया है। भाषा आनंदोत्सव न होकर कमाई का ज़रिया हो गई है। मध्यवर्ग ने अंग्रेजी के सामने घुटने टेक दिये हैं। विदेशी तकनीक के साथ ही विदेशी भाषा का दबदबा कायम हो गया है। गांव के लोग अपनी गरीबी और बदहाली का कारण अंग्रेजी से वंचित रखे जाने को मानते हैं। हिन्दी-पट्टियों में असंख्य अंग्रेजी स्कूल धड़ल्ले से अपना धंधा कर रहे हैं।

वर्चस्ववादी मध्यवर्ग और मीडिया 'हिंग्लिश' का प्रचार कर रहे हैं। 'हिंग्लिश' का अर्थ होता है हिन्दी में अंग्रेजी शब्दों की अराजक घुसपैठ। 'हिंग्लिश' को 'सामान्य जन की भाषा' कहने वाला एक शक्तिशाली समूह 'बाजारू भाषा' को वैधता दिलाने की कोशिश में लगा है। उसका तर्क है कि दूसरे देशों के शब्दों से हिन्दी का खजाना समृद्ध होगा और मित्रता के पुल बनेंगे। मित्रता के पुल बनाने का काम टी.वी. और अखबार वाले करने लगे हैं। अखबारों में आधे हिन्दी और आधे अंग्रेजी के वाक्य 'मैत्री के पुल' बना रहे हैं। अंग्रेजी शब्दों की घुस-पैठ से बनाई गई नयी हिन्दी वह 'बाजारू भाषा' है जिसका अर्थ विलासिता की वस्तुएं दिखा-दिखा कर समझाया जाता है। पूरा बाजार इन व्यर्थ की चीजों और शब्दों से अटा पड़ा है। यह ध्यान देने की बात है कि इस बाजारू और नकली भाषा को सरल हिन्दी कहा जा रहा है।

हिन्दी-भाषी लोगों के लिए बहुराष्ट्रीय कम्पनियां रोज़गार की अनेक कठिनाइयां पैदा करने वाली हैं और अंग्रेजी का वर्चस्व तिलमात्र भी घटने वाला नहीं है। अंग्रेजी पारिभाषिक शब्दावली का दबदबा समाचार पत्रों के सब पृष्ठों पर देखा जा सकता है। प्रौद्योगिकी के इस नये विस्तार के साथ मध्यवर्ग ने समझौता कर लिया है। बहुराष्ट्रीय और निजी कम्पनियों से यह सवाल कौन कर सकता है कि वे किस भाषा का प्रयोग कर रहे हैं? वे किसी के प्रति जवाबदेह नहीं है।

हिन्दी-भाषा के साथ-साथ देवनागरी लिपि पर भी संकट गहरा गया है। हिन्दी अब रोमन लिपि में लिखी जा रही है। टी.वी. पर दिये गये संदेशों की लिपि रोमन है। एक अन्तर्राष्ट्रीय लिपि का सम्मोहन जल्दी ही तर्क में बदलने वाला है। देवनागरी लिपि की सारी विशेषतायें उसकी रूप-रचना का सौन्दर्य अन्तर्राष्ट्रीय बाज़ार की जरूरतों के दबाव में विलुप्त हो जाने वाला है।

हिन्दी के अहित में जैसे बाज़ार भाषा 'हिंग्लिश' लगी है जिसका पूरा लक्ष्य 'महाजनी सभ्यता' के विस्तार का है जो एक संवेदनात्मक जन-भाषा बनने की मुहिम को रोकती है उसी तरह 'शुद्धतावाद' भी हिन्दी के अहित में लगा है। शुद्धतावाद हिन्दी को संस्कृत की बेटी बताता है और एक भावनात्मक सूत्र के आधार पर ब्राह्मणवादी परंपरा के साथ जोड़ देता है। शुद्धतावादी हिन्दी को कठिन, पांडित्यपूर्ण, रसहीन और एक विशेष वर्ग की भाषा बनाते हैं जो उन्हीं की जायदाद के रूप में

उन्हीं के कब्जे में रहती है। लोहिया जी ने जब वर्ग विश्लेषण किया था तब जिन तीन कारकों की गिनती की थी उनमें एक भाषा भी थी दूसरे (दो) जाति और जायदाद (व्यक्ति सम्पदा) थे। संस्कृत लम्बे समय से अभिजनों की भाषा बनी रही और बहुजनों को अपनी ड्योढ़ी पर खड़ा रखा। संस्कृत नाटकों में राजपुरोहित, नृपति-वर्ग, राजमहिषियां, कुलीन-जनों को संस्कृत बोलने का अधिकार है लेकिन स्त्रियों और सेविकाओं को नहीं है। ज्ञान का सारा खजाना भाषा के जरिए कुलीनों की मुट्ठियों में आ जाता है। कुलीनों के वंशज बहुजनों को इस परम शक्तिशाली भाषा ज्ञान से वंचित रखते हैं और ऐसी व्यवस्था करते हैं कि भाषा ही सबसे बड़ी बाधा बनी रहे। शुद्धतावादियों के लिए बोलने और लिखने की सहज, समझी जाने वाली रस-रंजिता भाषा कष्टदायक होती है। देखने की बात यह है कि दोनों (अंग्रेजी और संस्कृत के पैरोकार) अलग-अलग रास्तों से चलकर इस जगह आकर मिल जाते हैं कि भाषा का प्रवाह, उसकी सहज गति, उसकी जनपक्षधरता घट जाये। दुर्भाग्य से दोनों पक्ष संदेह और भटकाव की चालाक अमूर्त और अजनबी दुनिया बनाते हैं।

शुद्धतावादियों का यह कहना सही नहीं है कि हिन्दी संस्कृत की बेटी है। ध्यान से देखें तो हिन्दी संस्कृत की प्रतिस्पर्धी भाषा है। मां-बेटी का रिश्ता बनाकर हिन्दी के प्रतिस्पर्धी तेवर ढीले करने की कोशिश में कुलीन वर्ग एक सीमा तक कामयाब हुआ है यह कहने में मुझे संकोच नहीं है। भाषा की राजनीति करने वाली दक्षिण पंथी भारतीय जनता पार्टी और राष्ट्रीय स्वयं सेवक संघ जैसे कट्टर-पंथी संस्थान हिन्दी को संस्कृत की बेटी बताकर उसकी क्रान्तिकारी भूमिका को नष्ट करने की कोशिश करते हैं। वे भाषा के सार्वजनिक हक को एक विशेष वर्ग की सम्पदा बना देना चाहते हैं। शुद्धतावाद की सचाई यह है कि वह एक प्रकार से श्रेष्ठत्व का दावा पेश करता है और किसी भी प्रकार के मेल-जोल और मैत्री की संभावनाओं को खारिज़ कर देता है। यही फासीवाद और राष्ट्र-भक्ति का सबसे अनचाहा, विकृत रूप है।

कट्टरवादियों ने भाषा के संवाद, सम्पर्क और सृजन के सारे रास्ते कई बार सकड़े किये हैं और इस तरह ज्ञान के अनेक स्त्रोतों पर अपना अधिकार जमाये रखा है। ज्ञान और सत्य के अनुसंधान पर पुराने समय से लगाकर आज तक के कट्टर पंथियों के प्राण लेने वाले फ़तवे हमारी जानकारी में हैं। देश में इस समय कोई विचार निर्भय होकर व्यक्त नहीं किया जा सकता है और न कोई आख्यान भय रहित मन से लिखा जा सकता है।

इस शुद्धतावादी-कट्टरतावादी परिदृश्य में हिन्दी हिन्दुओं की ओर उर्दू मुसलमानों की भाषा हो गयी है। जो भाषा असंख्य किसानों, मज़दूरों, कामकाज़ी महिलाओं, कुलियों, रिक्शावालों, कवियों, शायरों, गांधी, प्रेमचन्द, लोहिया, कबीर-मीरा, रैदास, हज़ारों क्रान्तिकारी शहीदों ने बोली-लिखी उसे हिन्दू-मुसलमानों में बांटने का

फासिस्टवादी षड्यंत्र कामयाब होने को है। यदि यह साजिश सफल हो जाती है तो हिन्दू और मुसलमान फासिस्ट लोगों को बेजुबान कर देंगे। तब रिक्शावाला 'सचिवालय' का बिना अर्थ समझे पंडित-मुल्ला की वजनदार सवारियों को खींचता ही चला जायेगा।

अब हिन्दी के सामने 'राष्ट्र' भाषा, 'राजभाषा' बनने के पहले 'बाजारवाद' और 'शुद्धतावाद' से बचकर जन-भाषा बने रहने की चुनौती है।

हिन्दी का एक दिन

कुछ दिन पहले मैंने स्वतंत्रता की चिन्ता की थी। पन्द्रह अगस्त को सारे अखबारों ने और जिससे जहां बन सकता था उसने पन्द्रह अगस्त को देश की और स्वाधीनता की चिन्ता की थी। फिर वर्ष बाद चिन्ता करने का दिन आएगा। अब चौदह सितम्बर को भाषा की चिन्ता करेंगे—राष्ट्र-भाषा की। फिर अक्टूबर में गौ को बचाने की चिन्ता करेंगे। किसी दिन सद्भावना बढ़ाने की चिन्ता, किसी दिन 'गणतंत्र' बचाने की चिन्ता। इस तरह एक-एक दिन होता है भाव-विह्वल होकर चिंता करने का और चिंता मुक्त होने का। ऐसे चिन्ता की उम्र लम्बी होती जाती है और उसके कई फायदे होते हैं।

फिलहाल हिन्दी की चिन्ता। चौदह सितम्बर के आते ही हम में से कुछ को और हमारे राष्ट्र-नायकों को हिन्दी को राज-भाषा बनाने की याद आने लगती है। यह चिन्ता होने लगती है कि हिन्दी कभी राजभाषा होगी भी या नहीं? वैसे तो प्रायः नहीं, लेकिन 'हिन्दी दिवस' के दिन हम पूरे भारतवासियों को याद करते है, खास तौर पर दक्षिण के राष्ट्रप्रेमी महामनाओं को जिन्होंने हिन्दी को राजभाषा बनाने के पत्र पर हस्ताक्षर किए थे।

चौदह सितम्बर को या ऐसे ही किसी दिन को हम 'भारतीय भाषाओं' की विपत्ति का दिन नहीं मानते क्योंकि हमारी दृष्टि में दूसरी भारतीय भाषाओं पर संकट नहीं हैं; वे फल-फूल रही हैं, व्रजपात हिन्दी पर ही हुआ है क्योंकि वह 'राजभाषा' नहीं हो रही है। हमारा विश्वास है कि हिन्दी के राजभाषा घोषित होते ही 'स्वदेश, स्वभाषा, स्वधर्म' के सब संकट और चुनौतियां समाप्त हो जायेंगी और सब जगह सब विभागों में, राज्यों में हिन्दी काम में आने लगेगी। हिन्दी साहित्य और साहित्यकारों की पहचान बनेगी और देश को एकता-अखंडता के सूत्र में बांधना कठिन नहीं होगा।

यह शायद 'अतृप्त मनोकामना' है; ऊपर-ऊपर से मनोरम लगने वाला परिदृश्य और एक भोली-भाली सद्भावना, सदेच्छा। वास्तव में तो हमें हिन्दी राजभाषा के सम्बन्ध में नहीं 'हिन्दी चाहत, हिन्दी प्रेम' की मनोवैज्ञानिक जरूरत के सम्बन्ध में बात करनी चाहिए। भाषा व्यवहार एक आन्तरिक ज़रूरत है जो इस चाहत और इस इच्छा पर निर्भर करती है कि हम कितना विस्तार, कितना फैलाव और कितनी

हदबंदियों को तोड़ना चाहते हैं। वह अभिजात्य और गैर-बराबरी तोड़ने की भी चाहत है; समीप आने की और अपरिचित जन-समूहों को समीप लाने की। यह आवश्यकता उस समय और भी अधिकता से अनुभव की जानी चाहिए जब देश धन, बड़ी जाति और भाषा (विशेषतया अंग्रेजी) के आधार पर अभिजात्य और शोषकों में बंट रहा हो और सबसे गरीब हिन्दी प्रान्तों पर 'भाषा-साम्राज्यवाद' लादने का कलंक लग रहा हो। यदि हिन्दी अनुरागी ज्यादा भावुक न हों तो उन्हें इस कड़वी और कठोर सचाई को समझ लेना चाहिए कि हिन्दी के राजभाषा होने की संभावनायें धुंधली होती जा रही है। अब 'अंग्रेजी हटाओ' का नारा न लुभावना है न उत्साहजनक। अंग्रेजी को चुपचाप सामाजिक और व्यावसायिक बड़प्पन मिल गया है जिसका अन्दाजा बेहद मंहगे अंग्रेजी स्कूलों के लिए बढ़ते आकर्षण से लगाया जा सकता है। महानगरों, नगरों, कस्बों, गांवों-देहातों में अंग्रेजी स्कूलों की 'मनोवैज्ञानिक ज़रूरत' अनुभव की जाने लगी है और इन स्कूलों में पढ़ना-पढ़ाना बड़प्पन का चिह्न बन गया है। अंग्रेजी स्कूल 'लाभदायक व्यापार' के केंद्र बन गए हैं और उन्होंने 'सरकारी स्कूलों' का सम्मान और आवश्यकता एकदम कम कर दी है।

यह देखने और चिन्ता करने की बात है कि पिछले कई वर्षों से हिन्दी और दूसरी भारतीय भाषायें समृद्ध नहीं हुई हैं यद्यपि उनके बोलने वालों की संख्या बढ़ी है, लेकिन उनसे अनुराग करने वालों की संख्या लगातार कम हुई है। समाज के टूटने और संवेदनहीन होने का पछतावा और दुख की बात अमूमन की जाती है लेकिन उसका सबसे बड़ा कारण अपनी भाषाओं को भूल जाना है या उन्हें लगातार उपेक्षित करना है।

अंग्रेजी हुकूमत के दिनों में भारतेन्दु ने एक अविस्मरणीय दोहा लिखा था जिसके अंतिम चरण में था 'मिटत न हिय को शूल' लेकिन इस उम्मीद के साथ कि गोरी ताकतों के चले जाते ही जिन बहुत सी खुशियों के लौट आने की उम्मीद थी उनमें अपनी भाषा की वापसी भी थी। भाषा के लिए यह समय निराशा का नहीं था क्योंकि अवरोध के कारण जानते थे और वह इच्छा भी हमारे पास थी जो देश और भाषा को विपत्तियों से बचाती है और सृजन का उत्साह देती है।

आज़ादी के तुरंत बाद ब्रिटिश ब्राडकास्टिंग कॉर्पोरेशन का नुमाइन्दा गांधी के पास गया था। गांधी से उसने इस महान् ऐतिहासिक अवसर पर संदेश देने को कहा। उन्होंने कहा, "ब्रिटेन वालों से कह देना कि गांधी अंग्रेजी भूल गया है।" गांधी और उनके बाद राममनोहर लोहिया ही भारतीय भाषाओं की स्वाधीनता के सबसे प्रबल पक्षधर की तरह याद किए जायेंगे। लोहिया ने 'अंग्रेजी हटाओ' आन्दोलन के समय इस देश को 'कटी जुबान का देश' कहा था।

बहुत सी बातों और बहुत से आन्दोलनों की अब हमारे मन में अच्छी भली और

रूमानी यादें ही बच गयी हैं लेकिन पूरे प्रवाह और परिदृश्य को देखें तो उन आन्दोलनों का करुणापूर्ण अन्त हो गया है विशेषतया उन आन्दोलनों का जो इस देश की जनता और जनाकांक्षाओं से जुड़े थे और जिनकी उपयोगिता आज भी निर्विवाद और असंदिग्ध है। भाषा आन्दोलन का भी हमारे देखते-ही-देखते दुखद अन्त हो गया है और उन जीवनशैलियों का भी जिससे भाषा निकलती है और शक्तिशाली बनती है। सचाई तो यह है कि जिस देश के चालीस सैंकड़ा लोग भूखे और उत्पीड़ित-समाज के हों वहां की भाषा समर्थों और शक्ति-केंद्रों की नहीं हो सकती है और उन्हें उन उत्पीड़कों की भाषा दबोच देगी जो कपटाचरण से लोकतंत्र चलाते हैं; जो पांच या इससे कुछ कम वर्षों में गूंगे लोगों से 'मातृ-भाषाओं' में मत मांगने जाते हैं लेकिन बाद में अपना व्यापार, अपने विश्वविद्यालय, स्कूल, अस्पताल, संसद, उच्च न्यायालय, अमूल्य अन्वेषण, खोज, सूचनायें, कानून अंग्रेजी भाषा में चलाते हैं। भाषा का ऊपर-ऊपर से भोला-भाला, भला सा लगने वाला मसला वास्तव में प्रभुजनों और वर्चस्व बनाये रखने वालों का सबसे क्रूर संघर्ष होता है। अन्त में, जिसका नतीजा एक मनोवैज्ञानिकहीनता में बदल जाता है। उत्पीड़ित, निर्धन लोग समझने लगते हैं कि वे गरीब भाषा-परिवार के लोग हैं उनके स्कूल रद्दी और बेरोजगार बढ़ाने वाले हैं; अमुक कुल, जाति और पेशे के मां-बाप अपने बेटों को अंग्रेजी स्कूलों में पढ़ा रहे हैं। इस पूरी चालाकी, व्यावसायिक दक्षता, मनोवैज्ञानिक चतुराई से इस व्यापार का सबसे लाभदायक दर्जा मिल जाता है। सामान्यजन मन-ही-मन लड़ाई हार जाते हैं।

यह देखने की बात है कि पिछले वर्षों में सहसा ही विदेशी शराब और विदेशी भाषा के स्कूलों की संख्या में इतनी वृद्धि क्यों हो गयी है और हमारी स्वदेशी सरकारों ने घुटने क्यों टेक दिए हैं? दोनों मोर्चों पर यह 'पराजय' बेहोशी में नहीं हुई है; दोनों का नशा एक सा है और दोनों ही गरीबों को अपनी ज़मीन से बेदखल करती हैं और जीवन-निर्माण की उमंग को नष्ट करती है। ध्यान देने की बात है कि इन पिछले बीस वर्षों में 'शिक्षा की गैर-बराबरी' की बहस और जनान्दोलन खत्म हो गए हैं। सरकारी स्कूलों की चमक खत्म होती जा रही है और उनमें पढ़ने वालों के मन हीनता और लाचारी से क्लान्त हैं। वे यह मानते हैं कि उनके इस दुर्भाग्य का कारण हिन्दी है। इस समय सबसे भयावह आक्रमण देश के सीमान्तों पर नहीं देश के स्कूलों और शिक्षा पर हो रहा है क्योंकि यहीं असंख्य बालकों की चित्त-रचना होती है। असंख्य देशवासियों को वास्तविक पराधीनता का पता यहीं लगता है।

इस समय संकट राजभाषा को लेकर तो हैं ही लेकिन असली संकट 'जनभाषा' को लेकर है क्योंकि धीरे-धीरे अपनी भाषा के लिए ही लोगों के मन में संदेह और कातरता के भाव फैलाये जा रहे हैं और युवा-वर्ग में यह दहशत पैदा कर दी गयी है कि वे हिन्दी के जरिए, हिन्दी बोलकर, धोती-कुर्ता पहने किसी बड़े ओहदे और

कम्पनी की कुर्सी नहीं पा सकते। इस सत्य से राजभाषा के तरफदारों को परिचित हो जाना होगा कि जन-भाषा के सूखते वृक्ष पर राजभाषा का कोई फल-फूल नहीं लगेगा। यदि किसी मौसम में लग भी गया तो जल्दी ही मुरझा जाएगा क्योंकि जन-भाषा की इच्छा-शक्ति से ही राजभाषायें चलती हैं। भाषायें राजाज्ञाओं के और अभिजनों के बल पर नहीं चलतीं। इस चालाकी को समझा जाना चाहिए कि गैर-बराबरी के कारण बंटे हुए समाज में भाषायी गैर-बराबरी के आधार बने रहेंगे और राजभाषा दुकान की सजावट की तरह ललचाती रहेगी और लोग सत्ताधीशों को धिक्कारते रहेंगे। पश्चिम के प्रतीकों और जीवन-शैलियों के साथ जब बड़प्पन का भाव जुड़ा है; पश्चिम का भोजन और वस्त्र जब सामाजिक श्रेष्ठत्व के प्रतिमान हैं तब देशी भाषाओं का विकास असम्भव है।

इस बात पर फिर से और गहराई से विचार करना चाहिए कि हिन्दी के पंडितों, लेखकों, कवियों, शुद्ध हिन्दी प्रेमियों ने हिन्दी को लोक-प्रिय बनाने के लिए क्या किया है? क्या उन्होंने अपने हिन्दी प्रेम को महज़ विज्ञापन बना लिया है और जनाधारों को काट दिया है? क्या यह दुख की बात नहीं है कि हिन्दी भाषा-भाषी प्रान्तों में हिन्दी लिखने-बोलने का आग्रह किया जाए और वे लोग जो हिन्दी-दिवस के दिन अवसर के सारे लाभ उठाकर हिन्दी की पक्षधरता करें वे अपने बेटे-बेटियों के विवाह-निमंत्रण अंग्रेजी में छपायें-अंग्रेजी में 'गणपति-वंदना' और 'महिला संगीत' की सूचनाएं छपीं हों।

हिन्दी अध्यापकों, कवियों, लेखकों ने हिन्दी के जनाधारों को लगातार कमज़ोर करने की कोशिश की है। वे प्रायः हिन्दी को शुद्ध बनाने की कोशिश में उसे 'अजनबी जन-समूहों की भाषा में बदलने का प्रयत्न करते हैं। हिन्दी के कवियों, लेखकों की जमात विश्वविद्यालयों में पढ़ाते-लिखाते नगरीय मध्यवर्ग का अभिन्न अंग हो गयी हैं। जो इस जमात में नहीं है वे भी जन-सामान्य के लिए नहीं लिखते, उनके सुख-दुःख का किताबी ज्ञान ही उनके लोक-जीवन के ज्ञान की सीमा है। गांव से शहर में आए लेखक शहर के हो गए हैं। गांव बौद्धिक-अनुभूति की बात करने तक सीमित हो गया है। अध्यापकों ने भाषा अध्यापन इतना नीरस, उबाऊ और यांत्रिक बना दिया है कि पढ़ने वाले किताबें नहीं किताबों के सम्बन्ध में 'वनवीक सीरिज़' में पढ़ते हैं और इम्तिहान के बाद तुरत-फुरत रद्दी के भाव बेंच देते हैं। शुद्ध हिन्दी वालों को यह वहम है कि वे संस्कृतनिष्ठ, कठिन, लोक से अपरिचित हिन्दी बोलकर उपकार कर रहे हैं और वे जो हिन्दी बोल रहे हैं वह फूलेंगी-फलेगी। लेकिन उनकी हिन्दी अंग्रेजी की मदद कर रही है। दोनों ही अभिजनों की भाषा है; सामान्य जनों की भाषा और संवेदना से अलग पंडितों और नौकरशाहों के सम्प्रदाय की भाषा। लोक-मंगल की बात करने वालों की भाषा समारोह और उत्सव की भाषा हो गयी है।

राजभाषा की चिन्ता करने वालों के लिए इसकी चिन्ता करना बहुत आवश्यक है कि हिन्दी क्षेत्र के लोग बेझिझक, निडर होकर अपने घर में, अपने नगरों-शहरों, अपने प्रान्तों में हिन्दी को काम में लें। दूसरे प्रान्तों के लोगों को हिन्दी में काम-काज करने की सलाह तक असरदार होती नहीं लगती जब तक हम हिन्दी प्रदेश वाले अपने व्यवहार में सौ फीसदी खरे और ईमानदार नहीं उतरते। लेकिन यह ताकत उस पूरे ईमानदार बदलाव पर निर्भर करती है जब हम भाषा के असली पहरुओं के पास लौटेंगे और उन लोगों की चिन्ता करेंगे जिन्हें जानबूझ कर अपनी ज़मीन, अपनी जुबान, अपने सपनों, अपनी भाषा से बेदखल कर दिया गया है।

अपनी भाषा को राजभाषा बनाने की एक दिन की चिन्ता को जब तक हम सार्वकालिक चिन्ता के साथ हिन्दी को अंग्रेजी के प्रबलतम आक्रमण और मनोवैज्ञानिक हताशा से नहीं बचा लेते, कुछ भी कर पाना सम्भव नहीं है।

संचार-साधनों से अपसंस्कृति तक

पिछले वर्षों में विज्ञान और यंत्र-विधि ने दुनियादारी चलाने और हमारे मन बदलने के रोमांचकारी तरीकों की ईजाद की है। इस तरह कि वे हमें बाहरी दुनिया के नहीं अपनी अन्दरुनी दुनिया की भावना या संकल्प जैसे लगते हैं। इनकी अचरज भरी ताकत यह है कि वे जिनके हाथ में हैं उन्हें असंख्य गुना ताकतवर बनाते हैं और यह भी कि मनुष्य के हाथों में होते हुए भी उसे एक जादुई ताकत से लैस करते हैं। आज मनुष्य और यंत्र-विधि का प्रेम और घृणा का द्वंद्वात्मक रिश्ता ऐसे निर्णायक मोड़ पर आ गया है कि यदि हम यंत्र-विधि को मनुष्य-हित के पक्ष में होने का आन्दोलन नहीं करते तो एक ऐसी अप-संस्कृति जन्म ले सकती है जो मानवीय संस्कृति के स्वभाव और स्वरूप को बदल दे और पूंजीवादी-सत्ता गिरोहों के पक्ष में हो।

विज्ञान और यंत्र-विधि की बाहरी दुनिया से अन्दर की, मन की दुनिया तक की यात्रा किसी बड़े तामझाम के साथ नहीं बल्कि एक सूक्ष्म तर्क-संगति के साथ, दुनिया के रहस्यों को खोलती और एकदम नयी तथा विश्वसनीय लगती जरूरतों का विस्तार करते हुई है। मिसाल के लिए हम टी.वी. को लें। वह एक बड़े डिब्बे के आकार का है। एक सीमा तक वश में भी है। इस अर्थ में कि उसे खोलने-बन्द करने के लिए हम स्वाधीन है। उसे अमरिका में 'मूर्खों का डिब्बा' कहा जाता है। वह दुनिया के मजेदार खेल-तमाशे, मजेदार उथल-पुथल, मजेदार स्त्री, पुरुष, बच्चे और भयावह, रोमांचकारी नर-संहार, गुप्त षड्यंत्र तथा कामयाबियों के करिश्में दिखाता हुआ एक अप-संस्कृति का समांतर विचार पैदा करता है। यह विचार हम से लगातार भिड़ता है और हमें वह नहीं रहने देता जो हम चाहते हैं। एक अयथार्थ को यथार्थ बनाने की कोशिश और उसी को धीरे-धीरे सपनों की तरह लुभावना बनाने का काम इस तरह होता जाता है कि हम जैसे जुए में सारे दांव लगाते जाते हैं और एक-एक इंच ज़मीन हारते जाते हैं।

टी.वी. से ही नहीं, संचार के सभी माध्यमों से हमारी मैत्री प्रगाढ़ होती जा रही है क्योंकि वे हमारे अकेलेपन और निरीहता के अनुभवों को तोड़ते हैं। वे हमारी देखने-सुनने की सीमित शक्ति को कई तरफ मोड़ते हैं और एक नये रंगत की

'सामाजिकता' देते हैं। नए रंगत की इस सामाजिकता से पुराने रंगत की आध्यात्मिकता इस कदर फीकी पड़ गयी है कि हमारे बड़े-बड़े साधु-संन्यासी गले में ट्रान्जिस्टर लटका कर 'बोल राधा बोल' जैसे गीत सुनते अलौकिक आनंद पाते हैं और भक्तों को 'राधा-कृष्ण' के साहचर्य का मर्म समझाते हैं। दुनियादारी में लगे लोगों के लिए यह भक्ति, कविता और संगीत की 'ड्राईंगरूम' तक वापसी है। इस मनोरंजन और मनोविलास के चलते हम सबके लिए यह भूल जाना बहुत स्वाभाविक है कि इन मशीनों के पास आत्म-विवेक और आत्म-निर्णय की शक्ति नहीं है और यह भी कि यह सारा उपक्रम हमारी आन्तरिक दुनिया के कार्यों में नियोजकों का अदृश्य किन्त चातुर्यपूर्ण हस्तक्षेप है, जिनके विवेक-अविवेक या कि सामाजिक-सरोकारों के प्रति प्रतिबद्धता अथवा कि उदासीनता से बहुत कुछ बन या बिगड़ सकता है।

इसी सिलसिले में विकासशील और गरीब देशों के लिए विज्ञान की भूमिका पर एक बार फिर से विचार करना आवश्यक हो गया है क्योंकि उनके पास विज्ञान गौरी दुनिया से आया है और इसलिए वे उसे या तो श्रद्धा, आतंक और सम्भ्रम से स्वीकार करते हैं या उसे अतीतानुराग के कारण उपेक्षा और अनादर से अस्वीकार कर देते हैं। यही बात संचार-साधनों के साथ है। संचार-माध्यमों के साथ हम उत्तेजना भाव के साथ जुड़े हैं, इतनी उत्तेजना के साथ कि जहां दूरदर्शन केंद्र नहीं है वहां के निवासी यह अनुभव करते हैं कि उनकी हैसियत कम कर दी गई है और वे सरकार की दृष्टि में कम महत्त्वपूर्ण है। लेकिन जहां ये केंद्र हैं वहां के नागरिक भी संतुष्ट नहीं हैं क्योंकि वे निरन्तर अपने सामाजिक-जीवन में उस दूसरे प्रकार के खालीपन का अनुभव करते हैं जिससे वे कुछ समय पूर्व अपरिचित थे। दरअसल यह 'दूसरे प्रकार का खालीपन' एक लोक-संस्कृति अनुरागी चित्त पर मशीनी-संस्कृति का दबाव है। मेरी दृष्टि से इस दबाव को एक अंश में ही कम किया जा सकता है और ऐसा होना भी तभी संभव है जब हम सभी संचार साधनों को अपने सामाजिक-सांस्कृतिक प्रयोजनों से जोड़े रहें।

सामाजिक सांस्कृतिक प्रयोजनों पर सुचिंत्य और गम्भीर संवाद की संभावना का निषेध नहीं किया जा सकता लेकिन यह निर्विवाद है कि आज के संचार माध्यमों की कार्यशैली और संचालकों की दृष्टि देशी मिज़ाज की नहीं है, उन पर गोरे लोगों और नव-धनाढ्य वर्ग का आतंक है। भारत जैसे गरीब देश में वे मनोविलास होते हैं। वे राजनीतिक अवसरवादिता और राजनेताओं के दंभप्रचार का जबरदस्त माध्यम बने हुए हैं।

इसी प्रसंग में यह रेखांकित करना उचित होगा कि देश के सामाजिक यथार्थ से बेखबर होने के कारण हमारे संचार-माध्यमों के संचालक उपभोक्तावादी संस्कृति की दलाली कर रहे हैं जो युद्ध-शस्त्रास्त्रों की दलाली से भी अधिक भयावह है। वे वास्तव में वस्तुओं के महत्त्व का ऐसे प्रतिपादत कर रहे हैं कि उनके अभाव में जैसे

मनुष्य सत्वहीन ही हो जाता है। आप प्रायः दूरदर्शन, रेडियो या कि अन्यत्र भी यह विज्ञापन देखते, सुनते, पढ़ते होंगे जिसमें किसी प्रेशर कुकर के संबंध में यह कहा जाता है कि जो अपनी पत्नी से प्यार करेंगे वह उसे अमुक-अमुक प्रेशर-कुकर का उपहार देंगे। प्यार के लिए प्राण देने की जिस शैली में प्रेशर कुकर बेचा जाता है वह मासूम मनोरंजन या मनोविलास नहीं है, वह धीरे-धीरे आत्म-पीड़न और हीनता जैसी कमजोर मनःस्थितियों को पैदा करने का मनोवैज्ञानिक्र कौशल है। ऐसे विज्ञापन बेहिसाब अन्तर्विरोध पैदा करते हैं और उन उत्पीड़ित लोगों की वस्तुओं की दुनिया में लाकर खड़ा कर देते हैं जिनकी दुनिया भूख, रोग, कुपोषण से पहले ही चौपट हो चुकी है। शायद हम सबका यह अनुभव अब तक पुख्ता हो चला होगा कि यदि पूरे समय हम रेडियो या दूरदर्शन को सुनते, देखते रहें तो जल्दी ही इस परिणाम पर पहुंच जायेंगे कि आज़ादी के बाद हमारी सबसे बड़ी जिम्मेदारी साबुन बेचने की है। साबुन लगाकर ताल में मछलियों की तरह तैरती या फव्वारे के नीचे बैठी खिलखिलाती हुई विज्ञापन वाली स्त्रियों को देखना उन सब नगरों या गांवों के लिए आत्म-पीड़न ही है जहां चार दिन में घण्टे-आध-घण्टे के लिए पानी आता हो या कि जिन पोखरों और गढ्ढेनुमा तालाबों में भैंसे और स्त्रियां एक साथ नहाती और पानी पीती हों।

विज्ञापनबाजी का यह सिलसिला उस लद्दड़ आर्थिक व्यवस्था के लिए घमंड लगाने वाली आंकड़ेबाजी का हिस्सा भी है जो विकासशील और विभिन्न देशों में प्रायः सराही जाती है। गांधी ने एक बार शराब और शिक्षा के आर्थिक अन्तःसम्बन्धों पर नाराज़ टिप्पणी करते हुए कहा था कि वे शराब की आमदनी से चलाये जाने वाले स्कूलों को बन्द कर देना पसन्द करेंगे। क्या हम यह वक्तव्य संचार-माध्यमों और विज्ञापनों से होने वाली आमदनी के अन्तःसम्बन्धों के सिलसिले में दे सकेंगे? दरअसल हम सबके मनों में एक लोभ सैंध लगाकर चोर की तरह घुस गया है कि इन्हीं सब क्रूर, अश्लील और हिंसा के रास्तों से हम आधुनिक हो सकते हैं और ऐसा न कर सकना पिछड़ेपन का संकेत है। यह शायद हमारे लिए भी अपने मन में जांच लेने का समय है जबकि हम अपनी बहुत सी महत्त्वाकांक्षाओं के पक्ष में सामाजिक सरोकारों को पुर्नव्याख्यायित करने में लगे हों या कि असहाय अनुभव करते हों।

हमारे लिए यह भी एक गंभीर और विचारणीय मुद्दा है कि हमारे देश में संचार साधनों का जैसे दुरुपयोग हुआ है उसका वास्तविक कारण क्या है? मेरी दृष्टि में सबसे बड़ा कारण यह है कि सिर्फ सत्ताधीश ही नहीं बल्कि अधिकांश नागरिक यह समझते हैं कि समाज-परिवर्तन का सबसे कारगर शस्त्र राजनीतिक-परिवर्तन है और इसी समझ के चलते राजनीति की छोटी और अमहत्त्वपूर्ण बातें राष्ट्रीय जीवन की जरूरी और अहम् बातें बन जाती हैं और तब संस्कृति के सारे संश्लिष्ट सवाल राजनीति के जरिए हल होने लगते हैं। तब संचार माध्यमों के लिए यह अलग से

विवेक करना सम्भव नहीं होता कि वे राजनीतिक प्रयोजनों को सामाजिक प्रयोजनों से अलग करते रहे, खास तौर पर उस नौकरशाही के लिए जो सत्ताधीशों को सुरक्षित करती हुई अपने लिए सुरक्षा की सारी शर्तें पूरी कर लेती हैं। ऐसी परिस्थितियों में ये बुनियादी सवाल, जैसे हमारे जीवन और लोक के मूलाधार क्या है या हमारे देश के लिए शिक्षा, संस्कृति, राजनीति और अर्थ नियोजन के कैसे व्यापक समीकरण की आवश्यकता है या कि हम किन राष्ट्रीय ज़रूरतों और सामाजिक मूल्यों की नयी रचना अथवा पुनर्रचना करें, किसे प्राथमिकता दें और किन्हें छोड़ने की तैयारी करें ही सबसे ज्यादा अप्रासंगिक हो जाते हैं। यही हुआ भी है। आज़ादी के बाद वाले समय में राजनीति एक तरह से पूरे देश का व्यसन ही बन गयी। एक सांस्कृतिक विरासत के स्थान पर राजनीतिक विरासत को स्वीकृति दिलाने की आपाधापी मची रही। किन्हीं नए मानवीय विचारों की खोज और विकल्पों के वैचारिक संघर्ष के बीच गुजरने से पहले ही उपभोक्तावादी संस्कृति को चमक-दमक के साथ पेश कर दिया गया। दूरदर्शन, सिनेमा, आकाशवाणी, अखबार सेठों और सरकार की 'सांझा संस्कृति' के अन्तर्गत पश्चिम के वैभव, वहां की दुकानदारी के व्यावसायिक प्रतिमान, घटिया किस्म की छेड़खानी और मनोरंजन को फैलाने लगे।

यह ध्यान देने की बात है कि यह जलालत और मानवीय मूल्यों के प्रति उदासीनता की शुरुआत बीसवीं सदी के उत्तरार्द्ध की घटना है। इससे यह भी रोशनी पड़ती है कि विज्ञानवाद और यंत्र विधि या कि पिछले दिनों जिस प्रौद्योगिकी की उपयोगिता का हम जिक्र करते आए हैं वह निर्विशेष और निरपेक्ष नहीं है, कम से कम विश्व व्यवहार में तो वह ऐसी नहीं ही है। मनुष्य ने अपनी इच्छाओं के लिए उसका दोहन किया है और उसी के प्रसंग में वह सार्थक या कि भयावह हुई है। इससे हम यह निष्कर्ष निकालते हैं कि जैसे यंत्र विधि को उसी तरह संचार माध्यमों को हम उस तरह आज़ाद नहीं रहने दे सकते कि वह मनुष्य की सामाजिक-शक्ति का प्रतिपक्ष होकर अपने कौतुकागार में से कुछ भी विलक्षण और अद्भुज करिश्में भर दिखाए तथा तात्कालिकता के लिए मनुष्य की उपार्जित सारी मूल्यवान ताकतों को अंगूठा दिखा दें। विज्ञान यदि कार्य कारण भाव की तार्किक संगति का परिणाम है तो उसे समाज और रचना के क्षेत्र में उल-जलूल मूल्यों को फैलाने और मानवीय रिश्तों को ठंडा करने का अतर्क संगत काम नहीं सौंपा जा सकता।

यंत्र-विधि और संचार माध्यमों के विरुद्ध मेरी टिप्पणियां दरअसल उस 'न्यस्त स्वार्थ' के विरुद्ध हैं जिनकी दृष्टि आत्म-केन्द्रित हो गयी है और जो मनुष्य के रचनात्मक आवेशों को हर तरह से दूसरी ओर मोड़ कर नष्ट करने का चातुर्य दिखाने में प्रवीण है। यह टिप्पणियां उन देशों के विरुद्ध भी है जो गुन्नार मिरडाल के शब्दों में ''विज्ञान की अपनी लालसा के सांचे में ढाल कर अपनी लालसा को विज्ञान के

नाम पर अविकसित देशों पर लादना और इस तरह यंत्र विधि का भी धंधा करने लगे हैं।"

मैं सामाजिक सरोकारों के पक्ष में होकर भी किसी राजनैतिक मतवाद का प्रवक्ता बनने का लालची नहीं हूं क्योंकि मैं एक नारे की उबाऊ परिणति से अपरिचित नहीं हूं। उसके प्रवचनाकार धार्मिक उपदेशकों की तरह हो जाते हैं। लेकिन मैं सामाजिक प्रयोजनों की उन अन्वेषी शक्तियों से परिचित हूं जो किसी भी देश और काल के बिखरे बिखरे रहस्य सूत्रों को जोड़ देते हैं।

देश में संचार-साधनों की स्वायत्तता के संदर्भ में बहुत सी हलचल है लेकिन वह एक अभिप्राय में केवल राजनीतिक हलचल है। ऐसा हो तो भी मैं उसे उपयोगी मानता हूं लेकिन वह कोई उल्लास जनक दृश्य परिवर्तन नहीं है। वह संचार माध्यमों की भूमिका पर न तो कोई तात्विक बहस है और न वह हमारे जैसे उदास, विपिन्न और ऊल-जलूल सांस्कृतिक अभिप्रायों में बंटे देश के सामने कोई मानवीय मूल्यों का बड़ा रुपाकार पेश करती है। अब भी संचार माध्यमों के संचालकों का मिज़ाज देश की निर्माणकारी और देशी शक्तियों से जुड़ेगा यह पूरी तरह संदेह के दायरों में है। अब भी उनकी केंद्रीय मनोवृत्ति में कोई हेराफेरी होगी और प्रान्तों की विविधतापूर्ण सृजनशीलता प्रतिभाओं की प्रभविष्णुता तथा सांस्कृतिक विशिष्टताओं को स्वीकार कर लिया जाएगा इसका ही कोई संकेत मिलता है।

फिलहाल हमारे संचार माध्यम दो जगहों पर एकदम नाकामयाब नज़र आ रहे हैं। एक जगह तो वह है जहां वे आधुनिक यथार्थ के बेहद उलझे हुए स्वरूप को एकदम सरल बनाने की कोशिश में लगे हैं। दूसरी जगह वे एक ऐसी संवेदना शून्य भाषा का प्रयोग फैला रहे हैं जो न मनोविनोद करती है और न किसी के दुःख का आकलन करती है। जो भारत के किसी भी भू-प्रदेश की भाषा नहीं है। वह लोगों की जिन्दगी को इस तरह उथल-पुथल रही है जैसे उनका काम केवल रंगीन चीजों का खूबसूरत पुलिंदा खरीदना, चीजों को बेचना, उत्तेजित होना, ईर्ष्या करना, मारकाट के बाजार में घुस जाना हो। हम जब तक एक व्यापक आंदोलन के जरिए सामाजिक सरोकारों और संचार माध्यम के रिश्तों को जोड़ते नहीं तब तक सारी सद्‌च्छाओं के बावजूद संचार माध्यमों के विश्रृंखलित और दिशाहीन कार्यक्रम बदलने वाले नहीं हैं।

पत्रकारिता के ये दिन

पत्रकारिता के सम्बन्ध में मेरा ज्ञान उथला-उथला ही है यद्यपि हर समय मेरे मन में पत्रकार बनने का लालच रहा है। क्या इसका कारण यह है कि मैं पत्रकार नहीं बन सका? मनुष्य का स्वभाव शायद ऐसा ही होता है कि जो वह नहीं हुआ या नहीं हो सका, होना चाहता है।

लेकिन जो पत्रकार नहीं होना चाहते वे पत्र क्यों निकालते हैं? अखबार निकालने में अनाप-शनाप पूंजी क्यों लगाते हैं? कौन सा लोक-कल्याण, परिवर्तन के कौन से मुद्दे, जिंदगी को बदल कर किन मंजिलों तक पहुंचा देने की कल्पना उनके मन में होती है। यहीं से हम यह सवाल उठा सकते हैं कि हिन्दी पत्रकारिता का मिजाज़ या कि चरित्र क्या है या कि कैसा है? खासकर आजकल की पत्रकारिता किन पेचीदगियों से गुज़र रही है?

तफसील में न भी जायें तब भी यह बात साफ-साफ नज़र आती है कि अखबारों पर पूंजीपति घरानों का कब्ज़ा है। यह दरअसल लोगों के दिलों, उनकी अंदरुनी इच्छाओं, अभिरुचियों, उनकी जिन्दगी के जायकों को अपने कब्जे में करने की चाल है। यह खेल इतने हुनर और व्यावसायिक बुद्धि से खेला जाता है कि लोग समझते हैं उन्हें अपने विकल्प चुनने की आज़ादी है जबकि वे अखबार के दबाव और उसके प्रचार में ज्यादा से ज्यादा आज़ादी खोते जाते हैं। सच तो यह है कि उनके सोचने और निर्णय लेने की ताकत दिनोंदिन कमज़ोर होती जाती है।

उदाहरण के तौर पर इन दिनों लोगों के लिए यह निर्णय करना कठिन हो गया है कि वे अपनी खिड़कियों और दरवाजों पर कौन से रंग के पर्दे डालें या कि कौन सी चाय पियें, साबुन काम में लायें। प्रेम करने तक के उपाय अखबार में छपते हैं। अखबार उस नशे की तरह हो गये हैं जिसके नहीं मिलने पर नशेड़ी सिर पीटने या बाल नोचने लगते हैं। लोगों ने सोचने की जहमियत उठाने से इंकार कर दिया है। सब छापों के अखबार बाज़ार में मिलते हैं। दिलचस्प बात यह है कि एक ही अखबार में कामसूत्र से लगाकर क्रांतिकारिता की सामग्री सजी-धजी रहती है।

पूंजीपतियों ने मन को उथल-पुथल कर देने वाले शब्द के और उसे बार-बार दुहराने से मिलने वाले बल के चमत्कार को समझ लिया है। उन्होंने मन और शब्द

के गहन रिश्तों को कई बार मनोवैज्ञानिक तलाश जारी रखते हुए अपनी पूंजी का इज़ाफा तो किया ही है, सरकार और सत्ता को अपनी अंगुलियों पर नचाने का हौंसला भी बढ़ा लिया है। दरअसल प्रशासन के इतने स्तरों पर अखबारों का रूतबा देखा जा सकता है कि अखबार वालों से उसके प्रेम और घृणा के अजीब रिश्ते देखने को मिलते हैं। सरकार और पूंजीपतियों के बीच होड़ सी लगी है। अब यह अखकार चलाने वालों का घमंड नहीं कहा जा सकता कि वे सरकारों की अदला-बदली करने की ताकत रखते हैं। हमारे देश में उन्होंने ऐसा कर भी दिखाया है।

बहुत से लोगों का ख्याल है कि गरीब मुल्कों में अपनी अवैध पूंजी को बढ़ाने और उसकी सुरक्षा के लिए यह एक जरूरत है। अखबार दरअसल चोकीदारों और चोर दरवाजों की जानकारी रखते हैं जो अंततः मालिकों की आर्थिक हैसियत और सांस्कृतिक रूतबे को बढ़ाने में मदद करती है। उन्हें राजनीतिक हल्कों में ताकाझांकी का बल्कि आतंक स्थापित करने का अधिकार देती है। सूचना इकट्ठी करने का अधिकार समाचार पत्रों के मालिकों को राजनेताओं से अधिक ताकतवर बना देता है जिसे वे प्रायः झूठ, हिंसा, आपराधिक रंगत के किस्से बनाकर बेचते हैं।

हमारे समय का यह सबसे अधिक दिलचस्प किन्तु भ्रमात्मक मिथक है कि अखबार की कोई अलग अपनी स्वाधीनता है जबकि सब जानते हैं कि इस पानी में कितने प्रकार के रंग मिले होते हैं और सत्य की हड्डियों का रस पहले ही चूस लिया जाता है। सरकार और सेठ एक दूसरे की जेब में हाथ डाले रहते हैं। वे एक दूसरे का मजेदार संरक्षण और विरोध करते हैं और इस तरह अलग-अलग अखबार पूंजीपतियों के लिए अलग-अलग स्वाधीनता की पताकाएं फहराते रहते हैं। इसे वे 'अभिव्यक्ति की स्वतंत्रता' का आदरास्पद नाम भी देते हैं। अमूमन सेठाश्रित 'पत्रसनूह' दक्षिण-पंथी पार्टियों की विश्वसनीयता बढ़ाता है और दूसरी तरफ बदलाव की क्रांतिकारी सोच, कर्म, विकास के मॉडलों की भरपूर प्रशंसा कर जनता को भ्रमित करता है।

स्वतंत्रता के समय की पत्रकारिता की तुलना आज की पत्रकारिता से करना अर्थहीन है। आज़ादी के बाद देश की प्राथमिकताएं बदल गई हैं। पिछले पचास वर्षों में आज़ादी के समय का 'त्याग युग' भोग युग में बदल गया है और 'धनवान' होना ही हमारी सबसे महत्त्वपूर्ण इच्छा हो गयी है। धनवान होने के सिलसिले में ही हमने यह तय कर लिया है कि देर नहीं लगायेंगे, तुरत-फुरत, अंग्रेजी में जिसे 'इन्स्टेंट' या 'टू मिनिट्स' में मिलने वाली कामयाबी कहते हैं, हासिल करेंगे।

पत्र-समूहों के मालिकों या महत्त्वाकांक्षी पत्रकारों को इस प्राथमिकता से अलग करना संभव नहीं है। जब संतों और साधुओं तक का मन धन और राजसत्ता की ओर बेलगाम घोड़ों की तरह दौड़ रहा हो तब समाचार पत्रसमूहों के मालिकों और पत्रकारों को गालियां देना असंगत है। दलालों और राजनीतिक पार्टियों के शिखर

नेताओं के बीच जब अवैध धन की बेमरजाद बांट-चूंट चल रही हो तब सार्वजनिक जीवन में पवित्रता या सम्पत्ति के समाजीकरण की बातचीत बेमतलब और असंत होती नज़र आती है। आज़ादी के संघर्ष का रोमांस कुछ भी रहा हो आज की परिस्थितियों में वह 'शोक-गीत' जैसा ही लगता है।

इसलिए यदि पत्र-समूहों के मालिकों के मन में धन इकट्ठा करने का लालच समुद्र की तरह उमड़ आया हो और संपादकों को लाख-सवा लाख रुपया हर महीने मिल रहा हो तब भी हम उन्हें सरकारी ओहदेदारों की तरह खुशकिस्मत नहीं कह सकते। बहुत पहले मैंने आई.ए.एस. ओहदेदारों के लिए पढ़ा था कि वे हिलते तो बहुत हैं पर चलते नहीं हैं लेकिन पत्र-समूहों के संपादकों को यह सुविधा नहीं है। उन्हें हिलना भी पड़ता है और चलना भी। उन्हें अपने काम की आबरू और विश्वसनीयता बचाने के साथ-साथ मालिकों की मेहरबानी और उनकी सुरक्षा हासिल करने के लिए सत्ता के गलियारों में भागदौड़ करनी पड़ती है और अनचाहे काम करने पड़ते हैं। पत्रकारिता में भी ऊंचे पायदान पर पहुंचने के लिए कुलीन वंश, ऊंची जाति, अच्छी अंग्रेजी, परिचय और तिकड़मों की जरूरत पड़ती है।

अब सुनने में आता है कि पत्र-समूहों को अपने पक्ष में करने के लिए राजनीतिक पार्टियां बराबर सेंध लगाती रहती हैं या तरह-तरह से संपादकों के मन डांवाडोल करती रहती है। यथासंभव वे अपने पक्ष के संपादकों की नियुक्तियों पर दबाव डालती है। वर्ष 2009 के चुनावों में पार्टियों ने करोड़ों रुपये देकर टेलीविजन के चैनल खरीद लिए थे। दक्षिण-पंथी पूंजीपतियों का अकूत पैसा मीडिया कारोबार में लगा है।

हिन्दी पत्रकारिता के सिलसिले में ध्यान देने योग्य बात यह है कि अब हिन्दी का प्रभुत्व और रचनाशील परंपरा को अलविदा कहा जा रहा है। अब हिन्दी अखबारों के नाम प्रायः अंग्रेजी पत्रों की तरह होते हैं। टाइम्स, नवभारत टाइम्स, हिन्दुस्तान टाइम्स, संडे मेल, संडे आब्जर्वर, इंडिया टुडे, आउटलुक, ब्लिट्ज, थर्ड ब्लड का शब्दानुवाद करते तीसरी दुनिया या मार्निंग न्यूज़ का प्रभात खबर। यह बात हंसी में उड़ा देने जैसी नहीं है कि नाम में क्या रखा है?

हिन्दी समाज के बड़ी पूंजी वाले पत्र अंग्रेजी पत्रों के मुकाबले में शायद अपने आप को पिछड़ता देखकर अपने पूरक अखबार के पन्नों में धड़ल्ले से अंग्रेजी का प्रयोग कर रहे हैं। यह अंग्रेजी हिन्दी में लिखी होती है। हमारे प्रदेश का एक बड़ा पत्र अपने पाठकों को प्रातःकालीन अभिवादन हिन्दी में 'गुड मार्निंग' छाप कर करता है 'शुभ प्रभात' कहकर नहीं।

नामों का अंग्रेजीकरण पत्र मालिकों की हीनताबोध का संकेत है कि वे सार्थक और बुलंद इरादों को प्रतिध्वनित करने वाले नामों की जगह केवल समय की सूचना देने वाले गुण और मौलिकता रहित नामों की तलाश में लगे हैं?

केवल नामों के सम्बन्ध में ही नहीं भाषा प्रयोगों के सम्बन्ध में भी मालिकों के मन बदल गये हैं। वे अंग्रेजी के अनुवाद की तरफ जा रहे हैं। अखबारों में जिस दुस्साहसिकता के साथ अंग्रेजी का प्रयोग हो रहा है वह देसज भाषा-संस्कारों के 'विलुप्तीकरण' का संकेत है। हिन्दी अखबारों की भाषा अंग्रेजीनुमा होती है। बड़े अखबारों के संपादक विदेशों में प्रशिक्षित होते हैं। वे सोचते अंग्रेजी में और लिखते भारतीय भाषाओं में है। यही कारण है कि हिन्दी के समाचार पत्रों में देशी-देहाती दुनिया के सुख-दुख नहीं छपते शहर की वाचाल और अमीर होती दुनिया की खबरें होती हैं। भाषा के साथ लोग भी बंट गये हैं।

यह क्यों हो रहा है? क्या अनायास महज संयोगवश? क्या पत्र-समूहों के नव धनाढ्य मालिक इस तरह अपने घटते जनाधार की आशंका से चिंतित नहीं होते? लेकिन ऐसा करने के पीछे उनकी सोच अतर्क संगत नहीं है। दरअसल मीडिया प्रबंधन के सेठ जानते हैं कि भविष्य की उपभोक्ता संस्कृति, अंग्रेजी मदरसे, फलता-फूलता नव-धनाढ्य वर्ग और नव उपनिवेशवाद के आकर्षण भारतीय भाषाओं के लिए कोई जगह छोड़ने वाले नहीं है। वे जानते हैं कि एक भीरू, लालची, समता विरोधी और फाइव स्टार होटलों में ऐय्याशी करने वाला हिंसक मध्यवर्गीय पाठक ही भविष्य में उनके अखबारों का खरीदार और विज्ञापनदाता होगा। पूंजीपति घराने इस संभावनाशील वर्ग के लिए ही अखबार निकालता है। वे इस वर्ग का ध्यान उन अहम् सामाजिक सवालों से हटाने में लगा है जो गरीबी, अन्याय, कुशिक्षा, कुपोषण और गैर-बराबरी के हैं।

हिन्दी पत्रकारिता का वह भयावह रूप धीरे-धीरे खुल रहा है। उसे संक्षिप्त में यूं कहा जा सकता है कि कुछ ही पहले हम खबरों के बीच विज्ञापन पढ़ते थे लेकिन अब विज्ञापन के बीच खबर पढ़ते हैं। इन खबरों में निराशा, अपराध, यौन हिंसा, डराने वाले भविष्य, धार्मिक कर्मकांड, राशिफल और टुच्चे राजनेताओं के विवाद सबकी अरुचिकर खबरें अटी रहती हैं। ये खबरें विकल्प-विहीनता और डर का भाव पैदा करती हैं जनता का मनोबल छीजता जाता है। निराश, भूखे लोग हिंसा की तरफ बढ़ते हैं। भूखा आदमी कौन सा पाप नहीं करता?

बहरहाल पूंजीवादी मीडिया और पत्र-समूह के सारे सिंगार-सजाव और चालाकियों के चलते हुए भी पत्रकारों की ज़िन्दगी में कोई उल्लेखनीय ताज़गी नहीं आई है। पत्रकारों की जिन्दगी आम हिन्दुस्तानी की तरह दो हिस्सों में बंटी है। थोड़े से संपादकों का अभिजात्य, सुविधाएं, राजपुरुषों के साथ विदेश भ्रमण, शराब या उपहारों की चमक-दमक कई-कई स्तरों तक फैली गैर-बराबरी को बढ़ा रही है। पत्रों में अधिकांश काम करने वालों की जिंदगी असुरक्षित और दयनीय है। वे कभी भी बेरोजगारों की श्रेणी में शामिल हो सकते हैं।

मुझे नहीं मालूम कि इन दिनों 'हिन्दी पत्रकारिता' के सामने कभी राष्ट्रीय पहचान का संकट खड़ा हुआ या नहीं? लेकिन खड़ा हो तो वे किन जीवन मूल्यों को या प्रतिमानों को चुनेंगे? इस प्रश्न का उत्तर आसान नहीं है। फिर भी दिया जाना चाहिए क्योंकि इस उत्तर के साथ ही भविष्य की पत्रकारिता जुड़ी है। पिछले कई वर्षों से भारतीयता को पहचानने की राष्ट्रव्यापी बहस चली है। पहचान का शायद सबसे बड़ा संकट यह है कि हम प्रायः सरल रास्तों की तलाश करते हैं। तब सबसे सरल रास्ता जो नज़र आता है वह स्थूल से प्रतीकों को चुन लेने का होता है। हो सकता है कि ये धार्मिक कर्मकांड के हों, एक बहुसंख्यक समुदाय की मान्यताओं, विश्वासों या आचार संहित के हो; प्राचीन पौराणिक मिथकीय परंपराओं का हों या कुछ अन्य किस्म की कट्टरताओं के जो समुदाय विशेष के वर्चस्व को सुरक्षित रख सकें। पहचान बचाने के सिलसिले में हमारी स्मृतियां महत्त्वपूर्ण भूमिका निभाती हैं जो समय के मिजाज़ के साथ जुड़ी होती हैं और जिनका आस्वाद मीठा या कड़वा होता है।

हिन्दी पत्र समूहों के पूंजीपति मालिक या अधिकारी पत्रकार जब राष्ट्रीय पहचान के संकट से जुझते होते हैं तब वे वेद, उपनिषद्, रामायण, महाभारत काल की स्मृतियों से गुज़रते हैं लेकिन देखते हैं कि इस महा अतीत में हमारे पहचान की कोई गढ़ी गढ़ाई मूर्ति नहीं है, वहां समाज की विकसित होती जीवनशैलियां हैं, कठिन जीवन संघर्ष है, सत्ताधीशों और सामान्यजनों के रागद्वेष हैं, विवेकवान और अविवेकी स्त्री-पुरुष हैं।

जब वे अपनी पहचान के प्रतीकों को मध्यकालीन भारत में ढूंढते हैं तो वहां सामाजिक जिन्दगी ज्यादा जटिलताओं से घिरी नजर आती है। तुलसीदास जैसे महात्माओं को धर्मपथ संकीर्ण और कीचड़ सने लगते हैं, सुपथ दिखाई नहीं देता (सुमुझि परै नहीं पंथ)। सामंतों का कलह, मुसलमानों का आक्रमण, धर्म परिवर्तन, हिन्दू मुसलमानों की टकराहट, स्वाभिमान, समर्पण-दोस्ती-दुश्मनी, बनते बिगड़ते रिश्ते चरम पर नज़र आते हैं।

यह चुनौती अंग्रेजी साम्राज्य के साथ ज्यादा गहरी हो जाती है। जैसा लार्ड किपलिंग ने कहा—'पूर्व पूर्व है, पश्चिम पश्चिम; दोनों नहीं मिलेंगे।' मिलने न मिलने के प्रसंग में काफी खींचतान रही। पूर्व ने अपने आध्यात्मक का विरुद-गान नहीं छोड़ा और न पश्चिम ने अपने भौतिक संसाधनों और सुख-विलास को हीनतर प्रयोजन माने। उस दुविधा के समय राष्ट्रीय पहचान का संपूर्ण संकट 'पराधीनता से मुक्ति' में निहित हो गया। ध्यान देने की बात है कि पराधीनता से लड़ते हुए हमने नये और विश्वसनीय जीवन मूल्य रखे जैसे स्वतंत्रता, समता, धर्मनिरपेक्षता, सहिष्णुता इत्यादि। आज़ादी के दिनों का संघर्ष हिन्दी पत्रकारिता का संघर्ष हो गया। उर्दू के मशहूर कवि ने लिखा कि 'तोप तलवार के मुकाबले अखबार निकालो।'

लेकिन आज़ादी के बाद वाले दिनों में जैसा संभव था पुरानी अतीत की यादें फिर ताज़ा होने लगीं। देश के विभाजन की त्रासदी इतनी असहनीय और विकट थी कि हिन्दू-मुसलमानों के बीच के संबंधों और सांस्कृतिक सहयोग के दिन पूरी तरह बीत ही गये हों। उन्हीं दिनों दक्षिण पंथी पार्टियों और उनके समर्थक भाषायी पत्र-समूहों के मालिकों ने सरल, लोकप्रिय और सनातन काल के स्थूल प्रतीकों को राष्ट्रीय पहचान के साथ जोड़ लिया। पुराने धर्म पतीकों की नई वैज्ञानिक व्याख्या होने लगी। भाषयी पत्रों ने ज्योतिष, देवी-देवता, उनके अनुष्ठान, राशिफल, धर्म संस्थनों के प्रति आदरभाव और विवेकहीन आस्थाओं को समर्थन देना प्रारंभ किया।

आज भी भाषायी पत्र प्रति सप्ताह देवताओं और राशियों से सम्बन्धित सामग्री छाप कर वैकल्पिक धार्मिक पहचान बनाने की कोशिश करते हैं। एक भाग्यवादी संस्कृति और ईश्वरीय इच्छा पर आधारित व्यवस्था पूंजीवाद के विस्तार के लिए अत्यंत आवश्यक है। पूंजीपतियों के पत्र घराने और आधुनिक मीडिया सोच के उन सब विकल्पों को खारिज करते नजर आते हैं जिन्हें विज्ञान और समाजशास्त्र ने बहुत मेहनत से बनाये हैं। इन बड़े अखबारों में मध्यकालीन इतिहास और धार्मिक मुद्दों पर जनता का ध्यान केन्द्रित करने की कोशिश हैं जिन पर अस्त होते सूर्य की किरणें गिर रही हैं।

हिन्दी पत्रकारिता के ये दिन बहुत कामयाबी और संतोष के हो सकते हैं अगर वे लोकतंत्रात्मक समाज को बनाने और बचाने के लिए उन पुराने और नये ढांचों की निष्पक्ष और निर्भीक आलोचना करें जो हिंसा, अन्याय, सम्प्रदायवाद, गैर बराबरी और शोषण की पुरानी परंपराओं के आकर्षण में बंधी हैं। उनकी 'राष्ट्रीय पहचान' का संकट 'धर्म शिखरों' के साथ नहीं जुड़ा है, वह मानवीय रिश्तों की पुनर्वाख्या से जुड़ा है जिसमें सब जाति और धर्म के स्त्री-पुरुष शामिल हैं। लेकिन समाचार पत्र समूहों के मालिक या उनके चहेते पत्रकार लोगों को अतीतानुराग और अंधविश्वास से अलग जाने देंगे यह संदेहास्पद हैं।

हिन्दी पत्रकारिता के संदर्भ में यह बात ध्यान आकर्षित करती है कि उसके प्रमुख आकर्षण केंद्र शहर है। शहरों में ही अखबारों के ग्राहक और विज्ञापनदाता और वहीं एक बोलने वाला, महत्त्वाकांक्षी, सजग, पढ़ा-लिखा, असंतुष्ट, असहिष्णु खबरें बनाने वाला वर्ग रहता है। जिस तरह का देश हमारे मन में है उसके नमूने हमारे महानगर मुम्बई, कोलकाता या कि प्रांत की राजधानियां हैं। उनकी सुविधाओं का बड़े समाचार पत्र अच्छा खासा ध्यान रखते हैं। गांव के लाचार और गरीब लोग भी वहीं शरण लेते हैं। मुझ से इन महानगरों के एक युवक ने तारीफ करते हुए कहा कि वहां कोई भूख से नहीं मरता लेकिन महानगर हिंसा और बेहद शर्मनाक अपराधों के केंद्र हो गये हैं और सबसे लिए एक या दूसरे के लिए आकस्मिक मौत इंतजार

करती है। क्या पूंजीपतियों के अखबार समूह के लिए 'भूख, हत्या और हिंसा' खबरों की विशिष्ट श्रेणियां बनती है?

तब भी शहर की फिक्र में लगे समाचार पत्र समूहों की थोड़ी बहुत नज़र ग्रामांचलों में भी लगी रहती है। अखबारों की एक खास शैली में वहां खबरें न बनती हों तब भी वहां चुनाव और राजनीति होती है और समय-समय पर धार्मिक, कट्टरता, जाति द्वेष, सामाजिक क्रूरता की नृशंस घटनाएं होती रहती हैं। इधर वैश्वीकरण और उदारतावाद और विकास के नये रूपों ने ग्रामांचलों में जो परिवर्तन किये हैं वे अखबारों के नये संभावना क्षेत्र बन गये हैं।

इस सबके बावजूद प्रश्न तो बना ही रहता है कि ग्रामांचलों की जिन्दगी को ऊपर उठाने, उसकी गुणवत्ता को विकसित करने, उन्हें संवैधानिक प्रतिज्ञाओं के अनुसार सुख-सुविधाओं के समान हिस्सेदारी में शामिल करने का जायजा बड़े समाचार पत्र क्यों नहीं लेते? ग्रामांचलों में फैली सामाजिक, राजकीय और प्रशासनिक उपेक्षा और अनदेखी वहां की वर्चस्ववादी हिंसा, ऊंची जातियों द्वारा शोषण, कुशिक्षा, कुपोषण, भारी कर्ज और आत्महत्या ये चिंताजनक खबरें क्यों नहीं बनतीं?

हिन्दी पत्रकारिता और पत्रकारों पर इस बात की ज़िम्मेदारी लगातार बनी रहेगी कि वे अपनी व्यावसायिक और आर्थिक उन्नति के साथ लोकजीवन को मजबूत और वास्तविक जनतंत्र से जोड़ने का काम करें।

आमजन और मीडिया

मीडिया से अभिप्राय हम 'टेलीविजन' ही समझते हैं, विस्तार से बात करते हुए रेडियो, और अखबारों को भी शामिल करते हैं, यद्यपि समाचार भेजने और फैलाने के दूसरे भी कई माध्यम हैं। पुराने माध्यम बिल्कुल खारिज हो गए हैं ऐसा नहीं है लेकिन उनकी उपयोगिता धीरे-धीरे खत्म होती जा रही है। नई दुनिया की जरूरतों के लिए, 'सूचना प्रौद्योगिकी' का वृहत्तर जाल फैला दिया गया है। अब समाचार 'उत्पाद' बन गये हैं और उनका 'वर्ग चरित्र' बनता जा रहा है। अखबार और टेलीविजन चैनलों पर दिखाए जाने वाले समाचारों में खास फर्क यह है कि चैनलों के समाचार लगातार और इतने वेग से दिखाए जाते हैं कि वे देखने वाले को उनकी सचाई या झूठ पर सोचने का कोई मौका नहीं देते। हमारे पास उन्हें स्वीकार करने के सिवा कोई विकल्प नहीं होता। अखबार में दूसरे दिन जब हमारे पास समय होता है; स्वीकार या निषेध का, संदेह का, सहमति या असहमति का और जरूरत आ पड़े तो प्रतिवाद का। तब भी अखबारों से कहीं अधिक प्रभाव टी.वी. चैनलों पर दिखाए जाने वाले दृश्यों का होता है। लगता है कि चैनलों पर दिखाए जाने वाले चित्र-दृश्य कागद लेखी न होकर 'आंखन देखी' ही हों—यह जानते हुए कि यह कैमरे की या मशीन की आंख है जो 'जादुई यथार्थ' की रचना करने में समर्थ होती है। लेकिन ध्यान देने की बात सम्मोहित होकर टीवी देखना या अखबार पढ़ना नहीं है बल्कि असल में यह है कि यह चित्र दृश्यावली कौन दिखा रहा है या यह खबरें कौन बना रहा है और उसका मकसद या प्रयोजन क्या है? कितना शुद्ध, कितना जन-पक्षधर, कितना संवेदनशील और कितना नैतिक-शक्ति संपन्न करने वाला।

मीडिया के साथ हमारे रिश्ते अनिवार्य और अटूट हैं; वे मोहक और वितृष्णा-जन्य हैं। ('लव-हेट रिलेशन्स' कहे जाने वाले) दोनों तरह से वे हमें बांधे रहते हैं इसलिए उनसे बचना, निरपेक्ष या एकदम उदासीन होना संभव नहीं है। हम यह प्रतिज्ञा नहीं कर सकते कि अखबार नहीं पढ़ेंगे या टी.वी., सिनेमा, सीरियल नहीं देखेंगे या कि रेडियो नहीं सुनेंगे, क्योंकि वे अप-संस्कृति के वाहक या प्रचारक हैं। यह प्रतिज्ञा हम कर भी लें और दुनिया से भागकर दुबक जायें तब भी यह प्रवाह थम जाने वाला नहीं है। दुबक जाने का मनोवैज्ञानिक प्रभाव पराजय और निराशा

का असहनीय संताप पैदा करेगा और बदलने तथा रचना करने के सारे इरादों को खत्म कर देगा। हम लोकप्रिय और खुशियां देने वाले आविष्कारों को किन्हीं कुलीन संस्कारों और अदाओं को बचाने के लिए हमेशा निंदा कर छोड़ देने का आग्रह नहीं कर सकते।

हम इस तथ्य को बार-बार दुहरा सकते हैं कि मीडिया का तंत्र हमारा रहनुमा, हमारा दोस्त और आत्मीय नहीं है। वह हमारी गरीबी, पराधीनता, लाचारी और संघर्ष की हकीकतों को दुनिया के सामने रखकर आमजन की पक्षधरता करने वाला भी नहीं है। इसमें भी कोई शक नहीं है कि वह पूंजीवादी दुनिया का माल बेचने वाला सबसे होशियार और मुखर दलाल है; वह कई भाषाएं, जुबानें, मुहावरे, भोली भंगिमाएं और नैतिक जगत् की सूक्तियां और कविताएं जानता है तथा विज्ञापनों में सुन्दर युवा स्त्री-पुरुषों के वक्ष, जंघाएं, आलिंगनों और चुम्बनों के जरिए शराब और सिगरेटें बेचता है।

इस सबके बावजूद हमें थोड़े धैर्य के साथ यह भी समझना होगा कि आखिर मीडिया के मिजाज में यह बदलाव क्यों आया है? मीडिया का बदलाव आकस्मिक नहीं होता। ध्यान से देखें मीडिया के स्वभाव में परिवर्तन एक लक्षण है; जबकि असली कारण कुछ दूसरे हो सकते हैं। उन कारणों की तफ़सील में न जाकर हम बीच में ठिठक गए हैं और मीडिया को लताड़ना शुरू कर दिया है।

दरअसल बुनियादी सवाल तो यह है कि समाज के मिजाज में वे कौन सी तब्दीलियां आई हैं जिनकी वक्र-छाया हमारे अखबारों, रेडियो, टी.वी. चैनलों और हमारे दूसरे सांस्कृतिक उत्सवों, बाजार और खान-पान, वेश-भूषा, भाषा और सामान्य बोलचाल पर पड़ रही है। सचाई तो यह है कि समाज और मीडिया का गहरा और आन्तरिक रिश्ता है। मीडिया का अपना कोई स्वतंत्र अस्तित्व नहीं है। उसकी सारी शक्तियां समाज में निहित हैं। मीडिया की चतुराई यह है कि वह सामाजिक संरचना की जटिल उथल-पुथल को सरल कर देता है और ऐसी भाषा-रचना करता है जो हमारे आवेगों को किन्हीं निष्कर्षों या कि निर्णयों तक नहीं पहुंचने देती।

अब मुड़कर हमारे समाज को देखें जिसकी सेवा में हमारा टी.वी., रेडियो, अखबार और कुछ शान्त-सा लगने वाला मीडिया लगा हुआ है, जैसे राष्ट्रीय स्वयं सेवक संघ की शाखाएं, धर्म-सभाएं अस्थल या अखाड़े, शैक्षिक जगत् की पुस्तकें या कि राजनीतिक पार्टियां।

ध्यान से देखने पर दुनिया और देश का समाज कई फांकों और दरारों में बंटा नजर आएगा। एक अघायी और भूखी, तृप्त और संत्रस्त, मारने वाली और मार खाने वाली दुनिया तो है ही रंग और धर्म, जाति, भाषा और लिंग में विभाजित दुनिया की त्रासदी भी कम हिंसक और निष्करुण बनाने वाली नहीं है। दुनिया का और हमारा

टी.वी. तथा अखबारी मीडिया इसी विभाजित और बड़प्पन में मगरूर समाज से ही जीवन रस लेता है और इसी को आबाद रखने की कोशिश करता है। इस महंगे व्यवसाय में जो पैसा लगाते हैं उनसे यह उम्मीद करना कि वे अपने मायालोक को ध्वस्त करके शाम होते-होते बाज़ार से बिना बिके माल को समेटकर घर चले जाएंगे एक भली और भोली दुनिया बनाकर, अक्ल की सारी खिड़कियां बंद कर लेना है। मीडिया के बंदे उपभोक्तावादी बाज़ार के ग्राहक बनाने का काम करते हैं। वे हमारी उन कमजोरियों को पकड़ते हैं जिनका संबंध हमारी जीवन-रचना और भावनात्मक दुनिया से है। हम यह देखते हैं कि मीडिया धर्म के सारे अलौकिक-लौकिक व्यवहारों में अपार रुचि दिखाता है। क्या इससे यह परिणाम निकाला जाना चाहिए कि वह सहसा लोक-मंगल और भगवद्-भक्ति, संन्यास और वीतरागत्व के प्रचार में रुचि लेने लगा है और मोक्ष-मार्गी हो गया है? दरअसल धर्म का यह जबरदस्त मार्केटिंग कई तरह से मीडिया की विश्वसनीयता बढ़ाता है और धर्म-गुरुओं के अनैतिक-आचरण और अपार सम्पत्ति जोड़ने का लालच का विरोध करने वालों को 'धर्म-द्रोहियों' की श्रेणी में शामिल कर देता है। अब यह समझने में ज्यादा कठिनाई नहीं आती कि मीडिया का कौशल एक फरेब की दुनिया को वास्तविक दुनिया की तरह प्रेक्षपित करना है और मारक्यूज़ के शब्दों में 'एक आयामी' (यूनीडायमेन्शनल) संस्कृति की रचना करना है। हमारे देखते-देखते हमारे शहर और गांवों की स्थानीय रंगत धुल-पुछ गई है। वे कुछ ही दिनों में पश्चिम की बस्तियों में तब्दील हो जाएंगे और हमारे 'अपार्टमेंट्स' सारी गैर-ज़रूरी, दिखाऊ, उधार के दम पर खरीदी वस्तुओं के अजायबघर होंगे। हमारे पास दुनिया भर के इस कबाड़ के साथ वे गैर-ज़रूरी सूचनाएं होंगी जिनका ताल्लुक भयावह अपराधों, बलात्कारों, हत्याओं और हिंसा से होगा। इस सबके लिए जरायम पेशा कौमें, गांव के गरीब, छोटी जातियों दलित-वर्ग के लोग पकड़ लिए जाएंगे। मीडिया का सूचना तंत्र हमें यह विश्वास दिला देगा कि अपराध गरीबों और वंचितों के सिवा कोई कर ही नहीं सकता।

मीडिया के महंगे उपकरण और जटिल तकनीक के चलते सामान्य लोगों के पास घुटने टेकने या छोटे संसाधनों से जुटाए गए वैकल्पिक मीडिया के प्रबंधन के सिवा दूसरा कोई उपाय नज़र नहीं आता। लेकिन तब भी हमारी मनोवैज्ञानिक परेशानी बनी रहती है और हमारे प्रयासों के छोटे होने का एहसास हमें कुंठित किए रहता है। उनका असर भी सीमित होता है और गुणवत्ता की देख-रेख भी। लेकिन बड़े मीडिया के दबाव को कम करने के सिवा हमारे पास कोई विकल्प नहीं है जिसे हम जन-संपर्क या जन-पंचायतों और पारंपरिक संचार-माध्यमों से तोड़ सकते हैं। हम देखते ही हैं कि उफनती हुई नदियां नए रास्ते ढूंढती हैं। हमारे कमजोर मन को शक्तिशाली बनाने के लिए यह विश्वास काफी हो सकता है कि छोटी-छोटी सचाइयों की नैतिकता और

जन-हित के मद्दों का दबाव हमारे पक्ष में है। अगर हम पूंजीवाद की लूट और बड़े मीडिया की साजिशों को समझते हैं तो हमें छोटे मीडिया और संगठनों की ताकत में फिर से भरोसा करना पड़ेगा।

हमारे पास एक और भी उपाय बचता है। हम बड़े मीडिया, बड़े उद्योगों और पूंजीवादी देशों के सहयोग और सांठ-गांठ की पोल खोल सकते हैं। हम मीडिया के जारी किए गए बयानों और दिलचस्पियों की चीर-फाड़ कर सकते हैं और उन सब कथानकों का छल प्रकट कर सकते हैं जो धर्म, जाति, भाषा, लिंग की गैर-बराबरी को बढ़ावा देते हैं। हमारे कई पढ़े-लिखे, बुद्धिमान लोग मीडिया के दिखाए दृश्यों और अखबार में छपे आख्यानों को सनातन सत्य की तरह स्वीकार और उद्धृत करते हैं। उन्हें यह विश्वास नहीं होता कि मीडिया का एक महत्त्वपूर्ण काम बौद्धिक-कुशलताओं को नष्ट करना भी है। बार-बार दुहरा कर टीवी चैनल या अखबार वस्तुओं को बेचने वालों का साम्राज्य बढ़ाते हैं।

अगर हम मीडिया के सत्य की विश्वसनीयता खंडित करते हैं और पाठकों-दर्शकों में प्रश्न या संदेह करने की ताकत पैदा करते हैं तो फिर टीवी देखकर, अखबार पढ़ कर या बाबाओं के प्रवचन सुनकर भी आराम से अपने रूप, रंग, गंध, स्पर्श की दुनिया बचाकर रख सकते हैं। इस ताकत के जरिए हम आमजन की पीड़ा और चिन्ताओं के साथ अधिक संवेदनशील हो सकते हैं।

सज्जनों का सम्पत्ति शास्त्र

इससे पहले कि मैं इस आलेख की शुरुआत करूं आपको एक किस्सा सुना दूं। यह किस्सा मुझे मेरे पिता ने सुनाया था। इस किस्से का सम्बन्ध एक खूबसुरत स्त्री से है। वह अजीब खूबसूरत स्त्री थी। लेकिन इस सुन्दर स्त्री के साथ कोई अजीब हादसा हुआ था। शायद यही कारण था कि जिससे उसके आगे के बाल उड़ गए थे और ध्यान से देखने पर यह भी नज़र आ जाता था कि उसके पीछे के बाल भी नहीं हैं। इस तरह वह कुछ-कुछ आगे और पीछे से गंजी थी। लेकिन वह सुन्दर और चंचल थी इसलिए लोगों का मन मोह लेती थी।

एक दिन संयोग से वह युवा स्त्री एक संत को मिल गई। संत ने पूरी विनम्रता से पूछा कि "अचरज है माता! तुम्हारे आगे और पीछे दोनों ओर के बाल उड़ गए हैं; क्या आप इसका कारण बता सकेंगी?" युवती खिन्न हो गई लेकिन उसने कहा पहले पीछे के बाल उड़ने की बात सुनो। दुर्जन लोगों के यहां मैं नहीं जाना चाहती वे मुझे बाल खींच-खींच कर अपने घर ले जाते हैं। खींच-तान में मेरे पीछे के बालों की यह दुर्दशा हुई है। युवा-संत को बहुत दुःख हुआ लेकिन वह आगे के बाल उड़ जाने का रहस्य जानना चाहता था। उसने पूछा और आगे के केश? युवती जरा हंसी फिर साधु के पास आकर कहा तुम्हारे कारण। तुम्हारे यहां आना, रहना चाहती हूं लेकिन तुम आने नहीं देते। आने के लिए तुम्हारे चरणों में न जाने कब से ललाट रगड़ रही हूं; रगड़ते-रगड़ते सामने के बाल ही उड़ गए हैं। यह कह कर युवती धीरे-धीरे चली गई। सन्त भी। पिता ने कहा वह युवती लक्ष्मी थी। सज्जनों, साधुओं के पास रहना चाहती है लेकिन वे उससे उदासीन रहते हैं। मैं जब तक छोटा था यही सोचता था कि सज्जनों और साधुओं के पास बेहद कमज़ोर इच्छा-शक्ति और लक्ष्मी को खुश रखने और प्रेम करने के साधनों का अभाव ही रहा होगा। बाद में भी मेरे मन में सज्जनों के समाज को कई तस्वीरें बनती रहीं और मैं सम्पत्ति और समाज के बीच के सम्बन्धों को लेकर उलझन में पड़ा रहा।

इस सवाल का उत्तर बहुत आसान नहीं है कि सज्जनों का समाज कैसा होना चाहिए और खास तौर पर यह कहना या निर्णय करना और भी मुश्किल है कि एक कुटिल-समाज की परिभाषा सम्पत्ति को केंद्र में रखकर ही करना चाहिए। हमारे यहां

जरूर समाज और सम्पत्ति के रिश्तों पर लगातार विमर्श हुआ है और महाभारत और रामायण के मदोन्मत्त नायकों की कुटिलता का कारण शक्ति और सम्पत्ति ही है लेकिन देवताओं के समाज और उसके सुख के केंद्र भी शक्ति और सम्पदा है। प्रायः देवता और राक्षसों के बीच की प्रतिस्पर्धा और संघर्ष का कारण सम्पदा, विलास और शक्ति ही है जिसे असुर देवताओं से और देवता असुरों से पाने की जबरदस्त प्रतिद्वन्द्विता करते हैं। देवताओं के मन में सम्पत्ति की कामना मामूली आदमी की तरह देखने को मिलती है। सज्जनों के मन में सम्पत्ति की कामना नहीं होती यह सोचना कठिन है। तब लक्ष्मी की वह कौन सी भंगिमा है जो सज्जनों को, साधुओं को डराती है? यह डर उनके मन में पहले से ही, एक पूर्वग्रह के रूप में होता है या लक्ष्मी का स्वभाव है, उसका चरित्र कि वह जहां होगी जहां जाएगी सब कुछ सुन्दर, सुखद, संतोष देने वाला नष्ट हो जाएगा और उसकी जगह क्लेशों की वह बंजरभूमि नज़र आने लगेगी जहां भ्रम भी पैदा नहीं होगा और मानवीय रिश्ते उलट-पुलट हो जायेंगे? तब क्या सज्जनों का समाज बनाने के लिए हम किसी ऐसे समाज की कल्पना करें जिसमें लक्ष्मी का हस्तक्षेप न हो। लेकिन तब भी हमारे लिए यह सवाल बचा रहेगा कि क्या यह समाज सज्जनों का होगा या उन डरपोक लोगों का जो अपनी आकांक्षाओं के मालिक नहीं होते और उस कठिन परीक्षा के समय घबरा जाते हैं जब 'सम्पूर्ण निर्णय' लेने की जिम्मेदारी आती है।

दरअसल मनुष्य के 'सम्पूर्ण विकास' को हम चीजें छोड़-छोड़ कर नहीं देख सकते। ज़िन्दगी इस तरह कठोर चुनावों के बीच से सम्पूर्णता का आनंद नहीं लेती। देखा गया है कि अनुभवों को खंड-खंड कर बांटने वाले या निर्णय के रास्तों पर चलने वाले समाज कई तरह से बदला लेने वाले समाज में बदल जाते हैं। सज्जनों के समाज की ताकत लक्ष्मी के पराक्रम और उसके चंचल, मनमौजी तथा ऐश्वर्यकामी मिज़ाज से डरने में नहीं है लेकिन उससे टकराने और उसे अपने अनुकूल बनाने में है। यह ध्यान देने की बात है कि सज्जनों की संस्कृति और दारिद्र्य की संस्कृति एक नहीं है। दरिद्रता की संस्कृति हज़ारों तृष्णाओं, चालाकियों, चटोरेपन और झूठ से दबी रहती है। तुलसीदासजी ने इसी संस्कृति पर कटाक्ष करते हुए लिखा है : नार मरी, घर सम्पति नासी। मूंड मुंडाय भये संन्यासी। अभावों की संस्कृति में लक्ष्मी के लिए सज्जनों के मन अधीर होते देखे गए हैं और वह पछतावा भी देखा गया है जो सम्पदा के न पाने का होता है।

सज्जन लोग बताते तो नहीं हैं लेकिन वे इस सुन्दर और हमेशा युवा रहने वाली की बेवफाई से भी कम खिन्न नहीं हैं। उसके स्वभाव पर कवियों ने आपत्ति की है और हेकड़ी लगाते हुए कहा है कि लक्ष्मी के और हमारे बीच पटती नहीं है। कवियों ने पहले कहाः कमला, थिर न रही। फिर दूसरे कवि ने कहा, कारण बताया : बूढे

की बहू, चंचल स्वभाव की नहीं होगी, इसके उसके पास नहीं जाएगी तो क्या करेगी –(पुरुष-पुरातन की वधू क्यों न चंचला होय)। लेकिन कुछ सज्जनों का यह मानना है कि कविताओं की यह चेतावनी सज्जनों को नहीं सूदखोरों, लालचियों और कंजूसों को थी। सज्जनों से कबीर ने दूसरी बात कही थी दोनों हाथों से उलीचने की; दोनों हाथों से देने की। कहा था :

जो जल बाढ़ै नाव में, घर में बाढ़ै दाम।
दोऊ हाथ उलीचिए, वह सज्जन को काम।

कबीर की दृष्टि में सम्पत्ति अर्जन और सम्पत्ति विसर्जन दोनों सज्जनों का काम हैं। यह बात ठीक इसी तरह नहीं, कुछ बदल कर उपनिषद भी कहती है। देवताओं से दमन करने की, दानवों से दया करने की : मनुष्यों से दान करने की। ब्रह्मा से मिलने गए देवता, दानव और मनुष्यों के प्रतिनिधि मंडल से उन्होंने 'द' कहा था। कबीर ने कहा कि दोनों हाथों से धन उलीचो और ब्रह्मा ने कहा दान करो। तब भी, वास्तव में दोनों ही सज्जनों को ही सम्बोधित कर रहे थे। दुर्जनों के लिए कवि और देवता कुछ नहीं कहते और कहें तब भी दुर्जन कुछ नहीं सुनते।

यह ध्यानपूर्वक देखा जाना चाहिए कि हमारा जीवन कहीं भी या कभी भी एक आग्रह से, एक इच्छा से, एक तरफा नहीं चल सकता। हम चाहें या कोई भी चाहे हमारी नाव कई लहरों पर नाचती है। यही जीवन का सम्मोहन है। हमारी अपनी सदी को देखें। लोगों के निश्चय, उनकी दौड़, उनके मन में दबी-छुपी आकांक्षा को पढ़ें, उनके रोज़ के व्यवहार की तरफ झांकें, उनके सपनों की ओर नज़र दौड़ाएं तो यह जानने में ज्यादा समय नहीं लगेगा कि सब के सब उस युवती को अपने घर ले जाने को बेताब हैं जिसके क्लेश और नाराजी का हमने इस लेख के प्रारंभ में जिक्र किया है। अब उनमें वे सज्जन भी शामिल हो गए हैं जो पहले कभी उदासीन थे। अब लक्ष्मी को किसी के चरणों में सिर रख कर ललाट रगड़ कर प्रार्थना नहीं करनी पड़ती। लेकिन यह भी एक तरफा दौड़ है, एक रस और थका देने वाली। वह वस्तुओं के लिए अदम्य उत्साह पैदा करती है। वस्तुओं को अपने कब्जे में करने की आदिम इच्छा। फिलहाल इस ज्वर के उतरने की कोई संभावना नज़र नहीं आती लेकिन इस एक पुरुषार्थ से अनेक पुरुषार्थों से बनी ज़िन्दगी नहीं चलेगी। इसी प्रसंग में और यह कोई अलौकिक प्रसंग नहीं है, यह कहना कि वस्तुओं के पास ज़िन्दगी की उदासी मिटाने की बुनियादी ताकत नहीं है; यदि ज़िन्दगी कई रंगों से कई आवेगों और उत्तेजनाओं से बनी है तो उसके वैभव को बचाने के लिए हमें वे सारे रंग तलाश करने पड़ेंगे जिन्हें अपनी जिद में या अज्ञान में पहचानने से इंकार कर दिया हो।

ऐसा पहली बार ही नहीं हुआ है, अब जैसा हम समझ रहे हैं कि सारा पराक्रम पैसे के पास आ गया है, सारी शक्ति और विभूतिमयता पैसे में निहित हो गयी है;

ऐसा ही किसी वक्त धर्म-संस्थापकों ने सोचा था और धर्म ने विश्व-विजय का झंडा गाड़ दिया था। लोगों को स्वर्ग जाने के टिकिट मिलने लग गए थे और हत्यारों ने स्त्रियों को स्वर्ग में सुख के सपने दिखा कर चिता पर चढ़ा दिया था। आत्म-निर्णय और संवेदना के सारे रास्तों पर पंडित, पादरी और मौलवी अपने धर्म-शास्त्र की पुस्तकें लेकर बैठ गए थे। यह लगने लगा था कि सब कुछ ठीक हो गया है लेकिन ज्यादा कुछ ठीक नहीं हुआ। धर्म-संगठनों में कलह और फूट-फ़जीहत मान-अपमान, बड़प्पन और निन्दा लोक और शास्त्रविज्ञों का तीव्र मन-भेद और विद्वेष की कटुता नज़र आने लगी। ब्राह्मण और बौद्ध वेद और वेद-निंदकों, आस्तिकों और नास्तिकों में बंट गए (नास्तिकों वेद निन्दकः)। शान्तिकामी, धर्म प्रवक्ता हिंसा और लूट-पाट के नायक बन गए। मंदिरों के पास अकूत लक्ष्मी इकट्ठी हो गई। मस्ज़िदें दूसरे धर्मावलम्बियों के लिए तलवार-बंदूकें इकट्ठी करने के काम आने लगीं। धर्म के सारे अन्तर्विरोध सामाजिक क्रूरताओं और नर-संहार के कारण बन गए।

महत्त्व की बात यह है कि एक रंग की, एक चाहत या एक सिद्धांत, धर्म भाषा से दुनिया जैसी हम चाहते हैं वैसी नहीं बनती, वैसे ही अकेली-सम्पत्ति किसी को सार्थक दुनिया का वरदान नहीं दे सकती। निःसंदेह दुनिया और किसी सीमा तक खूबसूरत जिन्दगी के लिए सम्पत्ति की; बाजार की, मैत्री-पूर्ण अर्थशास्त्र की आवश्यकता से इन्कार करना असम्भव होगा वैसे ही अर्शशास्त्र की शक्ति को नियंत्रित और बाज़ार को वस्तु-केन्द्रित बनाने के बजाए मनुष्य-केन्द्रित बनाना जिन्दगी, दुनिया और मनुष्य को बचाने के लिए आवश्यक होगा।

यह तथ्य भूलने के लिए नहीं है कि सम्पत्ति-शास्त्र की अपनी कोई निरपेक्ष पहचान नहीं है और न उसकी स्वायत्तता असंदिग्ध है। अमरीकी बाज़ार या कि पच्छिम के मुल्क अपने सम्पत्ति—शास्त्र की निरपेक्ष-सत्ता का चाहे जितना ढोल पीटते रहें लेकिन उसकी सम्पूर्ण परिभाषा सामाजिक अभ्युद्‌य और दारिद्र्य मिटाने के साथ जुड़ी रहेगी। दुनिया का अर्थशास्त्र भीख मांगने वालों और भीख देने वालों का अर्थशास्त्र नहीं हो सकता। इसी तरह वह कुटिलतायें करने वाले और सहने वालों की सम्पत्ति-शास्त्र भी नहीं होगा। यदि यह प्रश्न उत्तरित होना हो कि सम्पत्ति शास्त्र की कामयाबी की पहचान क्या है...? तब इसका उत्तर पूछने के लिए हम बहुराष्ट्र कम्पनियों के पास नहीं जायेंगे बल्कि अपने लोगों के पास जायेंगे जो अपनी बेहतरीन, भूख-रहित जिन्दगी के लिए अकथ परिश्रम करते हैं।

पानी

जब पानी नहीं आता यानी वर्षा नहीं होती तब पिता मुझे वह संवाद सुनाते जो कृष्ण और अर्जुन के बीच हुआ था। अर्जुन ने कृष्ण से पूछा—"आप जब प्रसन्न होते हैं तब क्या करते हैं?" कृष्ण ने उत्तर दिया—"अर्जुन, मैं वर्षा करता हूं।" संतुष्ट न हुए अर्जुन ने फिर पूछा—"आप जब अत्यंत प्रसन्न होते हैं तब?" तब भी कृष्ण ने वही उत्तर दिया—"मैंने कहा न अर्जुन, वर्षा करता हूं।" तीसरी बार प्रश्न को उलट-पुलट कर अर्जुन ने पूछा—"जब आप अत्यधिक प्रसन्न होते हैं तब भी वर्षा करते हैं? "कृष्ण ने हंसकर कहा—"हां, अर्जुन वर्षा करता हूं।" अब यदि कृष्ण हों और अर्जुन फिर पूछे तो अब भी शायद वे यही उत्तर दें।

छोड़िये भी कृष्ण-अर्जुन को। आपसे पूछें कि आपको कोई वरदान मांगने को कहा जाये तो क्या मांगेंगे? वर्षा तो आपकी प्राथमिकता में नहीं होगी।

फ्रांस की कोई महारानी थी । (माफ करें नाम याद नहीं रहा) उनसे किसी ने कहा—"लोगों को रोटी नहीं मिल रही।" उसने चकित होकर कहा—"क्या, रोटी नहीं मिल रही तो 'केक' क्यों नहीं खाते?" हमारे आमिर खानों, शाहरुख खानों और अमीरज़ादों से कहें कि पानी नहीं मिल रहा पीने को, तो फ्रांस की महारानी की तरह इतराये हुए 'ठंडे पेय' के दलाल कहेंगे—"पानी नहीं तो क्या पेप्सी, कोका कोला, मिरिंडा या कुछ भी पियो।"

देखते-देखते यह विभाजन हुआ है। पानी वालों और कोका कोला वालों में देश का बंटवारा। पूरा देश इस तरह और इतनी तरह बंटा है कि प्यासे लोगों की बात करते हम लगातार कुछ इस तरह महसूस करने लगते हैं कि प्यासों की अकर्मण्यता ही उन्हें प्यासा रखे हुए है। जो प्यासे हैं और पानी की बूंद-बूंद के लिए अपने दुर्भाग्य को गाली दे रहे हैं वे दरअसल जाहिल और अकर्मण्य हैं। जो ऊपर बैठे हैं और प्यासे लोगों का पानी पी रहे हैं, पानी का व्यापार कर रहे हैं; वे आरोप लगाते हैं कि गुनहगार तो वे अकर्मण्य गरीब हैं जो जनसंख्या बढ़ा रहे हैं और पानी के अभाव का प्रमुख कारण हैं। कोला कम्पनियों और शुद्ध जल की बोतले बेचने वाले दलाल, जबकि, यह जानते हैं कि कोला और पेप्सी जैसी अमीर बहुराष्ट्रीय कम्पनियों ने गांवों के जल-समृद्ध क्षेत्रों में ट्यूबवेल खोद कर अपार जल-दोहन किया है।

जल-दोहन के इस काम में गरीबों के मतों से जीतने वाली सरकारें कोका कोला वालों का कैसे साथ देती हैं इसकी एक मिसाल राजस्थान के कालाडेरा गांव का 'जल-आंदोलन' है, कालाडेरा जयपुर से पच्चीस किलोमीटर दूर है। यहां कोका कोला की बहुराष्ट्रीय कम्पनी ने ट्यूबवेल खोद लिये हैं। जल-दोहन की इस प्रक्रिया में किसानों के कुओं का पानी रसातल में पहुंच गया है और आस-पास के गांवों का अर्थशास्त्र उलट-पुलट हो गया है। जल-दोहन का हिसाब बताते हुए 'राजस्थान समग्र सेवा संघ' के अध्यक्ष सवाईसिंह बताते हैं कि सात लीटर शुद्ध जल से एक लीटर कोक बनता है। गांव के लोग बरबाद हो गये हैं। गांवों में फैले प्रदूषण से अनेक प्रकार के चर्म-रोग फैल गये हैं। कोका कोला कम्पनी को 1998 में राजस्थान के पूर्व मुख्यमंत्री भैंरोसिंह शेखावत ने 'जल-लूट' की इजाज़त दी थी। 1998 से 2008 तक के इन दस वर्षों में सवाईसिंह पन्द्रह से बीस लाख लीटर पानी प्रतिदिन लूटने का नाराज़गी के साथ उल्लेख करते हैं। 2004 में 'जल-लूट' के विरुद्ध स्वतःस्फूर्त ग्राम आंदोलन में 95 वर्ष के सर्वोदयी नेता सिद्धराज जी ने भाग लिया था। समग्र सेवा संघ के आंदोलन का परिणाम बताते हुए अध्यक्ष किंचित राहत के साथ कहते हैं कि 65 ट्रक कोका कोला की बोतले ढोने वाले ट्रकों की संख्या अब पांच ट्रक तक सिमट गयी है।

जल की गरीबी और अभाव की बातचीत में सवाईसिंह जी उन 23 नये शराब के कारखानों को लाइसेंस देने का हवाला देते हैं, जहां एक बोतल शराब बनाने में दस से बारह बोतल पानी बरबाद होता है। शराब के ठेकेदारों के बारे में सोचता हूं तो मुझे यह कहने में कोई संकोच नहीं होता कि यह जो पानी की शून्यता है वह उस ऐयाश वर्ग के कारण है जो जल के असीम दोहन से, 'जल-मार्केटिंग' में लगे हैं। जो गरीब और कुचले हुए लोग हैं; बोतलों का दस-दस, बीस-बीस रुपयों का पानी खरीदने में असमर्थ हैं। वे 'सिवरेज' का पानी पी रहे हैं और अकाल मर रहे हैं।

'सिवरेज' का विषाक्त पानी पीने से हुई मृत्यु को लेकर राजस्थान के एक बड़े समाचार पत्र और जलदाय मंत्री श्री सांवरमल जाट के बीच गरमा-गरमी हुई जिसमें मंत्री ने कहा—"एक दिन मरना तो सभी को है।" लेकिन गरीबों के पास प्रचंड गर्मी से मरने के लिए भी ज्यादा विकल्प नहीं हैं या तो प्यासे मरना है या सिवरेज का पानी पीकर मरना है। जब गरीब मरते हैं तब अर्थशास्त्रियों को ज्यादा तकलीफ नहीं होती। उनका बयान होता है कि प्रकृति अपना हिसाब करती है। पूंजीवाद का अर्थशास्त्र करुणा के आंसुओं से नहीं लिखा होता।

प्रदूषित जल ही दुनिया के गरीब लोगों, गरीब बच्चों को पीने को मिलता है। भारत में कैसी दुर्दशा और दुर्भाग्य है इस पर विश्व स्वास्थ्य संगठन की रिपोर्ट के अंश द्रष्टव्य हैं—विश्व में 42.5 करोड़ बच्चों को पानी का साफ पानी उपलब्ध नहीं

है। 98 करोड़ सफाई के उचित प्रबंध से वंचित हैं। दिल्ली के यमुना पार क्षेत्र और पुनर्वास कॉलोनियों में 40 लाख से ज्यादा लोग रहते हैं और वे साफ पानी न मिलने से हर वर्ष हैजा, आंत्रशोध, डायरिया जैसी बीमारियों से पीड़ित होकर मरते रहते हैं। इस देश में प्रतिवर्ष लगभग दस लाख बच्चे हैजा और आंत्रशोध से मरते हैं।''

इस रिपोर्ट के अनुसार भारत में 70 प्रतिशत पानी की सप्लाई मल-जल से प्रदूषित है। नदियों में मिलने वाला पानी आमतौर पर कम या अधिक स्तर पर बैक्टीरिया, वायरस, पैरासाहट से संदूषित है। दिल्ली से गुजरने वाली यमुना नदी में 18 अरब लिटर से ज्यादा बिना उपचार किया मल-जल प्रतिदिन मिल रहा है। जिससे उसमें कोलोरीफॉर्म तथा बैक्टीरिया बड़ी मात्रा में पनप रहे हैं।

प्रदूषित जल के आंकड़ों, गुब्बारों जैसे फूले पेट के बच्चों और धक्के खाती जर्द पीली आंखों की स्त्रियों को देखने के लिए हमें 'विश्व स्वास्थ्य संगइन' की रिपोर्ट पढ़ने की जरूरत नहीं है। देश के सारे नगरों के अवांछित गरीब लोग पुरानी, जर्जर, फूटी पाइप लाइनों के जल सिवरेज का मिला जल पी रहे हैं। लेकिन जल की यह गरीबी और यह लूट अनायास नहीं है और इसके लिए किन्हीं अलौकिक कारणों को नहीं ढूंढना चाहिए और न इन्द्र को प्रसन्न करने का धार्मिक अनुष्ठान करना चाहिए। दरअसल प्रकृति और पृथ्वी ने हमें अपार जल दिया है। विशालतम नदियां और झरने दिये हैं और संवेदनशील पानी की तरह मन दिया है।

लेकिन 19वीं सदी ने विज्ञान के घोड़े पर बैठकर प्रकृति को जीतने, उससे अनिर्णीत तकरार का महाअभियान छेड़ा, प्रकृति के उपकरणों का दोहन, प्रकृति पर विजय, उससे अनबन। उस सदी के वैज्ञानिकों और यात्रियों ने समुद्र की साहसिक यात्राएं की, देश-देशांतरों पर विजय-ध्वजाएं फहरायीं, व्यापार के लिए तीसरी दुनिया के देशों की मंडियां ढूंढी। पृथ्वी के अंतराल से समय की तस्वीर बदल देने वाले खनिज निकाले। पर्वत, नदियां, वन, वृक्ष, फल-फूल जहां जो कुछ था, पृथ्वी का आनंदमय उपहार उसका व्यापार, सौदा, बाजारीकरण शुरू हुआ। यूरोप के छोटे देशों ने महान् सभ्यता के यश-दीप्त देशों को अपने उपनिवेश बना लिये। उन्हीं दिनों अंग्रेजों ने इतरा कर कहा, ''हमारे महान् साम्राज्य में कभी सूर्यास्त नहीं होता।'' यह बात दूसरी है कि उन्हीं के प्रकृति कवि वर्ड्ज वर्थ ने कविता की एक उदास पंक्ति में लिखा– ''दुनिया हमारे चारों तरफ कैसे तो लिपट गयी है।''

दुनिया की उस बेरहम सदी की यात्रा अब अपनी तार्किक परिणतियों तक पहुंच रही है। दुनिया और देशों, समाजों और समय में दो चेहरे, प्रतिद्वंद्वियों की तरह साफ-साफ नज़र आ रहे हैं। सम्पत्ति के नव-धनाढ्य दावेदारों के पड़ोस में गरीबी, रोग, मृत्यु, कुपोषण, गैर-बराबरी की अपार दुनिया बसी हुई है। इसी दुनिया में अनंत जलवाले वॉटर पार्क्स, तरणताल, शहरों के मनचले साहबज़ादों की आंखों को तरावट

देने वाले फव्वारे, पांच सितारे होटलों के हरे-भरे, तर-बतर लॉन और राजनेताओं की फुलवारियां है। पड़ोस में हाहाकार करती, मरती, मल-जल पीती, पानी के लिए इंतज़ार करती बस्तियां हैं।

बंगलों के लोगों के लिए कितना तो पानी है, कितने टैंकर, फव्वारे, दस-दस, बीस-बीस रुपयों में मनचाहे उतनी शुद्ध जल की बोतलें।

कैमरा लगे फव्वारों के नीचे स्नान करने वाली तरुणियां कब से उछल-कूद और केलि कर रही हैं। पड़ोस के गांव में तलैया पर सरपंच की श्यामला भैंसे और दीन-हीन स्त्रियां स्नान करती कपड़े धो रही हैं।

सभा के मंच पर मंत्री हैं और चमकते चेहरे वाले अतिथिगण हैं। प्रत्येक व्यक्ति के सामने शुद्ध जल की एक-एक बोतल है। मंत्री और चमकते चेहरे वाले अतिथिगण समतावादी समाज बनाना चाहते हैं और दुखी हैं कि आज़ादी के साठ वर्ष बाद भी हम जनता को एक गिलास स्वच्छ पानी तक नहीं दे पाये।

पर्यटकों को बुलाने के लिए नये होटलों के निर्माण के लिए परमिट हैं, मल्टीप्लेक्स बनाने की इज़ाजत है, आकाश तक छूने वाली इमारतों की सुविधाएं हैं। विकास के लिए बलिदान और पानी देने की दरियादिली दिखाने की नसीहत है।

एक तरक्कीपसंद, चमकती पानीदार शताब्दी के बीच कई चीज़ों के लिए तरसती, संघर्ष करती, मरती जनता को देखना तो कष्टकर है ही लेकिन सबसे ज्यादा कष्टकर तो उसे पानी के लिए 'त्राहि-त्राहि करते' भटकते देखना है जबकि अनंत जल के बीच पानी के सौदागर, पानी की मार्केटिंग करते, नकली जल अभाव की स्थितियां पैदा कर रहे हैं और जल लूट रहे हैं।

जल-अभाव की कृत्रिम स्थितियां पैदा करने वाली इन बहुराष्ट्रीय कम्पनियों के दलालों, सरकारों और विकास के सौदागरों से ग्राम-केन्द्रित और ग्राम आदमियों की प्यासी बस्तियों का संघर्ष करना चुनौती और साहस का काम नहीं तो और क्या है?

दुविधा में युवा पीढ़ी

आलेख को ऐसा शीर्षक देकर मैं जरा भी प्रसन्न नहीं हो रहा हूं जो बड़े लोग हुआ करते हैं, मनोविज्ञान की शब्दावली में जिसे 'सेडिस्ट प्लेजर' (दूसरों को दुःख पहुंचाकर प्रसन्न होना) कहा जाता है। इस शीर्षक से केवल स्थिति की वास्तविकता और गंभीरता का अनुमान लगाया जा सकता है। यहां यह कहना भी आवश्यक है कि 'युवा-भाव' का संदर्भ पुरुषों तक ही सीमित नहीं है, उसमें वे युवतियां भी शामिल हैं जो युवा-पुरुषों से अधिक दुविधाओं के दबाव में हैं। वे स्त्री भाव से मुक्त होकर पुरुष-समाज में जगह बनाने की कोशिश कर रही हैं।

यह कहने के बाद भी भारतीय समाज का जैसा विकट विभाजन है वह युवा-वर्ग को भी विभाजित किये हुए है और हर स्तर पर युवा-पीढ़ी की दुविधायें अलग-अलग नज़र आती हैं। मसलन शहरी और गांव के युवाओं की दुविधायें और उनसे मुक्त होने की कोशिशें एक-सी या एक तरह की नहीं होतीं। इसी प्रकार ऊंची जाति के युवाओं और दलित-युवाओं की दुविधायें एक-सी नहीं हैं और न हिन्दू-मुसलमान या ईसाई युवाओं-युवतियों की दुविधायें एक सी हैं। लेकिन वे जिस किसी धर्म, जाति, प्रान्त, इलाके, रंग-नस्ल के हों दबावों और दुविधाओं के संकट में धंसे हैं।

समाजशास्त्रियों का कहना है कि दुविधाओं की दुनिया बनी रहती है और जैसे प्रकृति में नयी ऋतुएं आती हैं वैसे ही दुनिया के बदलने का ऋतु-चक्र चलता है। यह बात दूसरी है कि बदलाव की गति कभी इतनी मंद, इतनी आज्ञाकारी और व्यवस्था के अनुकूल होती है कि जल्दी कुछ होना, बदलना नज़र नहीं आता। कभी इतनी तेज गति से उथल-पुथल होती है कि हिम्मत जवाब दे देती है और भूचाल सा आया लगता है। बदलाव की गति के कारण जब समझ में नहीं आते या परिणाम हमारी मुट्ठी में नहीं होते तब उन झटकों को बरदाश्त करने के लिए हम उसे 'संक्रमण का काल' कहकर भूल जाना चाहते हैं या 'जल्दी ही सब कुछ ठीक हो जायेगा' ऐसा भ्रम पालने लगते हैं। लेकिन दरअसल यह होना 'पलायन' ही है।

बदलाव के झटके सबसे ज्यादा जवान होती पीढ़ी को ही सहन करने पड़ते हैं, एक सिरे से लेकर दूसरे सिरे तक, वर्तमान से लेकर नजदीक भविष्य तक। वयस्क लोग अपने समय को जी चुके होते हैं और बदलते समय के लिए उनके पास थोड़ा

कुतूहल और थोड़ा धैर्य होता है, कुछ-कुछ अनासक्ति, हमें क्या करना है, कितने से दिन जीना है। जिनकी मैं बात कर रहा हूं उन मध्यवर्गीय वयस्कों को अपने गुजरे समय पर गुमान होता है क्योंकि उनकी आर्थिक स्थिति प्रायः मजबूत होती है और उनके बैंकों में जमा पूंजी निराशाजनक नहीं होती।

मध्यवर्गीय युवक समय की उछलती, शान्त होती तरंगों को देखते हैं। कभी वे समय को धकेलते हैं और कभी वे समय के धक्के खाते हैं। प्रायः वे समय को पहचानते हैं और आगे-पीछे होने की चतुराई दिखाते हैं। उनके वर्ग-चरित्र को सम्पत्ति, जाति और भाषा बनाती है। उनके बारे में सामान्यतया यह निष्कर्ष निकालना तो कठिन है कि वे आदर्शविहीन या कि जिन्दगी के महान् और मनोरम सपने नहीं देखते। याद करें आज़ादी के सपने देखने, स्वाधीनता के लिए मर मिटने वाले युवकों में ऐसों की कमी नहीं थी जो हमारी राय में मध्यवर्गीय थे। वे आन्दोलनकारियों की अगली पंक्ति में शामिल थे। आज भी ऐसे युवा और युवतियों की कमी नहीं है जो जिन्दगी के मोर्चों पर इसलिए संघर्षरत हैं कि अभावों से ग्रस्त जिन्दगी भविष्य में लाचार और बदसूरत नजर न आए। तीन वर्ष पहले मुम्बई में 'डब्ल्यू.एस.एफ.' (वर्ल्ड सोशल फोरम) के अन्तर्गत मैंने हजारों युवा-युवतियों को 'दूसरी दुनिया संभव है' के नारे लगाते देखा और सुना था। तब निराशा से किंचित उबरा था। लेकिन यह कोई व्यवस्थित आन्दोलन नहीं था। उससे इतना भर पता लगता था कि दुनिया और देश के लोग कितने-कितने अभावों में जी रहे हैं। ये अभावों और अभागों की दुनिया का दृश्य था। जो साहित्य वहां बांटा गया था वह अमीरों के अमानवीयकरण और मानवाधिकारों के अपहरण का दुखद और दारुण वृतान्त था। लेकिन तब भी किसी प्रकार के आन्दोलन की कोई सुगबुगाहट नहीं थी। यह भी कहा गया था कि 'वर्ल्ड सोशियल फोरम' का मकसद भी यह नहीं है। यानी आधी दुनिया की भूख से उपजी पराधीनता के बारे में कोई रास्ता निकालना, उसके बिरुद्ध किसी तरह का संघर्ष करना इन हजारों युवक-युवतियों का सरोकार नहीं है जबकि उन सबका भविष्य अनिश्चितता के सीमान्तों पर है।

पिछले चालीस वर्षों से जन-आन्दोलन का ग्राफ ढलान की ओर गया है और युवक-युवतियों की मानसिकता संघर्ष के खतरों से बच निकलने की ओर बढ़ी है। एक बड़ा कारण तो विदेशी सत्ता से मुक्त होना है। मुक्त हुए लोगों के लिए यह सोचना कठिन होता है कि सत्ता के स्वभाव की रचना गोरे और काले के बीच कोई तात्त्विक अन्तर के आधार पर बनी नहीं होती और यह भी कि उसकी नशीली प्रकृति में कोई बुनियादी अन्तर नहीं होता। मुक्त हुए लोगों का यह मनोविज्ञान भी होता है कि संघर्ष के थका देने वाले दिन समाप्त हो गये, अब हमें सत्ता का सुख हासिल करना चाहिए। स्वतंत्रता-संग्राम के एक सैनानी ने मुझे इतराते हुए कहा था कि उसे

अब हर महीने साढ़े बारह हजार रुपया महीना मिलता है। उनका संगठन हर मौके पर किसी-न-किसी तरह की सुविधा-सहूलियत के लिए दबाव डालता रहता है। उनकी दृष्टि में आज़ादी की लड़ाई लड़ी जा चुकी है और अब उसके फल चखने के दिन हैं। इस तरह आज़ादी के अर्थ और परिणाम सीमित होते चले गये और वे सब जिनके लिए आज़ादी कोई सुख हो सकता था या कि वे सब जिन्होंने इसके लिए संघर्ष किया था 'लापता' घोषित कर दिये गये।

आज़ादी के बाद का सबसे बड़ा हादसा यही हुआ कि बहुसंख्यक लोग 'लापता' हो गये उनमें वे युवा-युवतियां शामिल थे जिनका भविष्य बाद वाले दिनों के साथ बंधा था। दरअसल मुझे यह कहना चाहिए कि न आज़ादी के संघर्ष वाले एजेन्डा में और न बाद में ही युवा-शक्ति के पहचान की गंभीर कोशिश की गई। ज्यादा-से-ज्यादा यह हुआ कि उन्हें राजनीतिक पार्टियों ने 'स्टूडेन्ट विंग' या 'विद्यार्थी प्रकोष्ठ' याकि अलग नाम देकर अपनी विचारधारा और राजनीतिक एजेन्डा के प्रचार के लिए एक हथियार की तरह काम में लाया गया। वे ज्यादातर चुनावों के दिनों में पर्चियां बांटने, सभाओं में भीड़ जुटाने और उद्दंडता और बदअमनी फैलाने के लिए इस्तेमाल किये जाते रहे। आज़ादी के पहले या बाद वाले दिनों में जो किशोर-किशोरियां और युवक-युवतियां शिक्षित होते रहे वे औपनिवेशिक मानसिकता से मुक्त नहीं हैं और न वे अपने अद्भुत और दुर्लभ आत्म-विश्वास से पूर्ण क्षमताओं से परिचित होना चाहते हैं। औपनिवेशिक शिक्षा का ही यह परिणाम है कि युवा-पीढ़ी उस सारे परिवेश से अजनबी हो गयी है जो उसका परिचित है और जिसमें रहकर वह स्फूर्ति और रचनाशीलता का अनुभव कर सकती है। अपनी परंपरा और संस्कृति, इतिहास और भाषा के सामाजिक मूल्यों से कटे-कटाये और अपरिचित संदर्भों में रहकर कोई भी युवा-शक्ति अपाहिज़ सी हो जाती है इसमें सन्देह करने की आवश्यकता नहीं है।

जिन उपायों से आज़ादी के संघर्ष की दुनियाओं को शक्तिहीन बनाने की संभावनायें बनी थीं और नये प्रतिभा उन्मेष की चमक पूरे देश में प्रकट हुई थी उसे मध्यवर्ग ने अपने दायरे में समेट लिया और जल्दी ही अपनी आक्रामक-शक्ति के साथ उत्कर्ष के सारे साधन कब्जे में कर लिए। इसी मध्यवर्ग ने राजनीतिक तंत्र को पूरी चतुराई के साथ अपने पक्ष में झुका कर रखा। शहर और गांव की सीमायें साफ-साफ नज़र आने लगीं। गांव वाले गांधी के देश में रह गये और शहर नेहरू के देश में चमकने लगे। यह दंश इतना मार्मिक था कि गांधी ने आज़ादी के बाद कहा, "मैं खोटा सिक्का हो गया हूं (आई एम ए काउन्टरफीटेड कॉइन)"।

आपनिवेशिक तंत्र से स्वाधीन हुई सरकार ने ब्रिटिश शैली की हुकूमत से ज्यादा दूर रहने का साहस नहीं दिखाया। उसी नौकरशाही, उसी न्यायतंत्र, उसी पुलिस-फौज संगठन, सारे स्कूल कॉलिज और दंभ की रौनक और सत्ता की हेकड़ी को बरकरार

बनाये रखा। 'अंग्रेजी' हमारी हुकूमत की चहेती भाषा बनी है। भाषा के इस वर्चस्ववाद ने अभिव्यक्ति के वे रास्ते बंद रखे हैं जो अनुसंधान की मौलिकता के लिए खुलना आवश्यक थे। इसके चलते ज्ञान का रचनात्मक-उत्साह हीनता ग्रंथि का शिकार है और मौलिकता की जगह अनुवाद ने ले ली है। हमारे मीडिया तंत्र पर अंग्रेजी भाषा और पश्चिमी जीवन-शैली का भयानक दबाव है। हमारे सूचना-तंत्र पश्चिम के बाजार की जरूरतें पूरी करते हैं और प्रतिभाशाली युवक अमरिका की तरफ भागते हैं। अपने देश, अपनी भाषा, गांव, सांस्कृतिक, आर्थिक स्त्रोतों की जानकारी के अभाव में वे भविष्य की संभावना को व्यक्तिवादी नज़रिए से देखते हैं और खुद को कुछ गिनी-चुनी क्षमताओं के लिए समर्पित करते हैं। समाज-व्यवस्था और राजनीतिक-तंत्र की साझेदारी से युवकों की जिन्दगी का व्यवसायीकरण हुआ है। वहां वे केवल 'कार्पोरेट' जगत् का माल बेचने वाले फुर्तीले एजेन्टों की तरह उपस्थित हैं। जब नहीं हैं और प्रायः नहीं है, तब वे अप-संस्कृति, बलात्कार, हत्या, लूट-पाट, आतंक, बसें जलाने वाले और लज्जाजनक अपराधों के गिरोहों में शामिल होते हैं।

विकास के जिन प्रतिमानों को हमने राष्ट्रीय महत्त्व दिया है वे दरअसल एक आयामी (युनीडायमेन्सनल) हैं। दुनिया बनाने वाले ही नहीं एक आयामी जिन्दगी बनाने वाले भी हैं। यह आयाम अघाये हुए समाज (एफ्लूएन्ट सोसायटी) की अधिकाधिक समृद्धि के लिए है। भारतीय समाज ही नहीं तीसरी दुनिया के औपनिवेशिक दासता से मुक्त समाजों का मध्यवर्गीय युवा इसी एक ध्रुवीय दुनिया में अपनी जगह बनाने के लिए प्रतिबद्ध है। लेकिन युवा-शक्ति के लिए यह दुनिया भी उतनी ही संभावनाहीन और आधी-अधूरी होगी जैसे अभी है। एक भरी-पूरी दुनिया हासिल करने के लिए नव-धनाढ्य-वर्ग के गिने-चुने फार्मुले नाकाफी हैं। उनकी रचनाशक्ति को पहचानना (आईडेन्टीफाई करना) और उसके लिए जगह बनाना उन्हें नौकरी देकर खारिज कर देने की प्रक्रिया का पर्याय नहीं है।

लेकिन हुआ यही है हमने उनकी शक्ति, स्फूति, उनकी तेजस्विता और एक तरह से पूरी जिन्दगी को अभी के नये मालिकों ने परीक्षा के नम्बरों और बुर्जुगानाशील और आदर्शों से बांध कर खूटियों पर लटका दिया है। उनकी तारीफ में हम ऐसे कसीदे भी गाते हैं, 'तुम्हारा ज्ञान, सूचनायें, कौशल और जीवन-संघर्ष हमारी पीढ़ी के मुकाबले कई गुना बढ़-चढ़ कर है। तुम्हारी प्रतिभा अमेरिका और यूरोप तक में चमकती इत्यादि।' लेकिन जब कभी वे पुराने पड़ते समय या जर्जर समाज-रचना या कि अपने विपक्ष की असुविधाओं के विरोध में किंचित समूहनिष्ठ होकर शक्ति प्रदर्शन करते हैं तब हमें उन्हें कुचलने के लिए बर्बर शक्ति काम में लाते हैं। उनकी इस शक्ति को हम यानी व्यवस्था चलाने वाले पहचानने से इन्कार कर देते हैं। अपनी सारी वैधता और तर्क-संगति के बावजूद विफल और कुचली हुई वह युवा-शक्ति

विध्वंस और अराजकता की पीढ़ी में बदलती है तो आश्चर्य और दुःख करने जैसा क्या है

यह तथ्य अलक्षित नहीं जाना चाहिए कि देश की राजनीतिक व्यवस्था में ही नहीं, सांस्कृतिक-परंपरा में भी 'युवा-शक्ति' की अलग से कोई पहचान बनाने की कोशिश या कि सम्माननीय अवधारणा नहीं है। हमारे सांस्कृतिक परिवेश में 'अनुभव' को श्रेष्ठतर स्थान प्राप्त है। लोक-विश्वास में बड़ों की छत्रछाया, बड़ों की सीख, बड़ों का अनुभव, स्वीकार की व्यवस्था, श्रद्धा या आस्था को महत्त्व प्राप्त है। हजारों वर्ष पहले जन्में पुराण-पुरुष हमारी प्रेरणा के केंद्र हैं। रचना और प्रयोगधर्मी परंपरा और बुद्धि से हमारी सामाजिक व्यवस्था असुरक्षित अनुभव करती है। संयुक्त परिवार व्यवस्था में निर्णय के सारे अधिकार 'बुजुर्ग पीढ़ी' को प्राप्त हैं। युवा-बहुओं को सहज दिखने-देखने तक की आज़ादी नहीं है।

आज भी युवा-वैज्ञानिक हनुमान जी से शक्ति लेकर दिन की शुरुआत करते हैं। हमारे सांस्कृतिक सुरक्षातंत्र की कई विशेषताओं के बावजूद उसने युवा शक्ति के सामहिक उन्मेष को स्थान नहीं दिया है। यह उस विभाजन से ही स्पष्ट होता है जो ब्रह्मचर्य, गार्हस्थ, वानप्रस्थ और संन्यास के बीच हुआ है। ब्रह्मचर्य और वानप्रस्थ के बीच थोड़ा सा समय है और उसमें जिन्दगी समझने, बनाने, सभेटने के झमेले और झंझट है। वहां तारुण्य के तरानों के पहले प्रौढ़ होते जीवन के सुर-राग हैं। युवा-शक्ति उसी उपेक्षा की कड़ी में हैं जिसमें स्त्री और दलित हैं। मध्यवर्ग के प्रतिनिधियों ने इन 'शक्ति-केंद्रों' के साथ अपनी तकरार अधिक आक्रामक और अधिक दृढ़ता के साथ प्रारंभ की है लेकिन इनके उपयोग और पहचान के लिए कोई उत्साह या योजना की कहीं कोई शुरुआत नज़र नहीं आती।

क्या वैश्वीकरण का आन्दोलन, अवधारणा, विज्ञापन, प्रचार युवा-शक्ति को कोई भरोसा, कोई जगह देता है? ध्यान देने की बात है कि 'वैश्वीकरण' नव पूंजीवाद की व्यापारी-शक्तियों का संगठन है जो तीसरी दुनिया के देशों में अपने बाजारों की तलाश में है। वह कोई विश्व हित की सैद्धान्तिकी नहीं है। उसका सिद्धांत एक ठंडी, व्यक्तिवादी, प्रतिस्पर्धी आर्थिक व्यवस्था को दुनिया भर में विश्वसनीय बनाना है। उसका यह काम भी है कि वस्तुओं को व्यक्ति की पहचान और प्रतिष्ठा में बदल दिया जाये और ऐसा भ्रम फैला दिया जाये कि व्यक्ति की कीमत उसके रोमांचकारी गुणों, उसकी सामाजिक प्रतिबद्धताओं से नहीं उसके ब्रेन्डेंड कमीज़, जूते, घड़ी, टाई, कार, टी.वी., वाशिंग मशीन, मोबाईल, फोटो कम्प्यूटर से आंकी जाने लगे। कोशिश यह होती है कि हर युवक या युवती यह समझने लगे कि वह गुण की अद्वितीय इकाई है और उसकी जिन्दगी का मकसद नितान्त उसके अपने अभ्युदय तक सीमित है। व्यक्ति और समाज के रिश्तों में जिस तरह का ठंडापन और एकांगिता इन दिनों नज़र

आती है, वह सुनियोजित है। उससे सामाजिक हित के संवाद रूक गये हैं और शोषकों की ताकत बढ़ गयी है। शोषण के प्रति सामूहिक नाराज़गी प्रकट करने वाली 'यूनियनें' मुक्त बाज़ार के मालिकों के दबाव में शान्त हो गयी हैं। 'युवा-शक्ति' के विस्तार और विकास की चिन्ता करने वाली सरकारें अपनी अधिरचना के ब्यौरे और तफसीलें 'कोरपोरेट जगत' के अमीरज़ादों से लाती हैं और अपनी जनता को इस तरह बेचती है कि वे सपनों और वास्तविकताओं के धुंधलके में अकेले और असहाय होते हैं।

वैश्वीकरण की अवधारणा का यह मायालोक युवक-युवतियों को अनेक दुविधाओं से लगातार गुजारता है और अनिर्णय और अनिश्चिताओं में उलझाये रखता है। प्रगतिशील अर्थशास्त्रियों ने उसके भयावह परिणामों में वैविध्यपूर्ण सांस्कृतिक छीजन और अमीरी के निर्मित होते द्वीपों के जो आंकड़े बताये हैं उनसे न केवल निराशा हुई है, श्रम और पुरुषार्थ, सहयोग और संगठित प्रतिकार के अच्छे नतीजों के प्रति भी संशय पैदा हुआ है। रातोंरात करोड़पति बनने की चाह ने अंधे भाग्यवाद, साम्प्रदायिक कट्टरता, जुर्म, देह-व्यापार और अमानुषीकरण की दुनिया को वैधता दिला दी है। युवा-शक्ति की आदर्श से चमकती दुनिया के लिए नये रास्तों की तलाश बहुत जरूरी है। हर बार उत्साही लोगों ने जिन्दगी के लिए बहतरीन संस्कृति और सभ्यता तलाशी है युवा-शक्ति के विकास के लिए उन्हीं प्रयत्नों की आवश्यकता है।

भारतीयता की तलाश

भारत में रहने वालों के लिए भारतीयता को तलाश करने की क्या विवशता है? क्या यह उन लोगों की विवशता है जिन्हें अपनी पहचान विलुप्त हो जाने का भय लगने लगता है? क्या यह स्वाभाविक ममत्व है, अपनी आत्म-रक्षा और उन जीवन-बीजों को बचा लेने का जो दूसरी भूमि और जलवायु में न बचें या यह अपनी विशेषताओं को दिखाने और बचाते रहने का कौशल और अहंकार है? निश्चय ही हमें अपनी विशेषताओं का बोध आवश्यक है, उस विनम्रता की स्थिति में भी जब हम उन्हें विकसित करना चाहें और उस दंभ में भी जब हम दूसरों से टकराना चाहें और उनके विलुप्त हो जाने का डर आवेष्टित कर लें।

भारतीयता के प्रसंग की सबसे जटिल ग्रन्थि तो उसको पहचानने की है। उन विशेषताओं को रेखांकित करने की जो मौलिक हैं और संशयरहित हैं। विशेषताओं को रेखांकित करते समय उन सीमान्तों की स्पष्ट समझ जहां सिर्फ अत्यन्त आवश्यक धुंधलका ही बचे अन्यथा उनके अर्थ और मर्यादायें स्पष्ट नजर आती रहें और जो अतीत में ही अर्थवान और चमकती नजर न आयें बल्कि वर्तमान में भी स्पष्टतर होती नजर आयें।

पहचान के सूत्र क्या हो सकते हैं? एक तो यह है कि यह भूगोल जिसकी सीमाओं में हम बंधे हैं और दूसरा हमारा राजनीतिक अधिकार हमारा मत का अधिकार जिसके जरिए हम सरकारें बदलते हैं और सामाजिक परिवर्तन की इच्छा प्रकट करते हैं। इसी क्रम में हम संविधान के प्रति भी अपनी प्रतिबद्धता प्रदर्शित करते हैं।

लेकिन यह नितांत स्थूल सी पहचान है भावना और रागात्मकता रहित, औपचारिक, जिसके बीच खरीदने-बेचने, जाति-प्रेम और धर्मोन्माद, पूर्वग्रह और पक्षपात, संकीर्णता और कट्टरता तथा छद्म लोकतंत्र के सारे सवाल आते हैं। लेकिन भारतीय-समाज की वास्तविक पहचान के मुद्दे ये नहीं हैं भूगोल, सीमान्त, चुनाव, मत या कि एक विशाल तंत्र (सरकार) इसकी प्रणाली और प्रशासन, व्यवस्था इत्यादि।

आवश्यक बात तो यह है कि पहचान के संकट को जानने के लिए हमें समाज के उस चित्त को ही जानना पड़ता है जो समय की अनंत उथल-पुथल और अनिश्चयों के बीच अपनी आस्थाओं और प्रतिज्ञाओं को नष्ट नहीं होने देता। हम हजारों प्रकार

की स्मृतियों के छाया-आतप से गुजरते हुए उस संपदा को इकट्ठी करते हैं, जिसे संस्कृति कहते हैं और जो बाद में हमारे समूह-चित्त के राग-द्वेष का निर्धारण करती है। राग ही की तरह द्वेष भी संस्कृति के हिस्से की चीज है। ध्यान देने की बात है कि संस्कृति अनुभवों की विराट श्रृंखला है इसलिए उनमें पुनर्नवा होने या कुछ विलुप्त होने की सारी संभावनाएं मौजूद हैं। मनुष्य इसी तरह इसी पराक्रम से अपना समय और संसार बनाते हैं।

विचारकों और विद्वानों का एक समूह धर्मास्थाओं को भी समाज के चित्त की प्रमुख पहचान मानता है। धर्म ही समाज के चित्त को बनाता है और सृष्टि-रचना के उद्देश्यों को व्याख्यायित करता है और जन्म-मरण की रहस्यमय गुत्थियों को सुलझाता है लेकिन सबसे जटिल और अनुत्तरित सवाल तो यह है कि धर्म-तंत्र और धर्मास्थाओं के बीच का सम्बन्ध, उनका रिश्ता क्या है? कम-से-कम भारतीय धर्म के सम्बन्ध में तो यह प्रश्न बुनियादी और निर्णायक है।

भारतीय-धर्म के सम्बन्ध में यह सत्य सबसे कम विवादात्मक है कि वह किन्हीं बाहरी लक्षणों और उनकी अनुपालना पर आग्रह नहीं करता। यह एक प्रकार की 'स्वाधीनता' है, एक प्रकार से भय-रहित होने की प्रक्रिया और प्रतिज्ञा। यह स्वाधीनता वहां अनायास या आकस्मिक नहीं है। वह एक जीवन-शैली है जो सत्य को अन्वेषित करने के लिए आवश्यक है। सत्य के प्रति यह अनुरक्ति भारतीयता को उन जीवन-मूल्यों के साथ जोड़ती है जो पूरी मनुष्य जाति के जीवन मूल्य हैं। एक बड़े अभिप्राय से भारतीयता इन्हीं जीवन-मूल्यों को विकसित करने वाला लोकतंत्र है। यही कारण है कि एक भारतीय का धार्मिक चित्त इतना जटिल नहीं है जितना कि उसका सांसारिक चित्त। उसके धार्मिक चित्त पर कट्टरता के ज्यादा खरोंच नजर नहीं आते और ज्यादा बड़े क्रूर और संहारक धर्म-युद्धों का वर्णन भी पढ़ने को नहीं मिलता।

यह देखने की बात है कि इस 'स्वाधीनता' के कारण भारतीयों ने जिन महत्त्वपूर्ण आस्थाओं को चुना है उनमें से आन्तरिक विवेक और अनन्तता जैसे दो प्रतिमान हमारे लिए महत्त्वपूर्ण हुए हैं और हमारी जो भी जीवन-दृष्टियां रही हों कितनी ही निगूढ़, जटिल और अमूर्त या कि सरल और विनम्र तथा भक्ति-प्रेरित वे आन्तरिक विवेक और अनन्तता से विमुख नहीं होतीं। इन दोनों के कारण से भारतीय जीवन-दृष्टि दुनिया की, काल की, स्थान की उथल-पुथल को खंड-दृष्टि से नहीं देखती, वहां समग्रता का बोध है इसलिए समाज या व्यक्ति, इतिहास या परंपरा, जीवन और मृत्यु, सत्य-असत्य, सगुण-निर्गुण और इतिहास चक्र बहुत अलग-अलग नहीं है। इसलिए मेरी दृष्टि में भारतीयता कोई अलग वैशिष्ट्य या उत्कृष्टता नहीं है एक अलग सा आवेश या कि एक सर्वथा भिन्न राष्ट्रीय गर्व। वह एक मानवीय-संस्कृति का पक्ष है। इसी दृष्टि से एक वृहत्तर नैतिकता की खोज भारतीयता

की आधारभूत नजर है।

इस तथ्य को साहस के साथ कहना चाहिए कि भारतीय परंपरा में जड़ता और कर्मकाण्ड के निषेध की जो ताकत है और जिसे आध्यात्मिक ताकत भी कह सकते हैं वह वैशिष्ट्यहीन होने की नैतिक ताकत है। वह एक विशेष भाव से और रूढ़ि-बद्ध अर्थ में धार्मिक अभिप्रेतों का अतिक्रमण है। धार्मिक अभिप्रेतों का संसार प्रायः एक पूर्व-कल्पित संसार है और उसमें सुख और लोक-कल्याण की कोटियां निर्धारित हैं। वहां मनुष्य को चुनने की स्वाधीनता इतनी कम है कि वह अपनी इच्छा-शक्ति और पुरुषार्थ को क्षीण करता नजर आता है। यह एक भिन्न प्रकार का मनोवैज्ञानिक तनाव और छद्म मनोलोक बनाने की पीड़ा है। इसका प्रमाण यह है कि धर्माचार्यों तक की दुनिया विग्रह और कलहरहित नहीं होती। कल्पित दुनिया की प्रतिबद्धताओं को लेकर वास्तविक दुनिया को समझना उसमें रहना और मन के अन्दर ही अन्दर बहती इच्छाओं को अस्वीकार करते जाना आचार्यों में अनेक मनोग्रन्थियां पैदा करती हैं। इसलिए भारतीय चित्त के लिए अनुभवों की हजारों खिड़कियां खुली रहती हैं और जब कभी किसी कर्मकाण्ड, पद्धति या तंत्र की शक्ति बढ़ती है, तभी एक नरम, कोमल और उदार लोक-आदर्श की धारा भी बहती नजर आती है। हजारों बार इन छोटी-छोटी हजारों अंतरधाराओं ने भारतीयता को पुनर्व्याख्यायित करने में मदद दी है और उसके अलौकिक प्रतीकों और प्रतिमानों को भिन्न सांस्कृतिक और सर्जनात्मक अर्थ दिए हैं। इस प्रसंग को जे.एल.ब्रोकिंग्टन के इस वक्तव्य के साथ देखें जो उन्होंने 'एक शॉर्ट स्टोरी ऑफ हिन्दुइज्म' के अंतिम पृष्ठ पर दिया है। हिन्दू धर्म के इतिहास में यह देखने की बात है कि महत्त्वपूर्ण स्थितियों में विपरीत तत्वों की जटिल अंतःक्रियाओं ने धर्म को लचीलेपन का अद्वितीय गुण दे दिया है। हिन्दू-धर्म कोई खास जीवन दृष्टि नहीं है, इसके अनेक अनुयायियों के लिए वह सिद्धांत से अधिक महत्त्वपूर्ण व्यवहार शैली है। समाज के कई निचले स्तरों के लोगों के लिए वह पारंपरिक कर्मकाण्ड का निर्वहन है लेकिन यहां भी उनके आग्रह और उसकी अपेक्षाएं बार-बार बदलती हैं। परंपरा वही नहीं है जो नजर आती है बल्कि वह लगातार नयी दृष्टियों और परिस्थितियों के समावेश के लिए व्याख्यायित होती रहती है। नयी वैचारिक आविष्कृतियां परंपरा का प्रतिपक्ष नहीं है वे इसकी प्रासंगिकता बनाए रखने का पक्ष हैं। हिन्दू धर्म पुराने को नये के पक्ष में छोड़ता नहीं है लेकिन दोनों को अन्तर्ग्रंथित करता है इस तरह कि नए संशय, प्रश्न और आकुलता को पारंपरिक भाषा में अभिव्यक्ति मिलती है। और नयी अन्तर्दृष्टियां पूर्वग्रहों के बीच जगह बनाती जीती हैं। बदलती परिस्थितियों के अनुरूप बदलने की क्षमता का हिन्दू-धर्म ने बार-बार प्रमाण दिया है। हिन्दू धर्म का यही सामान्य चरित्र और इतिहास है, भिन्नताओं, परंपराओं और नयी वैचारिक दृष्टियों को एक साथ और पूरी तरह अन्तर्ग्रंथित करना।

इस तरह हिन्दू-धर्म वही, वैसा ही नजर आते हुए भी निरन्तर बदलता है। देखने की बात है कि क्या यह आन्तरिक स्वायत्तता या एक किस्म का अमूर्तता-बोध, जिसे मैंने वैशिष्ट्य रहित होना कहा है, एक अराजक स्थिति और सामाजिक-संकट का कारण बनता है जिससे बचने की आवश्यकता है और क्या यह बचाव तभी संभव है जब हम समाज को एक नजर आने वाली एकता और अनुशासनात्मक समानता से बांध दें?

इन दिनों यह अनुभव इसलिए भी तीव्रता से होने लगा है क्योंकि आर्थिक प्रतिस्पर्धाएं उग्र हो गयी हैं जिनके लिए धर्म, जाति, राष्ट्र, भाषा, वंश और कुल की छतरियां खुलने लगी हैं और उन्हें दुनिया के बाजार में लेकर चलना न केवल खुशनुमा और मोहक है बल्कि आत्म-विश्वास देने वाला भी हो गया है। आज कल धर्म-भीरु लोगों में गरीब ही शामिल नहीं है लेकिन वह नव-धनाढ्य वर्ग, राज-पुरुष और चतुर अफसर और एक्सीलेन्सीज भी हैं जो होड़ा-होड़ी वाले समाज में संगठित धर्म-प्रतिष्ठानों, कुल देवता-देवियों, ग्रह-नक्षत्रों और जन्म-पत्रियों तथा रहस्य-शक्तियों की बढ़-चढ़ कर दलीलें देते हैं और उन्हें गांव के हाट-बाजार से लेकर अन्तर्राष्ट्रीय बाजारों तक में लाभदायक बनाते हैं। इसलिए भी भारतीय समाज में यदि आन्तरिक गुणवत्ता को बढ़ाने वाले प्रत्ययों के प्रति निराशा से देखा जा रहा हो और एक शान्त उद्वेग-रहित जीवन की जगह उग्र राष्ट्रवाद और ऊपर-ऊपर नजर आने वाले लक्षणों से धर्म, संस्कृतियों के भेदों की व्याख्या की जाने लगे तो यह ज्यादा चकित करने वाला नहीं लगता।

एक और तथ्य की तरफ भी ध्यान जाता है कि किन्हीं बाहरी लक्षणों से बंधे सामाजिक रूप के लिए भारतीय चित्त में कोई आवश्यक ललक और पूज्य-भाव देखने को नहीं मिलता। किसी भी कठिन समय में हमारे सांस्कृतिक या सर्जनात्मक आग्रह समाज के बाह्यरूप को यानी किसी खास उपासना-पद्धति, किसी एक धर्मग्रन्थ, किसी एक पवित्र और श्रेष्ठ मानव-समुदाय या कट्टर वैचारिकी और सिद्धांत को बचाने की चिन्ता नहीं करते। उनकी चिंता कुछ और रहती है, वह नाना रूपों को बचाने की होती है। एक भारतीय की रुचि विश्व के और जीवन के नाना रूपों को, विचार के नाना-रूपों को, प्रकृति के नाना रूपों की ओर जाती है। सत्य एक है लेकिन उसे अनेक तरह से कहा जाता है इस कथा रस में। इस 'नानत्व' में बंधा हुआ मन ही दुनिया भर की संकीर्णताओं और कट्टरताओं की निन्दा करता है। धर्म के संगठनात्मक रूप के न होने का दुःख और इसी तरह एक आचार-संहिता के न होने का पछतावा प्रायः भारतीयों को नहीं हुआ। कवियों-लेखकों, संगीतकारों, शिल्पियों, चित्रकारों, वास्तुविदों को तो किसी भी समय नहीं। यह पूछना चाहिए कि क्यों नहीं? क्या यह भी पूछना चाहिए कि किसी भी कुल-शील से जन्मी भाषा अपनी किस मोहिनी से किस शक्ति से मनुष्य के मन को बांधती है और उसको सब तरह के अहंकार और

संकीर्णताओं से मुक्त करती है, आखिर 'निर्विशेष' करना सर्जनात्मकता का, संस्कृति का सर्वश्रेष्ठ मूल्य क्यों हैं?

यह जानना अत्यन्त आवश्यक और उपयोगी है कि एक बहुत प्राचीन समाज बार-बार संगठित और बाहरी लक्षणों तथा कर्मकाण्ड वाले समाज का निषेध क्यों करता है और उन जीवन-मूल्यों की ओर क्यों लौटता है जिन्हें दस धर्म लक्षण कहा है—

धृति, क्षमा, दमोस्तेयं शौचमइन्द्रिय निग्रहम्।
धी, विद्या, सत्यमऽक्रोधम् दशकं धर्म लक्षणम्।

तब भी ऐसा नहीं है कि भारतीय समाज ने किसी सामाजिक-व्यवस्था के प्रति लगातार गहरी उदासीनता दिखाई हो। ऐसा भी नहीं है कि जिस धर्म-तंत्र के साथ भारतीय समाज-व्यवस्था का आत्यन्तिक और गहरा सम्बन्ध है उसने हमेशा सौम्यता, सम-दृष्टि और सहिष्णुता का परिचय दिया हो।

भारतीय-जीवन और समाज-रचना के अन्तर्विरोधों पर ज्यादा रोशनी डालने की आवश्यकता नहीं है, उसकी कट्टरता और असहिष्णुता तो इसी से पहचान ली जाती है जब वह चार-वर्ण वाली समाज-रचना को एक मौलिक और महत्त्वपूर्ण अवधारणा मानता है। यहां पुरुष और स्त्री जन्म के साथ बड़े और छोटे हो जाते हैं और मौत आने तक इस सामाजिक और मनोवैज्ञानिक आनन्द और यातना को भोगते-सहते हैं। यह सामाजिक-विभाजन और कट्टरता भारतीय समाज में विचार और व्यवहार के दुर्लध्य फासले पैदा करती हैं। अधिकांश भारतीय विभाजन की इस यातना को किसी प्रकार की तर्क-संगति देने में असफल होते हैं लेकिन वे अपने सामाजिक आचरण में जन्मजात बड़प्पन की सारी सुविधाओं का पश्चाताप-रहित और अधिकारिक मन से लाभ लेते हैं।

सर्जनात्मक दृष्टि ने कट्टरता की इस सामाजिक व्यवस्था पर बार-बार और असंदिग्ध मन से क्रोधपूर्ण और व्यंग्यात्मक आक्रमण किए हैं। मध्ययुगीन संतों में किसी एक ने नहीं करीब-करीब सबने दुनिया और लोगों की समझ में आ जाने वाली भाषा में कई विचलित करने वाले प्रश्न किए हैं। उच्च-वर्ण, कुल, शील में जन्म अभिजात्य के पास इसका कोई उत्तर नहीं है। इन प्रश्नों से, जो इन कवियों ने किए हैं, लोक-चित्त की उस निर्मलता और सहज संवेदना का पता लगता है जो एक वैश्विक-विवेक भी है और बोध भी, जिसकी ओर सामान्य भारतीय कलुष-रहित मन से देखता है। मध्ययुगीन संतों की कविता जन पक्ष की कविता है, गांवों, उत्पीड़ितों, अपमानितों, अभिजनों के अहंकार का दुःख भोगते कुम्हारों, जुलाहों, दर्जियों, जाटों, महिलाओं की कविता; जिस पर किसी कुलीन ने नाराज होकर लिखा था—

'जाट, जुलाह, जुरे, दरजी, मरजी में रहै रैदास चमारौ।
ऐते बड़े करुणा-निधि को, इन पाजिन ने दरबार बिगारौ।'

संतों और अनेक भक्त कवियों का हस्तक्षेप भारतीय जन की इस इच्छा को बताता है कि वे 'पवित्रता और श्रेष्ठत्व' आडम्बरयुक्त जीवन का प्रतिकार करते रहें। भारतीय समाज का इतिहास हदों में बंधे रहने और हदों के पार जाने की तीव्र इच्छा का इतिहास है। निःसंदेह एक समाज अपने जीवन को बचाने का और विकसित करने के लिए एक और अनेक जीवन शैलियां विकसित करता है और ऐसा भारतीय समाज ने किया है, लेकिन देखने की बात तो यह है कि वह अपने स्वभाव और स्मृतियों को दूसरे जन-समुदायों और विचार-परंपराओं के साथ कितना मिलने देता है या अलग रखता है, किस आग्रह के साथ हद-बंदी करता है और कितनी हदें खोलता है।

भारतीय समाज ने अपने स्वभाव और स्मृतियों को बचाने के क्रम में, दूसरे समाजों की ही तरह, बारी-बारी से कट्टरता और उदारता का परिचय दिया है। इसे किसी 'सनातन कोटि' में रखना कठिन है। यह कट्टरता 'वेदों' को बचाने के लिए, धर्म की रक्षा के लिए और धर्मानुमोदित वर्ण-व्यवस्था और आचार-संहिता को शक्ति देने के लिए बार-बार प्रदर्शित की गई है। कट्टरता ने भारतीय समाज को दूसरे समाजों से अलग रखने की कोशिश की है और अपनी श्रेष्ठता, शुचिता और प्राचीनता की बार-बार याद दिलाई है। अपनी कला-संस्कृति के अभ्युदय को भी इस श्रेष्ठता में शामिल किया है। इस बात पर भी गौर करना चाहिए कि कट्टरता के कारण भारतीय-समाज में असमानता और द्वेष की दरारें गहरी हुई हैं और सर्जनात्मकता को गहरी क्षति पहुंची है।

यह ध्यान देने की बात है कि कट्टरता के केंद्र में प्रायः समुदाय विशेष के लोग और उनके हित होते हैं और वे संगठनात्मक-शक्ति से सम्मोहित करते हैं। वे परोक्ष-अपरोक्ष रूप से सत्ता-केंद्र हो जाते हैं और अपने श्रेष्ठत्व का प्रचार करते हैं, वे विचारों को एक व्यवस्था का आकार देने में समर्थ होते हैं। ये स्थितियां मनोवैज्ञानिक स्तरों पर प्रायोजित की जाती हैं। विचारपूर्वक देखें तो यह एक प्रकार का व्यवस्था-सम्मत अधिनायकवाद होता है और ऐसी हिंसा की तरफ अग्रसर करता है जो नजर नहीं आती। इस अन्तर्विरोध की ओर जब कभी ध्यान जाता है तब कुछ विचित्र लगता है कि दार्शनिक और सम-चित्तता पर लगातार आग्रह करने वाले भारत में उस व्यवस्था को स्थान मिला है जिसमें शूद्र और स्त्रियों के लिए ज्यादा सम्मान नहीं है। कट्टरतावाद बाहर के समुदायों के साथ जो दुर्भावना पैदा करता है उससे कहीं ज्यादा स्थानीय-समुदायों में उन दरारों को गहरी होने देता है जो मूल-समाज के अंग हैं। जब कट्टरतावाद के अच्छे दिन आते हैं तब विभिन्न जन-समुदायों की मैत्री और संवाद की जड़ें सूखती जाती हैं और साहित्य तथा कला का उत्कर्ष क्षीण होता जाता है। श्रेष्ठता का दंभ न कुछ देखने देता है न सुनने।

लेकिन तब भी और बहुत सी दुःसह परिस्थितियों में तथा धर्म-तंत्र से बंधी सामाजिक व्यवस्था के बीचोंबीच भी भारतीयों ने मनुष्य की सबसे ऊंची और संवेदनशील आवाज को विलुप्त नहीं होने दिया। कट्टर वर्ण-व्यवस्था, परमात्मा, परलोक और पुनर्जन्म के निहित सिद्धांतों को बुद्ध ने भयावह नहीं बनने दिया। दुनिया को माया का धुंआ मानने वालों को कई आचार्यों ने चुनौती देने का साहस किया और दाम्भिक ब्राह्मणवाद के विरुद्ध विश्व-मैत्री और बंधुत्व का मनमोहक संगीत चलता रहा। भारतीयता की तलाश करने वालों को यह जानकर हिम्मत बंधेगी कि कट्टरतावाद और मध्ययुगीन सामन्तों की स्मृति-कथाओं से सम्मोहित न होने वाले लोग अब भी मूल भारतीय चित्त को जानते हैं जो मनुष्य को आन्तरिक विवेक और स्वाधीनता से जोड़ता है।

भारतीयता की तलाश करना वास्तव में उस भारत की तलाश करना है जो अतीत में भी था और भविष्य की संभावनाओं का भी है। अभी-अभी केवल पचास वर्ष पूर्व हमने स्वतंत्रता का संघर्ष करते हुए अपने दारिद्रय और आध्यात्म, कट्टर वर्ण-व्यवस्था के बीच गैर बराबरी और सामाजिक न्याय, धर्म-व्यवस्था की एकांगिकता और धार्मिक-आस्थाओं के बुनियादी प्रश्नों पर विमर्श और संवाद किया है। इस बार हमने धार्मिक-आस्थाओं पर केवल धर्म-सभाओं और धर्म-सम्प्रदायों में ही बात नहीं की है उन्हें सार्वजनिक किया है। हमने भारतीयता की कट्टरतावादी और उदार-सहिष्णुतावादी शक्तियों के बीच के उस क्रूर संघर्ष को भी देखा है जिसमें एक कट्टर हिन्दू नाथूराम गोडसे दूसरे उदार और सनातनी हिन्दू की प्रार्थना-सभा में हत्या कर देता है।

देखना है कि बीसवीं शताब्दी के अन्त होते-होते और इक्कीसवीं शताब्दी के लगते-लगते, विज्ञान और कम्प्यूटर प्रौद्योगिकी के आश्चर्यजनक अभ्युदय के साथ हम अपनी किन प्रतिज्ञाओं, स्मृतियों और परंपराओं के साथ जीते हैं? हमारा सामूहिक-चित्त (Collective Consciousness) किस प्रकार का व्यवहार और प्रतिक्रिया करता है। वह फिर से अपनी बनी-बनाई, अपने उजले और अंधेरे पक्षों और राग-द्वेष से बनी सुरक्षित अभिजनों की महिमा-मंडित संस्कृति की तरफ लौट जाता है या यह भारतीयता की बहुआयामी, रचनाशील, लोक-हित की संस्कृति की तलाश करता है?

भारतीयता की तलाश का अर्थ उसकी पुनर्रचना ही है, वह नयी कविता बनाने की तरह है जिसमें हमारी जानी पहचानी भाषा अर्थ की नयी दुनिया की तरफ ले जाती है और उसे विश्वसनीयता देती है। पहले भी हम अनेक समुदायों के साथ रहे हैं और अब भी उन सारी संभावनाओं को तलाश करना एक सर्जनात्मक काम है।

कविता के प्रयोजन का पक्ष

कविता या साहित्य के सम्बन्ध में यह धारणा बनी हुई है कि किसी भी प्रयोजन से जुड़कर वह अपनी चमक खो देता है इसलिये जब किसी प्रयोजन की बात होती है तब कवि खिन्न हो जाते हैं या इतने निरपेक्ष कि जैसे वह कवि-कर्म का निषेध हो। कुछ-कुछ तो मुझे लगता है कि इससे कवियों के मिज़ाज का पता लगता है, उनके निरंकुश रहने की निष्पाप इच्छा का जिसके कई बार अच्छे परिणाम भी निकले हैं। बुरे समय में, व्यवस्था के आततायी स्वभाव के विरुद्ध टिप्पणी करने में, सत्ताधीशें के उन्माद को रेखांकित करने में और मानवीय सम्बन्धों के पराक्रम और मर्यादा को बचाने में कवियों और रचनाधर्मियों के निरंकुश स्वभाव ने महत्त्वपूर्ण काम किया है। मेरी दृष्टि में यह रचना का सार्वकालिक पक्ष है। ताज्जुब इसी बात पर होता है कि निरंकुशता के बीच से लोक-मंगल का यह अध्यात्म किस तर्क से आता है लेकिन कविता या साहित्य के सम्बन्ध में दूसरी भी बहुत-सी अचरज भरी बातें हैं जिन्हें तर्क से समझना मुश्किल होता है। सिर्फ आवेगों की रोशनी में वे मूल्यवान और औचित्यपूर्ण लगने लगती हैं।

कविता के अध्यात्म के सम्बन्ध में यह कहना आवश्यक है कि उससे ईश्वर और मनुष्य के रिश्ते चाहे व्याख्यायित न हुए हों किन्तु उससे मनुष्य और मनुष्य के बीच तथा मनुष्य और मनुष्य-समूहों के बीच के रिश्तों की पुनर्व्याख्या और पुनर्रचना जरूर हुई है।

ध्यान देने की बात यह भी है कि कवि स्वभाव का निरंकुश होना (निरंकुशः कवयः) या कि उसका मनमौजीपन, अराजक और समानन्तर सत्ता होने का आग्रह किसी एक प्रयोजन का दबाव और उसके अनुरूप सृष्टि बनाने, बदलने का आग्रह है। एक स्थापित अर्थ के अध्यात्मवादी कवियों में तो प्रयोजन का दबाव इतना सघन और अपरिहार्य होता है कि वे एक जीवित, नजर आने वाली दुनिया के बदले दूसरी अमूर्त, अदृश्य दुनिया बनाते हैं। यह बात दूसरी है कि उसमें कविता होती है या नहीं लेकिन वे अपने सिद्धांतों को संवेदनशील और आत्मीय बनाने के लिए कविता के उपकरणों को काम में लेते हैं। वे पारलौकिकता का आकर्षक विज्ञापन करते हैं। यह हस्तक्षेप की सौम्य मुद्रा है; एक संत या कवि का अपनी मनोवांछित दुनिया की तरफ

हमें आकर्षित करने का दबाव।

निःसंदेह कविता के दबाव के दायरे मनुष्य के चित्त-शोधन से लगा कर दुनिया के मिज़ाज बदलने तक और असंख्य हो सकते हैं और उसकी भंगिमायें शास्त्र-सम्मत या इतनी नाटकीय और पूर्वानुमानों के विरुद्ध हो सकती हैं, इतनी काल्पनिक और असमंजस भरी कि पढ़ने वाले को विश्वास ही न हो। हो यह भी सकता है कि खुद लेखक को ही पता न लगे कि कौन-सी कृति किस प्रयोजन के लिये है। प्रयोजन को छिपाना और तब भी प्रयोजन के दबाव को लगातार बनाये रखने का रहस्य ही शब्द की शक्ति का रहस्य है। जो कवि अपनी कृतियों को इन दबावों से मुक्त रखते हैं वे दरअसल नाकामयाब कवियों की कोटि में होते हैं। वे सिर्फ कविता का हुनर जानने वाले कवि होते हैं और ऐसे असंख्य कवि हो सकते हैं।

रचना में बहुत से प्रयोजन गुंथे रहते हैं जैसे बहुत से रंगों वाली डोरियां और स्वयं कवि एक डोरी को अलग करते-करते बहुत-सी डोरियों के ताने-बाने डालता चलता है। वे कभी-कभी इतने उलझे हुए होते हैं कि रचना प्रयोजनातीत या 'शुद्ध' जैसी लगने लगती है। निस्संदेह कविता-रचना की प्रक्रिया सीधी नहीं है, जैसे हम यहां से चले तो वहां पहुंच जायेंगे। हम कविता में शुरू करने को ही जानते हैं अन्त को नहीं। अन्त शब्दों की मैत्री-अमैत्री, शब्द संयोजन, शब्दों की आन्तरिक रचनाशीलता से कहीं का कहीं जाता है; एकदम अपरिचित और अप्रत्याशित। लेकिन इससे कविता कोई जादू का खेल साबित नहीं होती। इससे केवल यही साबित होता है कि किसी भी कवि को शब्द की आकस्मिक शक्ति का अंदाज नहीं होता। अंग्रेजी आलोचक हर्वर्ट रीड ने अपनी पुस्तक 'थिंग्ज अननोन टु कम' में रचनाशीलता के इन आवेगों का विस्तार से वर्णन किया है।

भारतीय भाषाओं के एक भी महत्त्वपूर्ण कवि ने मनोविलास के लिये कविता नहीं लिखी है और प्रयोजनातीत कविता की तो बात ही नहीं की। कवियों ने और लक्षण ग्रंथकारों ने तो बार-बार प्रयोजन निश्चित करने का आवश्यक और महत्त्वपूर्ण काम किया है। लक्षण-ग्रंथकारों ने कविता में यश, अर्थ, लोक-व्यवहार और अशिव की क्षति के प्रयोजनों को गिनाया है। लेकिन अशिव की क्षति पर ही भारतीय भाषाओं के कवियों का चित्त अटका है। हिन्दी के सबसे समर्थ कवि तुलसीदास ने 'कीर्ति और भणति' के प्रयोजनों को सबका हित करने वाली गंगा के साथ मिलाया है–

कीरति, भणति, भूत भलि सोई,
सुरसरि सम सब को हित होई,

यह बात ध्यान देने की है कि इस प्रयोजन की सिद्धि उनकी कविता में होती है और उसी में से एक 'आतप रहित समाज' बनाने का सपना आता है। जिस बात पर प्रायः ध्यान नहीं जाता है वह अभिव्यक्ति के कौशल का है। लक्षण ग्रंथकारों ने

यहीं अकलात्मक होने के खतरे से बचने के लिये लिखा है—कान्ता सम्मिततयो उपदेश युजः। धर्माज्ञाओं और राजाज्ञाओं की व्यर्थता, उससे आंख-मिचौनी खेलने की चालाकियों और उन्हें तार्किक-प्रपंचों तथा वितंडावाद की स्थितियों तक पहुंचा देने की अवसरवादिता से उदास होकर लक्षण ग्रंथकारों ने उनकी जड़ ही काट दी। उन्होंने शब्द की रचनाशीलता और संवेदना की ताकत को कठोर नहीं होने दिया और कविता को इस तरह धार्मिक और सत्ता-पुरुष के दंभपूर्ण वक्तव्यों आदेशों से बचा लिया। धर्माज्ञाओं और राज्यादेशों से बचकर ही कविता हमारी अद्‌भुत दुनिया के समीप आ जाती है जो ज्यादा लचीली और बदलाव के लिये है, एक पश्चाताप रहित बदलाव के लिये और पूर्वग्रहों से मुक्त, वास्तविक और पूरी।

कविता ने हमेशा जिन्दगी के लिये नये अध्यात्म की रचना की है और इसी अर्थ में वह गहन दुनियादारी और उतनी ही गहन अध्यात्मवादी होने की हिम्मत रखती रही है। लालची दुनिया और अध्यात्म के कर्मकांड से बचकर वह पूरी, अखंड और अविभाजित दुनिया बनाने की कोशिश करती है जिसे हम दुनिया के भीतर की 'अगम दुनिया' कहते हैं। यह निषेधों की दुनिया नहीं होती, यह नश्वर दुनिया होती है जिसके बीच आदमी हार कर पुनर्रचना का काम शुरू करता है।

यह अखंड और अविभाजित दुनिया ही शाश्वत हो सकती है। कभी-कभी कविता के सम्बन्ध में जिन मोहक विशेषणों से हम काम लेते हैं उनमें से एक 'शाश्वत' का विशेषण भी है या 'कालजयी'। शायद सब कवियों को यह जानकारी नहीं होगी कि शाश्वत कविता के उपकरण, उसका दर्शन क्या है? यह भी कि शाश्वत को कौन तय करता है? किस तरह? कौन-सी कसौटी लगाकर?

यह बात ध्यान देने जैसी है कि 'शाश्वत' कविता का कोई प्रतिमान नहीं है। वह केवल एक मनोवैज्ञानिक इच्छा है जो कवि की इस तलाश में मदद करती है कि दरअसल वह किस तरह काल के नश्वरता के लंबे घुमावदार मोड़ों को पार करे कि रचना बहुत दिनों तक पढ़ने वालों को जादू में बांधे रहे और मनुष्य के विवेक को निर्णयात्मक और मजबूत बनाये रखे। किन्तु हर हालत में 'शाश्वतता' लोकस्मृति का हिस्सा ही है। इसी क्रम में किसी भी रचनाकार के लिये यह जानना आवश्यक है कि वह क्या है जो लोकस्मृति का हिस्सा हो सकता है, वह क्या है जिसे लोग भूलते नहीं हैं, जो बार-बार चित्त को व्यग्र, अशान्त करता है, जो हमारे विच्छिन्न काल संदर्भों को जोड़ता है। अनेक सांस्कृतिक आसक्तियों के बीच से निकल कर दुनिया भर के मनुष्यों को एक तरह उल्लसित या उदास करता प्रतीत होता है और प्रयोजनातीत-सा लगकर भी रचना के अंदर फल के स्वाद की तरह, प्रयोजन से जुड़ा होता है।

भारतीय कविता का सबसे बड़ा, सबसे विकट द्वन्द्व दुनिया और शाश्वतता के बीच है। शाश्वततावादी कहते हैं कि वे दुनिया को जानते हैं :

मूर्ख के द्वारा कहा गया किस्सा/ महत्त्वहीन
व्यर्थ की चिल्ल-पों और नाराजगी
(A tale told by an idiot. Full of sound and fury signifying nothing)

इसलिए निकट का काल, 'तत्काल' उन्हें मूल्यवान नहीं लगता, इसलिये वे तत्काल के यथार्थ, नजर आने वाली दुनिया, घटनाओं के बीच का इतिहास, गरीबी, अकाल, राजतंत्र और व्यवस्थाओं की असनीय क्रूरता, वर्णाश्रम-धर्म और स्त्री-पुरुषों के बीच के बंटे हुए और असभ्य व्यवहार के लिये कविता की प्रतिबद्धता आवश्यक नहीं मानते। उनके मन की डोर अनंत से बंधी रहती है, निर्गुण से, दुनिया के निषेध से, प्रयोजनातीत सृष्टि से। लेकिन मैं इस प्रयोजनातीत काव्य-सृष्टि की तुलना इन दिनों कवियों की ऊल-जलूल और संशयवादी दृष्टियों से नहीं करूंगा क्योंकि वे अगंभीर, व्यावसायिक और एक सीमा तक सृजन को हिंसा, स्त्री, बाजार और नंगेपन से जोड़ने की आज़ादी चाहते हैं। यह दूसरे प्रकार के सांस्कृतिक दबाव का प्रतिफल और प्रयोजन है। लेकिन इस पर बाद में टिप्पणी।

मैं एक पिछले बरस की याद करता हूं जब किसी ने मुझसे यह सवाल पूछा था कि हम (भारतीय) काल के नज़दीकी दबावों पर प्रतिक्रिया क्यों नहीं करते? क्यों हमारे साहित्य में एक किस्म का 'शांति पाठ' चलता है? इतिहास के क्रूरतम नरमेध, लुटेरे और आक्रान्ताओं के लिये तामस भाव और नाराजगी से हम दूर क्यों रहते हैं?

मुझे उस समय एक निरपेक्ष उत्तर ही नजर आया। मैंने कहा कि हम तथ्यों को समसामयिक और आधे-अधूरे अप्रामाणिक तर्क पर आधारित मानते हैं। बाद में उन्हें सच-झूठ कुछ भी सिद्ध करते हैं। उन्हें काल बदल देता है। शत्रु-मित्र, अनुकूल-प्रतिकूल, कुछ भी बनाया जा सकता है। फिर ये अनंत काल तक नहीं जीते, नहीं जाते। पतंग बीच में ही कट जाती है। इन सबको समेट कर, शामिल कर काल के समय और अनंत रूप को सृजित करना संभव नहीं है।

मुझे हमेशा ही यह लगता रहता है कि भारतीय मन इन्द्रियों से पकड़े जाने वाले यथार्थ को, इसलिये दुनिया को भी ज्यादा विश्वसनीय नहीं मानता। जो बदलता है यानी देखने वाला और दिखाई देने वाला (विषय-विषयी) उस पर भरोसा करना सपनों की ध्वस्त दुनिया में घूमना है। यथार्थ को तथ्यों और स्थान-काल के संदर्भों में समझने को हमने एक उपलब्धि-शून्य-प्रयत्न मानकर छोड़ दिया है। दुनिया के लिये भारतीय मन में ज्यादा पछतावा नहीं है क्योंकि वह हाट-बाजार है जो संध्या तक उठ जाने वाला है।

शाश्वततावादियों ने कवि को एक 'साक्षी पुरुष' की तरह जन्म-मृत्यु के पार जीवन लीला को देखने की हिम्मत तो दी लेकिन वे उस 'जीवन-राग' को कविता में

नहीं बांध सके जो कविता का केंद्रीय प्रयोजन है। कविता के लिये निर्गुण भाव को पकड़ना संभव नहीं होता। क्योंकि वह जीवन की उस आन्तरिक बेचैनी, दुनिया की मर्म कथा से नहीं बच सकती जो शब्द की ताकत है।

तब भी शाश्वततावादियों का खतरा बना है, वे अब जीवन-मृत्यु के पार वाली दुनिया की बात तो नहीं करते लेकिन एक निरपेक्ष, निर्गुण दुनिया की बात जरूर करते हैं, जो कविता के मनोराज्य में दखल नहीं करे। शाश्वततावादी कविता के प्रयोजन को ऊपर से ढक देते हैं और कोशिश करते हैं कि दुनिया और शब्द का रिश्ता ठीक से व्याख्यायित न हो। वे चाहते हैं कि कविता का प्रयोजन सिर्फ 'सृजन' का रोमांच हो। एक तरह से निस्संग, कम-से-कम सामाजिक। कविता की सामाजिकता से जोड़ना उन्हें रचनात्मक प्रयासों और प्रयोजनों में सबसे कमजोर लगता है।

लेकिन बहुत पहले भी दुनिया का पक्ष लेकर कविता लिखने वालों ने क्या किया? उन्होंने जम कर दुनिया की कविता लिखी लेकिन पूरी दुनिया के बारे में नहीं, पूरी दुनिया के मान-अपगान के बारे में नहीं, पूरी दुनिया की बेचैनी के बारे में नहीं, न पूरी दुनिया के प्रेम के बारे में। न दुख, न यातना, न लाचारी के बारे में। ले-देकर कुछ स्त्रियां थीं जो प्रेम करती थीं। वे जब प्रेम करती थीं तो अभिसार स्थल पर जाती थीं, चोरी-चोरी और छिप-छिप कर। वहीं कामी पुरुष आते थे। कवियों ने इन थोड़े से स्त्री-पुरुषों और उनके मनोभावों को लेकर एक छोटी और मोहक दुनिया का निर्माण किया है। यह दुनिया भी शाश्वततावादियों की तरह विभाजित और अधूरी है। दोनों मिलकर अपनी-अपनी तरह हमें आधी-अधूरी दुनिया की तरफ आकर्षित करते हैं। एक तरफ इन्द्रियों के पार वाली दुनिया और दूसरी तरफ पूरी इन्द्रियों की दुनिया का कलात्मक फैलाव हमारे मनोभावों को हमारी दृष्टियों को अनुभूतिसम्पन्न नहीं बनाते क्योंकि दोनों प्रकार के कवियों ने दुनिया के अंधेरे हिस्सों और वास्तविकताओं को अपने नजदीक नहीं आने दिया। दरअसल यहां हम एक बहुत ही चौंका देने वाले इस तथ्य से परिचित होते हैं कि शाश्वतवाद का विरोध सिर्फ इसमें नहीं है कि हम सगुण दुनिया का एक हिलता-डुलता हिस्सा अपनी कविता में ले आयें, उन्हें मोहक भी बना दें, शब्द भी दे दें, उत्सवों के अनुरूप शिष्टाचरण भी करें बल्कि इसमें है कि वे कितने वेग से हिलते-डुलते हैं और चलते-बोलते कहां किस जगह पहुंचते हैं।

''मुझे शक्ति यह जानकर नहीं मिलती है कि मैंने अपने को कहां जोड़ा है। मेरा सर्जनात्मक सुख यह जानने में है कि मैंने अपने को कहां तोड़कर एक नई बस्ती बसाई है और यदि यह भी कमोबेश देख सकूं कि वह नई सृष्टि मेरी पुरानी बस्ती उजाड़ कर बनी है तो क्या कहने।'' (घुटन के बाहरः कुछ पते कुछ चिट्ठियां; रघुवीर सहाय)

पुराने समय के शाश्वततावादी और उनके मुकाबले में दुनिया की कविता लिखने

वालों ने ज्यादा नई बस्तियां नहीं बसाईं। जो बसाईं भी उनमें बहुत कम लोगों के रहने की जगह थी।

तब भी वह कविता निष्प्रयोजन नहीं थीं। कई बार वह कामना और हेतु रहित, कभी मनोरंजन करने वाली, कभी उत्कृष्ट मनोभावों का चित्रण करती और कभी शब्द की अद्भुत सामर्थ्य के उदाहरण के रूप में नजर आती है लेकिन वह प्रयोजनवती है कोई कवि जाने या न जाने लेकिन रचना का अर्थ मन को उलटना-पुलटना है, स्थितियों को मान्यता देना या विरोध करना है, एक विकल्प का प्रस्ताव रखना है। मेरी दृष्टि में यह रचना का अन्तर्निहित उल्लास है। पुराने कवि छिपाते हुए या प्रकट रूप में यह उल्लास प्रदर्शित करते हैं।

कविता के निष्प्रयोजन होने के पक्ष में हमारे पास सबसे बड़ा तर्क यही है कि वह आत्म-सुख है, स्वतः आता, एक तरह से अयाचित। बहुत से कविताविज्ञों का मानना है कि वह आत्मा का विस्तार है, मैं एक हूं, अनेक हो जाऊं। वह अभिव्यक्त होने का सुख है। इस प्रयोजन-रहित कविता के सम्बन्ध में कीट्स ने कहा कि यदि कविता वृक्षों के पत्तों की तरह आये तो आये नहीं तो बेहतर है न आये। रवीन्द्रनाथ ठाकुर ने बादलों की तरह कहा 'श्रावण' के बादलों की तरह।

कविता के सम्बन्ध में ऐसे बहुत से कथ्य हैं। तुलसीदास जिन्हें इस आलेख में मैंने पहले भी उधृत किया है और जो पूरे मनोयोग से लोक-चित्त की और सामाजिक आचरण की पुनर्रचना करते हैं वे काव्य-शक्ति से चमत्कृत हुए कहते हैं :

जा पर कृपाकरत जनजानी,
ता डर अजिर नचावत वाणी।

जिसे आप अपना मान कर कृपा करते हैं उसके हृदय-आंगन में वाणी का नृत्य होता है। यह रचना का श्रेय न लेने के पक्ष में और निरहंकार होने की प्रक्रिया में सबसे विनयपूर्ण वक्तव्य है।

आत्म-सुख या आत्माभिव्यक्ति का तर्क किसी भी महत्त्वपूर्ण कवि के लिये हमेशा अपर्याप्त होगा क्योंकि तब भी आत्म-सुख और आत्माभिव्यक्ति के प्रसंग में बहुत से सवाल होंगे, जैसे आत्म-सुख या आत्माभिव्यक्ति की प्रासंगिकता क्या है? वे किस लिये हैं? उसका नैतिक या सामाजिक दायित्व क्या है? एक बड़ी दुनिया के साथ हमारे मनोराज्य की दुनिया क्या सिर्फ आत्म-सुख या आत्माभिव्यक्ति या कि सृजन के रोमांचकारी सुख की स्थिति से जुड़ी है?

इस बात पर गंभीरतापूर्वक विचार किया जाना चाहिए कि कविता के सांस्कृतिक प्रयोजन क्या हैं क्योंकि एक गहन अर्थ में काल की स्थिर और बदलती हुई स्थितियों के बीच कविता ही सार्थक सांस्कृतिक संवाद होती है। इसी तरह वह शब्द के रचनात्मक और गैर-रचनात्मक अर्थ-रूपों को सामाजिक संस्कार से जोड़ती है। यह

भी तय करती है कि कविता का स्वभाव कितना अपना और कितना दूसरे अनुशासनों से लेता-देता है। इस तरह कविता के वे प्रतिमान भी निश्चित होते हैं जो सिर्फ काव्य-चारुता के उपादान नहीं होते बल्कि विकसित होती संवेदना और संकट के कारण और व्याख्या होते हैं।

यह ध्यान देने की बात है कि कविता का भविष्य किन्हीं खुशमिजाज काव्य रसिकों पर निर्भर नहीं करता, इस बात पर निर्भर करता है कि कविता जिन्दगी की कितनी व्यापक जरूरत होती है।

यह भी गौर करने की बात है कि हम ऊपरी और आस्वाद के ढीले पड़ते प्रतिमानों पर अविश्वसनीय साबित हुए सौन्दर्यशास्त्र से मुक्ति चाहते हैं, ऊपरी और मनोविलास की जरूरतों से जुड़ी कविता से मुक्ति भी एक गैर जरूरी नाटक से मुक्त होने के सिलसिले में ही है। कविता के साथ प्रयोजन की बात करना उसे ढीली-ढाली और सतही जरूरत से अलग करना और एक गहन सामाजिक संस्कार से जोड़ना है जिससे कविता केवल कर्मकांड का रूप ही न रह जाये। एक जीवित काव्य परंपरा और काव्य-संस्कार के लिये यह करना, अनायास या प्रयासपूर्वक, जैसे भी हो, सार्थक होता है।

कविता के साथ प्रयोजन को जोड़ने की सबसे गहरी चिन्ता मार्क्सवादी और समाजवादी करते रहे हैं। वे यह जानना चाहते हैं कि कविता के जरिये चलने वाला संवाद किसे मजबूत करता है क्योंकि वह किसी न किसी को तो मजबूत करेगा ही तब भी जबकि कवि यह न जानता हो और उसे यह अन्दाज भी न हो कि क्या परिणाम निकलने वाले हैं। दरअसल मार्क्सवाद ने सौन्दर्य-शास्त्र और कलात्मक अभिव्यक्तियों के रहस्य को बहुत-सी भूल-भुलैयों से बाहर निकाल दिया और पक्षधरता के सवाल खड़े कर दिये। निस्संदेह यह जिन्दगी को बिल्कुल नयी तरह से देखने की शुरुआत थी, बदलने की शुरुआत और उस धुंध को साफ करने की भी जो कभी न छटने वाली और बहुत ताकतवर मालूम होती थी।

गैर-बराबरी हिंसा कमजोर वर्गों के लगातार उत्पीड़न के सामाजिक कारणों का एकदम खुला और तर्क-संगत विचार उन सब धार्मिक, आर्थिक, राजनीतिक व्यवस्थाओं को चौंका देने वाला था जिनकी मौत की घड़ी आ गई थी।

उत्पादन के साधनों पर व्यक्ति के कब्जे को मिली हुई सामाजिक स्वीकृति और मुनाफाखोरी की आजादी से पैदा होने वाली हिंसा और विसंगतियों के विरुद्ध लगे मोर्चों ने ही रचनाकारों से यह सवाल किया कि वे किसके पक्ष में हैं? क्या वे स्थापित मुनाफाखोरी, शोषण और गैर-बराबरी की व्यवस्थाओं के साथ हैं या वे सम्पत्ति और उत्पादन के साधनों का समाजीकरण चाहते हैं?

इस तरह का सवाल पहले किसी ने नहीं किया था। बहुत से रचनाकारों को साहित्य और कलाओं के सम्बन्ध में सामाजिक पक्षधरता और प्रतिबद्ध अभिव्यक्ति

का सवाल साहित्य की स्वायत्त सत्ता का निषेध नजर आने लगा। दरअसल यह सोचना भी कठिन था कि कल्पना के एक मासूम और भोले-भाले, मजेदार संसार को हम अपने ही विरुद्ध शोषकों का हथियार बनाये हुए हैं, जबकि हम इस बंदूक को उन पर चला सकते हैं। रचना के अंतरंग सूत्रों की नियामिका, हमारी जिन्दगी और मानवीय मूल्यों के साथ सम्बद्धता है। यह क्रांतिकारी सवाल था जिसका उत्तर कोई पुस्तक नहीं, जिन्दगी ही दे सकती थी।

बहुत से साहित्यकारों को यह सवाल राजनीतिक, गैर-साहित्यिक और इसलिये अप्रासंगिक नजर आने लगा। समाजवादियों ने जितनी आक्रामकता से प्रयोजन का सवाल उठाया उतनी ही आक्रामकता से प्रतिवाद करने वालों ने साहित्य की स्वायत्तता, उसकी रचनाशीलता, चारुता और उद्देश्यों की बहुलता पर बहस की। कविता क्यों, उसकी प्रयोजनशीलता, उसकी पक्षधरता, उसके सरोकार इत्यादि प्रसंग इन्हें समाजशास्त्र के इसलिये साहित्य के लिये फिजूल की पेचीदगियां लगने लगे।

किन्तु निस्संदेह समाजवादियों ने साहित्य की मनोरम और मजे-मजे की यात्रा को मनुष्य की जिन्दगी के साथ जोड़ दिया और साहित्यकारों, कविता को भी, व्यवस्था की क्रूर भयावहता और खुद की वह दीनता नजर आने लगी जिसके बीच वे फंसे थे और जिसके चलते एक उत्कृष्ट सांस्कृतिक कर्म न हिलने वाले पेड़ की तरह खड़ा था।

बहरहाल, परिदृश्य बदल गया है और यह मानना मुश्किल हो गया है कि रचना-कर्म शौकिया या मनोविलास के लिये है। दरअसल दुनिया भर के बड़े कवियों और रचना-कर्मियों ने अपनी कविता के जरिये किसी न किसी प्रकार का हस्तक्षेप किया है। उन्हें यथास्थितिवादी या परिवर्तन करने वाली श्रेणियों में बांटा जा सकता है। कुछ नासमझ या भोले साहित्यकारों के सम्बन्ध में नहीं कहता अन्यथा साहित्य, बाजार और मीडिया के रिश्ते खुले हो गये हैं और जो जितना निरुद्देश्य लिख रहा है वह उतना ही बिकने की संभावना वाला कवि-लेखक बन रहा है। आश्रित कवि-लेखक होने का सपना अब भी लुभावना है। विक्रम सेठ की लेखकों के बीच अमूमन चर्चा होती है जिनके एक उपन्यास के छपने और बिकने के पहले ही रॉयल्टी के करोड़ों रुपये मिल गये थे। सारे गरीब देशों के कवि-लेखक मन-ही-मन विक्रम सेठ होने की उन्मादकारी इच्छा से जुड़ सकते हैं और यह कहने को तैयार हो सकते हैं कि वे दुनिया को जैसी देखते हैं, लिखते हैं। शायद ऐसे कवि अपने मन की दुनिया भी देखते हों जो ऐश्वर्य और वैभवशाली दुनिया का एक छोटा कोना है।

प्रयोजन के साथ सच्चे मन से जुड़ने वालों की प्राथमिकता मानव और मानव समूहों की चौपट होती दुनिया की प्रतिष्ठा बचा लेना है, जो इन दिनों आर्थिक-विजय, और सांस्कृतिक क्षरण के पाटों के बीच आ गई है। तीसरी दुनिया की दुर्लभ सांस्कृतिक सम्पदा साहित्य और कला के लिये उपभोक्तावादी महाजनी सभ्यता के

पक्षधर लोगों के पास केवल सहानुभूति के वे शब्द हैं जो पिछले पचास वर्षों से अर्थ-च्युत हो रहे हैं।

किन्तु विचारणीय बात यह है कि हमारे श्रेष्ठतम प्रयोजनों को कविता की आन्तरिक ताकत कैसे बनायें? कई बार हालांकि लेखकों ने प्रयोजनों के सौदे किये हैं और उनकी कविताओं में संघर्ष और क्रांति, गैर-बराबरी और कांचन-मुक्ति, सर्वहाराओं का हित और जनवाद केवल उपदेशात्मक शब्द और विज्ञापन रह गए हैं।

यह बात ध्यान में रखने जैसी है कि साहित्यिक प्रयोजनों की उद्घोषणायें राजनीतिक प्रयोजनों से भिन्न हैं। उनकी प्रतिबद्धता उन रचनाओं में नजर आती है जो राजनीतिक अवसरवादिता के विरुद्ध भी होती हैं, जो यथार्थ और सच्चाई के आंतरिक उल्लास और गिरावट के अवसाद को बार-बार व्यक्त करती हैं।

मुझे प्रतीत होता है कि आज जो कवि-लेखक साहित्य के प्रयोजन को संशय की दृष्टि से देखते हैं या जिन्हें साहित्य के लिये कोई संकट नजर नहीं आता वे मनुष्य की उस विकटतम लड़ाई, जीवन संघर्ष से ना-वाकिफ हैं या रहना चाहते हैं और जिनके पास रोटी और केक दोनों हैं, और जो आश्वस्त हैं कि जब रोटी नहीं होगी तो वे लोगों से कहेंगे—''केक क्यों नहीं खाते?''

लेकिन जो रोटी को नहीं अमरूद की सुगंध को ज्यादा सच मानते हैं और कविता-प्रयोजनों को विफलता, मृत्यु, पराजय के साथ जोड़ते हों उनके लिये मैं सर्वेश्वर की कविता पंक्तियां लिखता हूं :

यदि तुम्हारे घर के
एक कमरे में आग लगी हो
तो क्या तुम
दूसरे कमरे में सो सकते हो?
यदि तुम्हारे घर के
एक कमरे में लाश पड़ी हो
तो क्या तुम
दूसरे कमरे में जा सकते हो?
यदि तुम्हारे घर में एक कमरे में
लाशें सड़ रही हों
तो क्या तुम
दूसरे कमरे में प्रार्थना कर सकते हो?
यदि हां,
तो मुझे तुम से
कुछ नहीं कहना है।

आज़ादी के बाद?

हमारे लिए यह बहुत जरूरी है कि हम आज़ादी के बाद वाली हलचल और बदलाव पर भावुकता रहित होकर विचार करें जिससे यह अन्दाज़ा लगा सकें कि क्या खो गया है? कितना खो गया है, कितना नुकसान हो गया है। हो सकता है कि उतना न खोया हो और हम खोने का वर्णन बढ़ा-चढ़ा कर रहे हों। हो सकता है यह हमारी पीछे मुड़-मुड़ कर देखने की आदत हो; आत्म-मुग्धता और अतीतानुराग की। हो सकता है कि बहुत ज़्यादा नुकसान हुआ हो जिसका हम आकलन नहीं कर रहे।

अक्सर हम पुराने दिनों की याद करते रहते हैं, उन दिनों और उस समय को प्यार करते हैं, उन दिनों की यातनायें और अपमानों को भूल जाते हैं। यह कहा भी जाता है कि बीता हुआ समय अच्छा लगता है; यहां तक कि लोग क्रूरताओं का भी रुमानीकरण करते हैं।

इस सिलसिले में यह भी कहा जाना चाहिए कि जब हम खोने वाली वस्तुओं का ठीक-ठीक आकलन नहीं कर पाते तब अक्सर अध्यात्मिक बातें करते हैं जो नज़र नहीं आतीं और इसीलिए अच्छी और आकर्षक लगती हैं। अध्यात्म का नष्ट होना सुखद नहीं है लेकिन अध्यात्म के मौलिक तत्त्वों को जाने बिना उनकी बातें करना और निराशा फैलाना भी उतना ही दुखद है। यह भी देखने की बात है कि आज़ादी के बाद वाले दिनों में अध्यात्म के तात्विक स्वरूप को विकसित करने के स्थान पर आक्रामक और अहंकार से अभिभूत अध्यात्म का प्रचार हुआ है। हमारे देश में अध्यात्म की कई जुबानें और स्थापित पीठें और अखाड़े हैं। यह विशेषता भी है कि इन अध्यात्मकवादी संस्थानों के पास अपार सांसारिक माया और राजनीति में हस्तक्षेप करने का लालच भी है।

हमारी दूसरी कठिनाई आज़ादी के संदर्भों और संकल्पों को समझने की है। आज़ादी के महाअभियान का एक उद्देश्य, विदेशी दासता से मुक्ति, सबको मालूम है लेकिन इसके बाद की सीढ़ियां और रास्ते और बाद वाली दुर्गम यात्रा के सारे लक्ष्य धुंधलके में डूबे हुए हैं। आज़ादी के विस्तार का अर्थ किसी को विदित नहीं है और आज भी उसके अर्थ को परिभाषित करना कठिन है। हमने चाहा हो या नहीं लेकिन हम आज़ादी के समय से लगाकर आज तक अपनी संस्कृति के अन्तर्विरोधों से ही

संघर्ष कर रहे हैं। इस संस्कृति के उजले और अंधेरे पक्षों को समझने की कोशिश ही आज़ादी की सबसे महत्त्वपूर्ण और बुनियादी मुद्दा है।

इसमें कोई संदेह नहीं कि एक बड़े पुराने और कई अर्थों में समृद्धिशाली देश के सामने उत्कर्ष के किसी एक आदर्श और दृष्टि पर सहमति हासिल करना कठिन काम है लेकिन सामान्यतया मनुष्य के सुख-दुख, आशा-निराशा, आवश्यकतायें, भेद-भाव, मान-अपमान के सवाल, गरीबी और बीमारियां, विषमतायें और सामाजिक अन्याय सब नज़र आने वाले संताप होते हैं जिनके विरुद्ध पराधीन और कुचले, उत्पीड़ित लोग संघर्ष करते हैं। इस तरह आज़ादी के लक्ष्य अपने-आप निर्धारित हो जाते हैं और एक जाने-पहचाने अर्थ में लोग स्वाधीनता की परिभाषा करते हैं। यह देखने की बात है कि यह परिभाषा पुस्तकों में नहीं लिखी होती और न इन नज़र आने वाली इच्छाओं का हिसाब बड़े-बड़े अर्थशास्त्री और गणितज्ञ ही लगा पाते हैं। मोटे तौर पर इरा उथल-पुथल को हम स्थापित व्यवस्था का विरोध और नयी रचना के विमर्श की शुरुआत कहते हैं। इस तरह, कारण कुछ भी होकर वह नयी व्यवस्था की तलाश होती है, एक सपना-सा होता है।

हम भारत की आज़ादी के सम्बन्ध में विचार कर सकते हैं। यह अंग्रेजों के कुशासन से मुक्ति की सबसे बड़ी हलचल थी। यह कहने की आवश्यकता नहीं है, लेकिन यह अनेक तरह की गैर-बराबरियों, बर्बरता, उत्पीड़न और सामाजिक अन्याय के विरुद्ध भी बड़ा आन्दोलन था इसे भी नज़रअन्दाज नहीं किया जा सकता है। यह बिखरते हुए, विभाजित होते हुए, वर्चस्व के लिए होड़ लगाते हुए जाति-आभिजात्य, ऐय्याश तथा झगड़ालू सामन्तों के अनुत्पादक-तंत्र के खिलाफ उग्र आक्रोश था। यह दरअसल आज़ादी के आन्दोलनों का स्वभाव है। वह कहीं से शुरू होते हों, उनका कारण या निमित्त कुछ भी हो अन्त में वे उन सवालों से आ जुड़ते हैं जो मनुष्य के व्यापक सुख-दुख या स्वीधनता-पराधीनता के या शोषण-मुक्ति के सवाल हैं।

भारतीय-स्वतंत्रता के सवाल इस परिधि के अन्तर्गत आने वाले सवालों में है। वे चाहे अंग्रेजों की अधीनता-मुक्त से शुरू होते हों लेकिन अन्त में वे भारतीय-जीवन और उसके उत्पीड़न से जुड़े सवाल ही हैं। इस व्यवस्था के प्रति सबसे प्रामाणिक क्षोभ हमारे साहित्य में देखने को मिलता है जहां एक 'समदर्शी प्रभु' का कीर्तिमान किया गया है। यही वह बीज जिसके लिए आज़ादी जमीन तैयार करती है।

व्यवस्था, धर्म, संस्कृति, सृष्टि-रचना, साहित्य, संगीत, कला, ज्ञान आदि के सम्बन्ध में विचार आते समय हमारे मन प्रायः पवित्रता के भाव से भरे होते हैं। हम उन्हें विमर्श और हस्तक्षेप से ऊपर एक अलौकिकता की दृष्टि से देखते हैं। हम अक्सर वह भूल जाते हैं कि व्यवस्थायें जटिल मनोग्रंथियां तैयार कर देती हैं और वे उत्पीड़न का ऐसा शास्त्र बनाती हैं कि अन्याय वैधता हासिल कर लेता है। असल

में यह सामाजिक हैसियत और वर्चस्व पाने और बनाए रखने की प्रक्रिया है। दैविक और अलौकिकता के पद पर पहुंचते ही व्यवस्थायें और सांस्कृतिक संदर्भ अपरिवर्तनीय और अटल हो जाते हैं। आज़ादी की इच्छा शाश्वतता के विरुद्ध; उसका प्रतिकार उसका निषेध करने वाली इच्छा है। व्यवस्था और संस्कृति, धर्म और अध्यात्म मनुष्य का पुरुषार्थ है और वे कैसे भी मनोरम लगे अन्तर्विरोधों और प्रश्नों से मुक्त नहीं है। इसलिए यह विचारणीय हो जाता है कि आज़ाद होना कोई अमूर्त स्थिति नहीं है। उसका अर्थ अपने समाज की दुर्भाग्यपूर्ण और असहनीय स्थितियों को बदल देना है। यह भी रेखांकित किया जाना चाहिए कि आज़ादी की स्थिति कोई पूर्णता की स्थिति नहीं है, न वह अध्यात्मिक उपलब्धि है, उसके साथ न रागात्मक अतीत बंधा है और न चमकदार मोहक भविष्य। आज़ादी केवल वर्तमान है और हम आज़ादी का अनुभव केवल वर्तमान को सुन्दर, अर्थवान और सुखद बनाकर ही कर सकते हैं। आज़ादी का ऐश्वर्य और आनंद इस दुनिया के ऐश्वर्य और आनंद के साथ बंधा है। वह निरपेक्ष और सनातन सौन्दर्य नहीं है; वह दुनिया के साथ बंधा और समय की जटिलता के साथ उलझा है।

इसलिए जब हम अपनी आज़ादी के पचास वर्षों का जायजा लें तब हमें उन सारे अप्रासंगिक सवालों से बचना चाहिए जिनका सम्बन्ध हमारी दुनिया और वर्तमान से नहीं है। वे सारे सवाल जो हमारी व्यवस्था की विसंगतियों के संदर्भ में नहीं पूछे जाते वे आज़ादी के सवाल नहीं है।

आज़ादी के बारे में मैं इस तथ्य को बार-बार दुहराता रहा हूं कि वह कोई मुकम्मिल घटना नहीं है; वह जादू या कोई मोहिनी भी नहीं है जिसका गुमान फकीरों या राजनेताओं को होता है। आज़ादी की अवधारणा में हज़ारों संकल्प, तात्कालिक इच्छायें, ऊल-जुलूल करतब गिरी, मांगें और चुनौतियां विकल्प शामिल होते हैं, जुड़ते या घटते हैं और हमारी घबराहट, निराशा और बेचैनी का कारण भी यही होता है; यह समझ कि आज़ादी कोई स्थिर, मुकम्मिल चीज़ है। बनी-बनायी, निर्विकल्प, न बदलने वाली, हमारी मनोकामना पूरी करने वाली, खींच-तान रहित। आज़ादी को निस्तेज न होने देने के लिए हमें लगातार कोशिश करनी पड़ती है और बार-बार उस विवेक को बचाना पड़ता है जो आज़ादी को स्वेच्छाचारिता के निरंकुश-बोध से अलग करता है।

इन पचास वर्षों में असंख्य लोग आज़ादी के आलोचक और कमियां बताने वाले हो गये हैं और इसमें कोई सन्देह नहीं है कि हम निराशा और हार के दिन देखने वाले लोगों में शामिल हैं। इसमें भी कोई संदेह नहीं है कि हम उन बहुत सी प्रतिज्ञाओं से विमुख हो गए हैं जिनमें हमने किसी साहस, किसी उत्तरदायित्व, किसी सचाई के साथ कहा था। इन प्रतिज्ञाओं ने ही हमारी आज़ादी के संघर्ष को एक चमक और

प्रामाणिकता दी थी। उन प्रतिज्ञाओं को स्मरण करें तो सबसे पहले और सबसे ऊपर दीनता और दारिद्र्य का, गरीबी का निवारण हैं। हमारी औपनिवेशिक दासता ने अंग्रेजों के घर भर दिए थे। इसका वर्णन इन पचास वर्षों के साहित्य में अनेक तरह से हुआ। इसे भारतेन्दु ने 'भारत दुर्दशा' कहा है। दारिद्र्य के क्लेश में पूरा भारत डूबा है :

अंगरेज राज सुख साज सजै सब भारी
पै धन विदेस चलि जात इहै अति ख्वारी
ताहू पर मंहगी काल रोग विस्तारी
दिन दिन दूने दुख ईस देत हा हा री
सब के ऊपर टिक्कस की आफत आई
हा हा भारत दुर्दशा देखी नहिं जाई।

इस असहनीय गरीबी पर नाराज़गी प्रगट करने के लिए गांधी गोलमेज कॉन्फ्रेन्स में ढाई गज कपड़ा पहन कर गए थे। सारी दुनिया के अदब कायदों की धज्जियां उड़ाते हुए गांधी ने बादशाह से कहा था कि आपने मेरे कपड़े भी तो पहन रखे हैं। उन्हीं दिनों प्रेमचंद जी ने 'महाजनी सभ्यता' की बात करते हुए उसके अमानवीय स्वभाव का अपनी कहानियों में वर्णन किया है।

यह बात बहुत पुरानी नहीं है जब सामान्य लोगों ने समता और स्वाधीनता का पक्ष लेते हुए लोगों को विश्वास दिलाया था कि लोकतंत्र का सत्ता-पुरुष गरीबों की, सामान्य जनों की तरह रहेगा, आचरण करेगा, उनकी सुख-दुख भरी यात्रा का सहचर होगा। अंग्रेजों के लोक-विमुख शासन और हुक्मरानों की दमनपूर्ण कार्यशैलियों को बदल देगां हमारी ये सार्वजनिक इच्छायें और गरीबी के विरुद्ध लगाए गए दावे संविधान में भी अंकित हैं। हमारी इस प्रबल दावेदारी को कवि दिनकर ने 'जनतंत्र का जन्म' में लिखा है :

सब से विराट जनतंत्र जगत का आ पहुंचा,
तैंतीस कोटि हे! सिंहासन तैयार करो,
अभिषेक आज राजा का नहीं प्रजा का है,
तैंतीस कोटि जनता के सिर पर मुकुट धरो।
आरती लिए तू किसे ढूंढ़ता है मूरख
मंदिरों, राजप्रसादों में तहखानों में
देवता कहीं सड़कों पर मिट्टी तोड़ रहे।
देवता मिलेंगे खेतों में खलिहानों में।
फावड़े और हल, राजदंड बनने को हैं।
धूसरता सोने से शृंगार सजाती है

दो राह समय के रथ का घर्घर नाद सुनो
सिंहासन खाली करो कि जनता आती है।

यह ध्यान देने की बात है कि राष्ट्रभक्त कवियों ने जिस जनता के लिए बार-बार सिंहासन खाली करने का आह्वान किया है, वह जनता कौन सी है? उनकी प्राथमिकतायें क्या हैं? यह कहने की आवश्यकता नहीं है कि यह मोक्ष या मंदिर; स्वर्ग या नरक मांगती जनता नहीं है; इसकी प्राथमिकता जोगी, जती, संन्यासी, फकीर, मुल्ला, पादरी, काजी, वीतराग या गुफावासी होने की नहीं है। उसकी ख्वाहिश अपने दरिद्र से, दीनता से, लून-तेल, लकड़ी की याचना से मुक्ति पाने की है। इस गरीबी और लाचारी की जड़ें अदृश्य नहीं हैं, यह इत्तफाक नहीं है कि 'गोपाल' की यह भूमि 'भूपाल' की हो गई है; जन्म के कारण अभिजात्य और अहंकार की एक ऐसी रचना हो गयी है जो दूसरों को हमेशा नीचा मानती है और सामाजिक बराबरी का निषेध करती है। यहीं से और इन्हीं विसंगतियों से आज़ीज लोग आज़ादी के वास्तविक हकदार हैं।

●●●